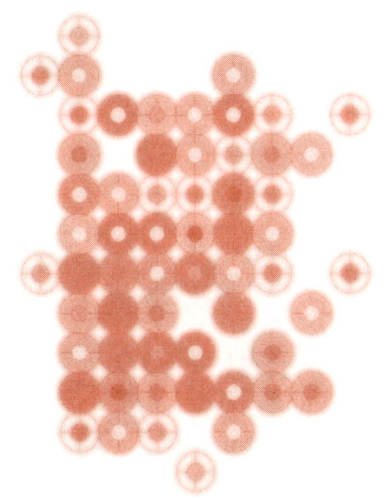

実践領域に学ぶ
臨床心理ケーススタディ

編

村瀬嘉代子・森岡正芳

金剛出版

CONTENTS

I
[座談会] 臨床の方法としてのケーススタディ ……………… 1
村瀬嘉代子・森岡正芳・岩壁 茂

II
[総論] 臨床心理ケーススタディの基礎を学ぶ

24 臨床の方法としてのケーススタディ① ……………………………… 岡 昌之
31 臨床の方法としてのケーススタディ② ……………………………… 成田善弘
37 職域の多様化・新しい職域・ケーススタディ ……………………… 村瀬嘉代子
45 学びの場としての事例研究 …………………………………………… 森岡正芳
53 臨床と研究のクロストークをいかに構築するか──研究の方法 …… 岩壁 茂

III
臨床心理ケーススタディ❶
コアから思考する

▼ 医療

64 場面緘黙を呈した一女児への心理療法の検討
　　　　　　　　　　　　　　　三浦恭子・村上伸治・山田了士・青木省三
71 ケースに学ぶということ──精神科成人期の事例から ……………… 花村温子
76 精神科──老年期・認知症 …………………………………………… 松田 修
82 総合病院小児科領域の心理臨床 ……………………… 阿佐美百合子・小澤美和
88 哺育障害乳児の治療経験から自閉症の成り立ちを考える …………… 氏家 武
94 終末期医療 ……………………………………………………………… 服巻 豊

▼教育

- 100 実践に学ぶスクールカースト・不登校・ひきこもり問題 ……… 徳田仁子
- 106 学級コンサルテーション ……… 伊藤亜矢子
- 111 特別支援教育①──発達障害の子ども・青年支援 ……… 村田昌俊
- 116 特別支援教育②──聴覚障害児教育と心理支援 ……… 河崎佳子・若狭妙子
- 122 大学学生相談 ……… 西村優紀美・斎藤清二

▼産業

- 129 うつ病予防とうつ病リワーク──プリベンション・ポストベンション ……… 高橋美保
- 135 キャリアデザインとメンタルヘルス ……… 山口智子
- 141 組織コンサルテーション──場・構造・プロセス ……… 廣川 進

▼司法・矯正

- 146 離婚する夫婦と子ども ……… 伊藤直文
- 151 少年審判 ……… 室城隆之
- 156 社会的養護 ……… 青島多津子

▼福祉

- 161 生活保護受給者支援（貧困） ……… 石川雅子
- 166 社会的養護と発達障害 ……… 田中康雄
- 174 社会的養護と育児・家族支援 ……… 中島 淳

IV

臨床心理ケーススタディ❷
協働の方法としてのケーススタディ

- 180 心身医療における協働の方法としてのケーススタディ ……… 李 敏子
- 185 生殖医療──不妊カウンセリング ……… 宇津宮隆史・上野桂子
- 191 救命救急医療の場でケーススタディを考える ……… 稲本絵里・苛原隆之・畝本恭子
- 195 過疎地域心理支援 ……… 今井一夫
- 199 リハビリテーション医療における心理臨床──高次脳機能障害の事例を通して
  ……… 風間雅江・先崎 章
- 204 教員とのケースカンファレンス ……… 伊藤美奈子
- 208 ケーススタディ──アディクションの症例 ……… 今村扶美・松本俊彦
- 212 災害被災地支援 ……… 成井香苗

編集後記 ……… 219

CLINICAL PSYCHOLOGY
CASE STUDIES

I

[座談会]
臨床の方法としての
ケーススタディ

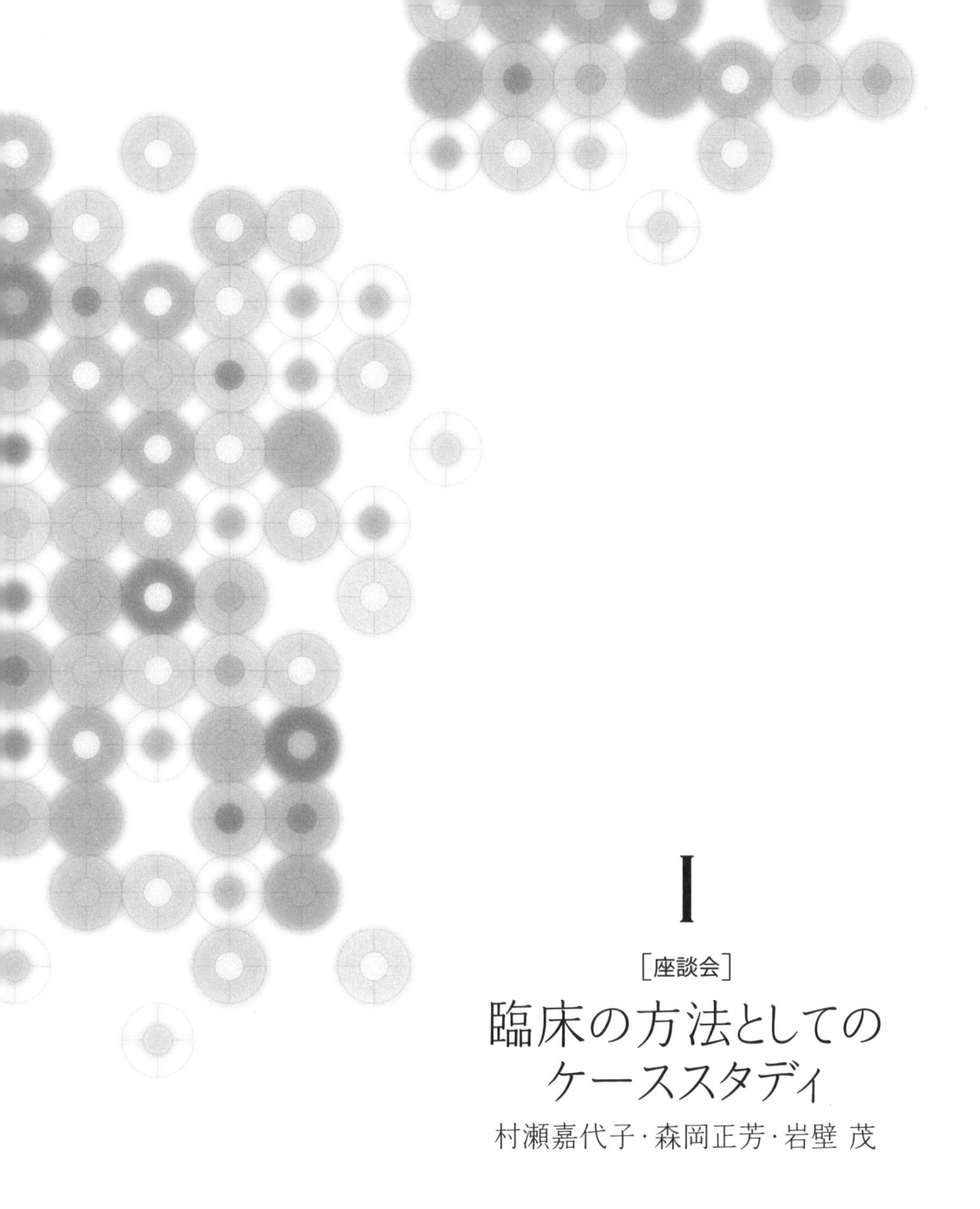

村瀬嘉代子・森岡正芳・岩壁 茂

実践領域に学ぶ
臨床心理ケーススタディ

♠森岡＿＿『臨床心理学』増刊第5号「実践領域に学ぶ臨床心理ケーススタディ」は，増刊第4号「ケースで学ぶ臨床心理アセスメント入門」の続篇として企画されました。今回はケーススタディに加え，多領域へ職域が広がってきた臨床心理学のエリアスタディを兼ねることも意図しています。座談会にあたってあらためてケーススタディについて考えてみると，臨床心理学を学んできた者にとって，ケーススタディはまず教育訓練上の方法論として定着してきました。そもそもこのケーススタディには「研究」という側面もありますが，同時にケースカンファレンスという「臨床」の側面もあります。現在も臨床心理士養成大学院では，基本的に事例研究という方法論が共有されていると思いますが，各大学院で独自の多様なアプローチが試みられてもいます。そしてなにより臨床心理士の実践領域が多様化・多領域化しているという現状もあります。これら多様化してきたケーススタディの方法と可能性について，ここで意見を共有したいというのが座談会の目的です。

本日はまず基礎篇として，「臨床の方法としてのケーススタディ」を考えるということから始め，次に応用篇として，臨床現場と密接な関係にあるケースの役割，各職域に求められるケーススタディの方法論，さらにケーススタディを通じた協働の方法について検討していきたいと思います。さらに研究としてのケーススタディの可能性を考え，最後にケースカンファレンスの方法論へと議論を進めたいと思います。

本日は，年間に無数のケースカンファレンスをこなしていらっしゃるベテランであり，そして今や古典とも呼べるケーススタディ論文を多数執筆されている村瀬嘉代子先生に，そのご経験とお考えをうかがいたいと考えております。そしてもうお一人，新進気鋭の研究者にして臨床家である岩壁茂先生にもご参加いただいております。岩壁先生には，カナダのマッギル大学でトレーニングを受けた経験から，質的研究をはじめとする国際水準の研究が日本の臨床心理学研究にどのような影響を与えるのか，また当事者にとってケーススタディがどのような意味をもつのかについて語っていただきたいと思います。

「事後的再構成」としてのケーススタディ

♠森岡＿＿まず私個人の経験からケーススタディについて述べますと，やはりはじめに思い浮かぶのはそれが臨床の独自の教育システムに関わるということです。私は河合隼雄先生に京都大学大学院で指導を受けましたが，河合先生は事例を中心に教育を考えたいという深い思いがあって，また臨床心理士養成という見地からもケーススタディに独自の見識をおもちでした。臨床心理士養成のための教育システムには，ケーススタディ，ケースカンファレンス，個人スーパーヴィジョンがありますが，それぞれ一つのケースを提示してコメントを受ける構造は似ているけれど，それぞれ体験としてはまったく異なる。しかし当時の私は，あまりそのことを意識せず，他分野からこの道にとびこんだため臨床心理活動の場や風土になじむことに汲々としておりまして，ケースカンファレンスに出席するだけでも，胃が縮むような思いをしていました。今でもあの感覚は何だったのかと考えるのですが，やはり独自の「重さ」があるということでしょうか。大学院当時のケースカンファレンスは，クライエントとの生きたコミュニケーションを緻密に報告するもので，報告だけで時間にして1時間を優に超えるものでした。またその方法論は，書物では身につかない臨床現場の臨場感をテープ録音なども利用しながらよみがえらせ，臨床現場の再現を目指すものでした。いわば身体感覚としてケース理解を身につけるものだったという記憶があります。

ただここには同時にジレンマもあります。ケースカンファレンスでの報告はすべて臨床で起こったことの「再構成」にしかなりえません。報告者＝セラピストが臨床現場でどのような体験をした

のかを提示するとき，それはセラピーそのものに対して「事後的」であり，しかし同時にセラピーは進行中でもある。この構造的なジレンマを見過ごすと，ケースカンファレンスの再構成の可能性と限界を適切に評定することはできません。経験したケースを事後的に熟考して次回へとつなげるという意味では可能性もありますが，ケースカンファレンスという場の圧力によって半無意識的にセラピーを再構成して満足してしまうと，それは再構成の限界を露呈することになります。ケースカンファレンスにはこういったシビアな問題も生じてきます。

ふたたび大学院当時のことを思い起こすと，京都大学大学院の相談室紀要は「臨床心理事例研究」として発刊されました。誌上でケースを報告してコメントを受ける形式のもので，このコメントをもとにケーススタディを考え，そして実践に携わってきたのですが，そこですべての課題が解消されることはありませんでした。ケースカンファレンスでは報告者とコメント報告者の間には応答関係のコミュニケーションがありますが，この経験をどのように臨床へと還元していくかということは，私にとって今もって大きな課題です。

司法臨床ケーススタディ

◆**村瀬**__私は今から半世紀以上も前，仕事自体がケーススタディともいえる家庭裁判所調査官の職務に就いておりました。当時は，裁判所のなかに行政機能をもった家庭裁判所が創設され，今後どのように発展していくかという黎明期・創成期にありました。調査官という仕事も名義上は規定されていましたが，実際の仕事のモデルについては，「調査官はカウンセラーである」「調査官はケースワーカーである」など，そのアイデンティティは研修養成過程でも議論の渦中にありました。やがてそれも家事審判法と少年法に基づいて仕事をするという意味で「調査官は"調査官"である」と

いう定義ならざる定義に落ち着いたのです。日本に心理療法が定着しつつあった1960年代，調査官の仕事は，少年に面接し，家族や雇用者や教師など関係者の話を聞き，勤務評価や学校成績などを資料に面接結果を総合して，対象となっている少年にふさわしい対応を意見書にまとめるものでした。これはとりもなおさずケーススタディそのものですね。日本の裁判制度のなかに調査官が根を張ろうとする過渡期でしたから，定型の手引書はありましたが，まだまだ洗練させて改善していく余地がある，そういう時代でした。

裁判は，実証された事実を提示し，これを法律に即して判断するものです。しかし一方で，少年や家族のこれまでの生活やこれからの生活を考え，どのような処遇を適切とするかを判断する調査官の仕事は，法的処遇の概念とは必ずしも一致しない部分もあります。必然的に，裁判官，書記官，事務官が使用する言葉，少年院，保護観察所で使用される発想や言葉は，いわゆる心理療法の用語ではありませんでした。そのようななかで調査官は，少年がよりよく生きること，壊れかけた家庭を修復することを志向します。その文脈のなかで，根拠があり読み手を納得させる報告書を公共性のある言葉で書くことが求められていました。しかし考えてみれば，上級試験を受けたとはいえ大学を卒業したばかりの人間が家庭裁判所でこのような業務を行なうことは，飛来する実弾を素手で裁くようなもので，この困難な実務は「少しの資料を長い時間をかけてじっくり読む」という現在の教育方針とはずいぶん異なるところがあります。当然，主観的で文学的な感覚で書いても，その報告書は審判には通用しません。家事事件で当事者の意見を聞いて報告書を作成するときは，いわゆる臨床心理学の用語は共通語ではありませんから，実態を捉えた，公共性をもった，誰にでもわかりやすい言葉で記述することが求められます。

▲**森岡**__村瀬先生の出発点はまさにここにあるわけですね。簡潔に誰にでもわかりやすく伝えるということ ── ところが私が経験してきたのはむしろ

実践領域に学ぶ
臨床心理ケーススタディ

逆で，ケースカンファレンスでは，セラピーで起こっていることを参加者がわかりやすいようにまとめるというより，逐語録に近い再構成が求められていました。

◆村瀬＿＿ですが調査官のケーススタディにも似た側面があります。最初の申込段階の主訴と実際に会った少年の印象はしばしば異なりますし，凶悪な犯罪を犯した少年であっても，面談の回数を重ねるうちに少年自身も変化し，面談する調査官の理解も変化しますから，定型の報告書のほかに逐語録のような資料を追加することがあります。大切なのは，この逐語録で出来事を忠実に伝える文章が記述できるどうかということです。私は調査官として1年10カ月務めてから，研修所で1年研修し，アメリカで1年大学院に留学した後，帰国してからは東京で2年研修所の研究員として務めました。その間に外部の研究会に出席することもありましたが，そこではテープ録音を聞きながら「ここでセラピストは"うん"と言葉をかけたほうが良かった」といったことが話し合われていて，正直なところそれまでの経験との落差に違和感を覚えたのも確かです。私は一貫して，仕事には「正確さとスピードと量」が大切だと思ってまいりました。しっかり対象の特徴を捉えながらも，しかし誰にでもわかる公共性をもった表現で伝え，そして可能な限り早く業務を遂行するということです。

♠森岡＿＿ある意味で経済的に仕事をこなすというイメージですね。

◆村瀬＿＿ええ，短い時間で正確に進めるということです。いくら有益でも，あまりに長い時間をかけては益なきものに終わりがちです。今は規則が変わって共同調査という制度が設けられましたが，かつての調査官は仕事を始めて6カ月も経てば，困難なケースでも一人で対応することが求められ，しかも「未済」が増えるのは好ましくないことでした。ですから，「正確さとスピードと量」が当然のこととして考えられていました。「ゆっくりじっくり時間をかけて」という側面のある現在の

大学院教育を見ていますと，もう少し改善の余地があるのかなとも思いますね。

アメリカでの留学先でも，たとえ外国人で実習先のことを知らなくても，実習でクライエントに会う限りは一人のプロフェッショナルとして務めるべきだという方針でした。ですから，ケースカンファレンスで発言できないことも，ケース記録提出が遅いことも，すべて免責されることはありませんでした。私の旧姓は"I"で始まる名字だったのですが，そのおかげで何でも始まるのは実習生のなかで私から。他の実習生は私の様子を見て修正できたのですが，私のほうはそうはいきませんから，もう不登校になりたいくらいでした（笑）。プロフェッショナルとみなされた実習生には秘書が一人ついて文書をタイプしてくれるのですが，私の英語が真っ赤になるまで添削されたこともありました（笑）。実習先のスーパーヴァイザーはスピードを重視していて，ならば休憩時間も使って仕事を進めようとしたのですが，これもまたスーパーヴァイザーの方針でお昼休みはみんなでトランプのポーカーをすることになっていました。私のほうはポーカーなんてちっともやりたくないのに（笑）。

しかし考えてみれば，現在でも私は喫水線上で仕事をしている感覚でおりますが，これは当時から今まで続いていることかもしれません。それに海外留学は当時本当に稀な経験で，身分も裁判所在籍でした。しかしそのような生活をしてきたからか，今になって生活が窮まって相談にいらっしゃる方のことが少しだけ想像できるような気がします。「よくわかる」などといっては僭越ですが。よく泳げないのに背丈を越える海で，とにかく泳いで何かをつかもうとしていた時代でした。

♠森岡＿＿その経験が今の先生をつくってきたということですね。

◆村瀬＿＿そのような生活のなかで気をつけてきたのは，自らの経験や思考を反映していない純粋理論的な術語は使わないこと，自分の言動を第三者の視点でも考えてみる相対化した視点で考えること

臨床の方法としてのケーススタディ｜村瀬嘉代子・森岡正芳・岩壁 茂

です。バランス感覚を持ちたいと思いました。裁判所の仕事を考えてみると，審判の場面で当事者が裁判官の発言を聞くこともあって，「いえ，私はそんなことは言っていません」と当事者に言われては困りますから，つねに相対的な視点をもたなければなりません。そのことを自覚しながら仕事をしてきました。

◆森岡＿＿調査官の言葉は，当事者も含めてさまざまな人に共有されるわけですから，先ほどの表現でいえば公共性が求められるということですね。そしてその公共性を獲得するためには，何重ものリフレクション，振り返りが必要になります。自己本位的な視点だけではなく，さまざまな他者の視点をあらかじめ取り込みながらケースに接することが，最終的に公共性を成立させていく。

◆村瀬＿＿刑事事件とは異なって家事事件では，自分は被疑者ではないと確信して高い自尊心をもっている方も多く，なかには法律に詳しい方もいらっしゃいます。私が書いた報告書を見て，民法に照らして本当に自分の言いたいことをわかってまとめているのかジャッジする方もいらっしゃいました。

◆森岡＿＿自分自身のことが問われるわけですから，当事者もそれだけ必死だということですね。

◆村瀬＿＿家事事件において問題を解決する主体は当事者です。そして当事者の言動をどのように理解したかを報告書にまとめるのは調査官であり，報告書にもとづいて判断するのは裁判官です。私は報告書を提出する前に「私の考えは報告書の通りですが，あなたの見解と違うところがあれば指摘してください」と当事者にお聞きするようにしていました。実際，「何を書いてるんだ！」と私のメモを強引に奪い取った少年もいたくらいですが，当事者の方はやはり報告書の内容を見たいだろうと私は思います。自分自身のことですから。これはブルーノ・ベッテルハイム[注1]も言及していることです。もちろんスーパーヴィジョンで指導を受けたこともありますが，やはり自分自身が苦しみ抜いてきた留学経験において，大切なものは何かと自分で考えてきたことも非常に大きかったのだと思います。一般に語られることとは少し異なりますが，こうした当事者との関係性を構築すること，そしてそのための自助に努めることが，いわばケーススタディの基礎ではないかと思います。

◆森岡＿＿何か一息にケーススタディの本質が示されたと感じています。クライエントとともに記録を見ること，クライエントとともに記録を書くこと。カウンセラーによる主観性から離れて，当事者の視点を取り込みながら，公共性に貫かれたものとしてのケーススタディ，むしろ，これからのケーススタディのあり方も示すようなその核が提示されたように思います。

「楽しい」ケーススタディ

◆森岡＿＿これまでの議論も踏まえて，岩壁先生はご自身のご経験も交えながらどのようにお考えになりますか。

✚岩壁＿＿村瀬先生のお話は，法と事例の関係からケーススタディを考える，いわば現実世界に関わるケーススタディの議論が展開されたものだったと思います。僕の場合はある意味では現実世界とはやや離れたところで，創造・想像世界への関心が最初にありまして，いろいろなケーススタディを読むことが好きでした。僕は大学院から心理学を専攻しましたが，ケーススタディには人間の創

注1）ブルーノ・ベッテルハイム（Bruno Bettelheim）／1903年ウィーンに生まれ，1938年ウィーン大学で博士号取得。第二次世界大戦中の1938～1939年に強制収容所での収容経験を経てアメリカ移住。シカゴ大学教授として知的障害児訓練教育施設所長や情緒障害児ホームに携わる。主著に『愛はすべてではない——情緒障害児の治療と教育』（村瀬孝雄・村瀬嘉代子＝監訳（1968）誠信書房）がある。ここで言及された部分は，「遅かれ早かれ，どの子供も自分の記録に関心を持ち始めるようになる。本校ではこういう好奇心は積極的に満たされるが，但しその場合それがしっかりと確立された関係の中でのみ満たされるという条件が必要である」（pp.297-298）として記述されている。

る独特の内的世界が展開され，外的現実世界とは違う現象が記されていて，面接室という密室のなかに広大な世界が広がっていることに魅かれました。クライエントによってさまざまなストーリーが展開されること，多様な学派が存在すること，学派によって事例の書き方も異なること。その多様性にも知的好奇心を刺激されました。どうも僕は人間観察が好きなようで，ケースカンファレンスがあると，報告者やコメント報告者の言動をつい観察してしまっていることがよくあります。そうした「傍流」からケーススタディへの関心を強めていったという経緯があります。

そしてもうひとつ，僕は大学院の頃からプロセス研究注2)を専門にしてきました。プロセス研究では面接のテープ録音やビデオ録画をもとに面接者やクライエントの行動を分類したり分析したりしていくのですが，この研究法が発展したのは，従来のケーススタディには科学的客観性＝エヴィデンスがあまりに不足しているという事実がきっかけでした。従来のケーススタディ独自の基準にもとづく方法論をどのように乗り越えるのか，ということが課題だったと言いかえられるかもしれません。一方でケーススタディの楽しさも感じていましたから，研究法としてのプロセス研究を追求しながらも，どのようにしてこの楽しさを実証的に研究すればいいのかをいつも考えていました。実際，事例全体の逐語録を見るより面接の音声や映像の記録を見るほうがいいのではないか，面接全体ではなく切り取られた重要な一場面を見るほうがいいのではないか，ということを考えてきました。

このように考えを巡らせていくうち，臨床心理学における事例は，科学における「原子」のような単位に相当すると考えるようになりました。研究対象として面接中の出来事を細かく調べることはできますが，臨床心理学は実際的なクライエントの援助を抜きにしては語れません。ですから，臨床心理学においては「事例」こそがその最重要な単位のひとつだと考えるようになりました。援助活動も教育訓練も，原子のようなこの単位をもとに広がっていくという直観はありました。それをどのように実証的に研究するのかということが，大学院時代の僕の研究課題でした。

留学したカナダのマッギル大学では，面接のビデオ記録をまるでライブ中継のようにして視聴して検討する講義もありました。面接のなかで生起するひとつひとつの場面を詳細に見て考えていくという作業は，事例というものを考えるうえでも非常に重要な経験でした。こういった貴重な経験がケーススタディは楽しいと思う大学院当初の気持ちとようやく合流するようになったのは，研究法としての質的研究注3)に触れたことがきっかけでした。面接の一場面という細かなピースを分析していくこと，事例そのものがもたらす楽しさを味わうこと，このような事例の多様な表情を一つのゲシュタルトとしてまとめる回路を考えるのは難しいことでしたが，質的研究はそのための大きなヒントを与えてくれました。ケーススタディもケースカンファレンスもスーパーヴィジョンも，その最重要な単位としての事例がなくては始まりません。だから臨床活動はいつも事例を中心に回っている。

同時に，科学的客観性＝エヴィデンスのあるものとしてケーススタディを確立させて認知してもらうにはどうしたらいいのか，そのこともいつも考えていました。いかに優れた教育訓練もエヴィデンスがある技法も，「事例」を通さない限りは何も語れず，成立することさえないわけですから，研究対象が一時的に変わることはあっても，僕の

注2) プロセス研究／カウンセリングの過程（プロセス）において起こるクライエントとセラピストのコミュニケーション様式についての研究であり，クライエントの変化の要因や面接での出来事を研究対象とする。参考文献として，岩壁 茂（2008）『プロセス研究の方法』（新曜社）がある。

注3) 質的研究／データの収集・分析・結果の提示において，数量的データではなく研究対象の言語的データを重視する経験的研究方法。参考文献として，岩壁 茂（2010）『はじめて学ぶ臨床心理学の質的研究——方法とプロセス』（岩崎学術出版社）がある。

座談会　臨床の方法としてのケーススタディ ｜ 村瀬嘉代子・森岡正芳・岩壁 茂

一番の関心はつねに「事例」へと収斂していきました。そのなかで，優れたケーススタディとは何か，ケーススタディから何を学ぶのか，どのように事例を記述するのか，ということにも関心をもってきましたが，特に「学び」のプロセスとしてのケーススタディへとその後の関心が広がっていきました。

♠森岡__「実践領域に学ぶ」ということが増刊第5号のテーマですから，まさに今のお話に重なるところですね。先ほど，事例を読むことを「楽しい」と表現されましたが，岩壁先生と同じく大学院から臨床心理学を専攻した私にとっても，臨床心理学はまったく未知の領域でしたから，同じ感覚を共有しているように思います。事例というものは，面接でのクライエントとセラピストという二人の関係性，二人のコミュニケーションを通じた理解が必要となります。実際の面接場面でセラピストも関係のなかに入って二人の感情や心の動きをとらえている。それが事後的にケーススタディとして記述されるということは，考えるべき大きなテーマだと思います。そして基本的に，ケースレポートが記述される場面そのものにクライエントはいません。やはりこの事後的な再構成であるという構造は，ケーススタディのもつ特異な性質であり，その可能性と限界が生まれてくる起源のようなものだと思います。このような構造をもった事例からさまざまな理論や概念が次々に開発されていくのですが，しかしそこには理論や概念を超えた事例そのものから伝わってくる特質がある。私はそのことに関心をもってきて，岩壁先生の思いと共通する部分が多いと考えています。岩壁先生が感じた事例の「楽しさ」というのは，具体的にはどのようなものだったのでしょうか。

✚岩壁__僕は自分のなかに深い科学主義のようなものがあると感じていて，同時にそれに反発する気持ちも共存しているのですが，そのような気質からケーススタディの科学性ということを強く意識して考えてきました。プロセス研究を追求するなかで多くの面接のビデオ記録を観てきましたが，いかに正確に面接を記録していても，たとえ360度から数台のカメラで面接中の出来事を逐一記録していても，それは事例の完全な記録にはなりえません。

♠森岡__おっしゃるとおりですね。ビデオ記録の再現性は高度なものだと思いますが，それは面接で起こっていることの視聴覚的記録でしかありません。面接で生じていること，体験されていることのすべてではありません。

✚岩壁__セラピストの内部で起こっていること，クライエントの内部で起こっていること，そしてまさにそのような二人の「間」で起こっていることがある。さらに二人の「間」で起こっているけれど，二人とも気づいていることがあり，また二人とも気づいていないことがある。その反対に，どちらか一方だけが気づいていることもある。するとセラピストが面接後にケースレポートとして記述することは，事例という多様な現象をある視点から切り取った一側面でしかなくて，そこには体験的な部分が欠けていたりする。僕が感じた事例の「楽しさ」というのは，たとえ視覚的に見えるすべての情報を不足なく集めても「見えない部分」があって，それをどのように「事実」としてとらえることができるのか，ということに関わります。また，面接において一気に状況が一変する特別な瞬間をとらえることにもおもしろさを感じますし，面接においてどのような言葉や行動が表現されるのかということにも，やはりおもしろさを感じます。

♠森岡__ビデオやテープの記録はどれほど正確に再現されても，体験的なことが抜け落ちていますからね。そして後から振り返ってみると，面接の最中にはまったく気づかなかったその部分が見えてくることもあります。「クライエントが伝えたかったことはこうだったのか」「あのときにこう言えばよかった」という違った可能性が見えてくることもあります。面接記録は，こういった特別な見方を事後的に認識できる省察の機会にもなる。

✚岩壁__そうですね。ただ実際に起こった現象を客観的にとらえようとすることだけがケーススタ

実践領域に学ぶ
臨床心理ケーススタディ

森岡　正芳

ディではないと思います。事例には，さまざまな考察を促す特別な広がりをもった「層＝相」があって，それを簡単に分類することはできない。時間的に事例は終わっているけれど，未だ終わっていないものがある。この未完了の素材のなかからさまざまな要素を抽出するプロセスが生じてくるのがケーススタディであり，そこに「楽しさ」があり魅力があるのではないかと思います。

ケーススタディの目的と「希望」

♠森岡__そもそもケース記録を，どうして私たちはあんなに毎回毎回一生懸命記録するんでしょうね（笑）。

◆村瀬__やや辛辣な見方かもしれませんが，肥大したナルシシズムが含まれている可能性は否めないのでは……。ただ，もちろんケース記録を肯定的にとらえる別の見方があるのは確かです。たとえばビデオ録画はひとつの共通素材で，それがあることで誰もが意見を述べることのできるものですね。しかし同時に，観る人によっていかようにも読み取れるものです。臨床心理学の世界でも科学たらんとすること，より正確かつ客観的であろうとすることがつねに追求されますが，提示される臨床素材は共通であっても，それに関わる人間は共通ではありえません。その共通ではありえない人間が議論をするということは，日く言い難い変数がすでに無数に介在するということです。これがいわゆる機械工学といったものとは大きく異なる点ですが，共通の素材に共通しえない人間が関わるというのに，この変数について議論されることはほぼありません。これはあまりに壮大なテーマであり，たしかに永遠の課題でもあります。しかし，容易に解答にたどりつけないからこそ希望や救いがあるんじゃないでしょうか。臨床心理学は対人援助の学ですから，客観的で画一的な解答が得られないということは，難しさでもありますが，もう一方では希望を生んでいるということでしょう。

♠森岡__たしかにケースカンファレンスでも，同一の共通素材について検討しているのに，よくここまでと思うくらい違った意見が提示されます。このようなことが起こる根本的な要因を考えてみると，村瀬先生のおっしゃったように，そこには人間という変数の介在があるためです。そして逆説的なことですが，だからこそ希望も生まれうるということですね。まさにこの困難な希望を生かしていくべきだと思いますが，それを阻む課題があることも確かです。そのような違いを豊かに保持できる環境が理想的ですけれど，実際にはケースレポートを何かある特定の理論や概念へと強引に呼び込もうとする同調圧力が加わることも，稀ではありません。

◆村瀬__そうですね。その圧力を感じるたびに，なぜこれほど無益なことを長々と続けるのか，といつも思うのです。

♠森岡__ケースカンファレンスそのものを「無益」と表現されますか？

◆村瀬__いいえ，ケースカンファレンスが無益という意味ではありません。当事者にとって礼を失するということです。理論を議論し，利用し，事実を歪めてでも理論に近づけるということが現実にはしばしばみられるのですが，臨床家にはそれに

座談会　臨床の方法としてのケーススタディ｜村瀬嘉代子・森岡正芳・岩壁 茂

いつもどこかで気づいて歯止めをかけるセンスがなければなりません。少し過激な発言かもしれませんが……

◆森岡＿＿ある種の権威の言葉だけを拝聴するケースカンファレンス、そして聴く側もそれを待望しているケースカンファレンスが世に多くあることは事実だと思います。

◆村瀬＿＿ケースカンファレンス本来の目的を考えますと、これはひとえにクライエントの回復の一助としてあるわけですから、この目的を見誤っては本末転倒です。ケースカンファレンスが自己目的化して、当事者不在のまま参加者の集団的なナルシシズムを充たすことが目的となってしまえば、これは他人の不幸を種に自分の考えを披露する場にもなりかねません。

✚岩壁＿＿今のご発言は非常に重要なことだと思います。かなりシビアな内容を含んでいるとは思いますが、ケースカンファレンスがともすれば日常的なルーチンワークにもなりかねないことを思うと、参加者はつねに胸に刻む必要がありますね。

◆森岡＿＿そのような目的が実現される理想的なケースカンファレンスの場をどのように創るか、そのためにどのようにケースレポートを記述するかということは、ますます重要になります。いつまでも無限に解釈や連想を広げていても仕方がないわけですから。つまり、ひとつのケースから解釈や連想を展開していくことは重要ですが、どの地点がリミットかを考えれば、それがケーススタディの目的を設定するための基準となるように思います。岩壁先生が探求されてきたプロセス研究においては、ケーススタディの目的をどこに設定するかによって、ひとつのケースのどのポイントに注目するかということが異なってきます。実はケースということばは、臨床の当事者その人をもの化するような響きがあって、私は使うのを少々ためらうことばでもあるのです。ケースは臨床心理学において「基本単位」にあたるわけですが、この「基本単位」としてのケースに対して、さらにどのような視点を設定するべきなのでしょうか。

◆村瀬＿＿ケースもまたひとつの現実ですから、この現実のなかにある事実を事実として率直に受け取らない傾向を是正すれば、ケースのどの部分に対してどのような視線を向けるべきか明らかになるはずです。たとえば、私はいくつかのクローズド・グループで年に数回のケースカンファレンスを行なっているのですが、そこでは提出されたケースについて意見が交わされます。そしてケースカンファレンスの終わりに、そのとき発言しなかった人も含めて、提示されたケースの感想を発表者に送ることにしています。そして次回、前回の発表者がコメントを読んで、新たにどのような気づきがあったのか、そしてクライエントが現在どのような状態であるのかを発表します。すると、たとえ前回焦点がいささかゆらいでいるかにみえた議論も、交わされた意見から新たな議論が芽吹きはじめるのがわかります。そしてまた半年後ないし1年後にふたたび同じケースについて議論してみると、以前のアセスメントを上回る新たな発見を得ることができます。

それからもうひとつ、私が調査官になったばかりの頃、当時は全件送致主義が採られていて、警察官や検察官などの捜査機関は、少年事件における犯罪少年をすべて家庭裁判所に送致しなければならないとされていました。送致されてきたケースは各調査官に割り振られ、後に担当事件に審判が開かれ、決定がなされます。そして仮に再犯したケースは、以前と同じ担当者に調査が割り振られることになっていました。その結果、再犯のケースをふたたび担当する回数が多い調査官とそうではない調査官とがはっきり見えてくる。この差異には2つの要因があって、ひとつは、担当回数が少ない調査官は、さまざまな意味でゆき届いた処遇と記録を行なっているということです。もうひとつの要因は、在宅保護観察も選択肢として考えられるケースでも、厳しく少年院送致とすることです。当時は今より少年院在留期間が一般的に長く、一度少年院送致となれば、かなりの期間、一般社会にいないので、必然的に再犯率は低

くなります。この第二の要因を差し引くと、人間的な総合力の高い調査官は、担当した少年の矯正・成長に対して非常に強い影響を与えていました。家庭裁判所では、通常のサイコセラピーのようにかかわる期間は無制限ではなく、28日の観護措置期間中に結論を出さなくてはなりません。ですから限られた2～4回の面会のなかで、少年のなかで何かが変わるような重要なことを確実に伝えることがあったのです。そのことをつぶさに見てきて、現在までつづく臨床の糧になったと思っております。

人間的総合力，人の性(さが)，心の綾

♠森岡__少年の変化を促進する力ということですね。しかしどのようなことがその違いを生むのでしょうか。先ほど「人間的な総合力」とおっしゃいましたが、28日というわずかな期間で重要な要素を把握し、そして少年の変化へとつなげていく、その総合力とはどのようなものでしょうか。

◆村瀬__青木省三先生もおっしゃっていますが、心理療法というものは、本のなかや頭のなかにあるものではなく、またクライエントが面接室にいるときだけ機能するものでもありません。クライエントの24時間そのものが対象です。人間的総合力というものは、まさにこのような視点や姿勢から生まれてくるものです。先ほど岩壁先生が事例を読むことが好きだったとおっしゃいましたが、人間的総合力を育成するためのヒントがそこにはあるように感じています。私が育った時代は物もなく遊び道具も多くありませんでしたが、その代わりに小学校中学年の頃から『世界文学全集』や『日本文学全集』を読んで、学校の教科書とは違う世界を知るようになりました。人はこんなに醜くもなるし卑劣にもなる、しかし反対に限りなく優れたこともできる。文学作品を読むなかでこうした人間の性(さが)のようなものを学びました。人がもつ建前と本音を感じながら生きてきた子どもだっ

たのかもしれませんね（笑）。ですから、もちろん文学作品として書くことはできませんけれど、人の心の綾のようなものをどこかで理解しようとしていました。岩壁先生がおっしゃった事例を読むことへの関心には、私の経験と似た側面があるのだと思います。

また別の経験で、調査官時代にフルブライトの第1回留学生となった方が上司にいらっしゃったのですが、この方は鑑別所の所長になるより調査官として少年と相対したほうが真の人間となるための近道であると考え、進んで役職としての降格を希望して主任調査官となった方でした。この主任があるとき、「小説のように冗長な記述を読んでいては頭は平板になって回転速度も下がる。それよりは優れた戯曲を読んだほうがいい」とアドバイスをしてくださって、その足で私をアメリカ文化センターに連れていってくださいました。当時洋書は入手が難しく貴重なものでしたが、アメリカ文化センターにある洋書のなかから、アーサー・ミラーの『セールスマンの死』[注4]などを勧めてくださいました。

♠森岡__そんな特別なトレーニングをされていたとは知りませんでした（笑）。

◆村瀬__「読んだら感想を聞かせなさい」と主任に言われましたので、仰せの通りに洋書を読んでみました。するとたしかに戯曲は、登場人物の人生の長い連続のなかからある言葉やある場面が選ばれて記述されていて、その言葉や場面の背景にある情景を想像しながら読まなければ理解することができません。ですから私は、「なぜこのような発言をするのか」「なぜこのような行動を取るのか」と、読むたびに考えさせられる体験をしました。ある意味でケースレポートにも戯曲と似たところがあります。ケースレポートは、読む人にケースの背景を想像してもらえる要素とはどのようなも

注4) アーサー・ミラー（Arthur Miller）（1949）『セールスマンの死』／平凡なセールスマンに米国の夢を仮託し、子どもへの過大な期待を抱いて自滅する姿を、現代の悲劇として描いた戯曲作品。

臨床の方法としてのケーススタディ｜村瀬嘉代子・森岡正芳・岩壁 茂

のか，と考えながら記述されるものです。しかし選ばれる言葉は，創作であってはならず，あくまでクライエント本人による言葉でなければならない。戯曲を読ませることで，その主任はケースレポートとの類似と差異に気づかせたかったのだろうと思います。

▲森岡＿非常に考えさせられるエピソードですね。戯曲には一瞬の光り輝く言葉がありますが，しかし同時にそのことは，当の言葉がどのような文脈から発せられたものなのかを含めて考えなくてはならない。これはまさにケースレポートにも重なることで，ケースレポートで報告される言葉は，背景にある文脈を想起させるようなものでなければならない，ということですね。

◆村瀬＿優れた戯曲の科白というものは，言葉を発した人物の成育歴や家族の状況を予見あるいは予想させるものですから。

✚岩壁＿たしかにそこには臨床の本質と通じるところがあるようです。臨床の結果を記述することの本質のようなものが表われていますね。クライエントの言葉は何の脈絡もなく発せられたものではなく，必然的に背景にはその言葉を発するに至ったコンテクストが存在している。臨床とはその背景となるコンテクストまでとらえるべきものであり，ケースレポートはそのような理解を含めて記録されるべきだということですね。

◆村瀬＿そうですね。実際その主任には，戯曲を読むことは，クライエントの話を聞いていてなぜある瞬間にある言葉が出てきたのか，その背景を想像する勉強になることも教えていただきました。

▲森岡＿豊かなイマジネーションを徹底的に鍛えられた体験ということですね。村瀬先生の隠された世界が凝縮されたエピソードだと思います。現在でも十分に通用するトレーニングではないでしょうか。

◆村瀬＿教育の方法は異なっているかもしれませんが，目的とするところや本質は同じだと思います。井上ひさし[注5]や寺山修司[注6]の戯曲を短時間で読み込んで，戯曲に記された言葉の隠された背景を散文で書くという課題を出したら，それはとても勉強になるんじゃないでしょうか。

責任，秘密，第三の眼

✚岩壁＿村瀬先生のお話のなかで特に注目したのは，司法領域でのケーススタディには非常に独特の性質があるということで，これは臨床心理学におけるケーススタディの発展の鍵を握っているのではないかということです。少年犯罪事件への処遇にも大きく関わることを考えると，家庭裁判所のケーススタディには事実を判別するための精確無比の言葉が求められます。ケーススタディの担当者には，それだけの重い責任，つまり社会的責任がある。ですから，司法領域において事実を判別して，ある意味ではケーススタディのなかから事実を析出するということは，単に起こった現象を時間軸に沿って並べるだけでは足りません。そうではなくて，ケーススタディという作業自体が社会的責任を求められる行為でもあるという繊細な側面があるということです。記述するということ，振り返るということ，それ自体はあらゆるケーススタディと共通の方法で進められるものだと思います。しかし司法領域では，それぞれの作業に，社会的責任に裏打ちされた社会的な価値判断が効いている。そのことを考えてみると，ケーススタディがいかに重要な作業であるかが想像できます。そしてこのことが臨床心理学におけるケーススタ

注5）井上ひさし／1934〜2010年。日本の小説家，劇作家，放送作家。代表戯曲作品に，『十一ぴきのネコ』（1971・第6回斎田喬戯曲賞），『道元の冒険』（1972・第17回岸田國士戯曲賞，芸術選奨新人賞），『太鼓たたいて笛ふいて』（2002・第44回毎日芸術賞，第6回鶴屋南北戯曲賞）がある。

注6）寺山修司／1935〜1983年。日本の詩人，劇作家，演劇実験室「天井桟敷」主宰。代表戯曲作品に，『青森県のせむし男』（1967），『大山デブコの犯罪』（1967），『毛皮のマリー』（1967），『書を捨てよ，町へ出よう』（1971），『田園に死す』（1974），『上海異人娼館／チャイナ・ドール』（1980）がある。

実践領域に学ぶ
臨床心理ケーススタディ

村瀬 嘉代子

ディに関して積極的に論じられる機会は少ないと思いますが，決して無縁のことではないはずです。

そしてもうひとつ，少年鑑別所での拘留には28日間という非常に短期のタイムリミットが設定されているということです。このタイムリミットの作用を考えてみると，面接室で進められる通常の心理療法のように長期化するものとは異なって，さまざまな外在変数が関わらなくなる。それはある意味で，実験室よりも統制された場であると考えることもできます。つまり，調査官とクライエントの間で起こっていることを記述し，その作業を通じて変化していく過程は，法と責任に規定された紛れもない事実を検証するものであり，同時に厳密に科学的な統制された場がつくられているということです。そこで行なわれるケーススタディとはどのようなものなのか。個人情報を研究にどのように応用するのかという問題とも関わりますが，臨床心理ケーススタディも含めてケーススタディの本質を考えるヒントを与えてくれる領域だと思います。

◆村瀬＿＿司法領域におけるケーススタディの特徴は，ある事実を析出する，この事実を根拠とする，この根拠に依拠して考える，という形で思考を連れていかなくてはならないということです。ですから，前もって理論が先行していて，それに合わせて臨床家が自分の考察や分析を調整していく，という思考法では決してありません。これでは司法領域が求める本当の意味での責任が取れないでしょう。非常に稀なケースですが少年事件にも抗告がなされる場合もありますし，また家事事件でも上告は起こりえます。まずもって司法領域ではつねに調査官の仕事が第三者の判断によって検証されているということです。

♠森岡＿＿つねに「第三の眼」にさらされていて，それによって業務の内容もまた審判されるということですね。

◆村瀬＿＿そうですね。また刑事事件の被疑者は，完全無罪ということももちろんありますけれど，何か罪に問われることを抱えているとみなされることから，被疑者という立場にたちます。しかし民事鑑定はそれとはまったく異なっています。むしろ鑑定によっては影響をうけるといえましょうか。私は日本で初めてとされる子どもの親権問題，子どもの親権者を問う鑑定に携わったときに，「秘密」をどのようにとらえるかについて考えさせられました。心理臨床では，「秘密」は大事に保持すべきもの，基本的には秘匿すべきものと考えます。しかし法廷では，平時ならば他人の面前で口にはしないと思われることを親子が口にして，鑑定人は利害が対立する当事者それぞれから意見を聴き，それが事実であるかどうかをさまざまな資料と照合し，検討・考察して，鑑定結果を導き出します。そして鑑定書には，どのような根拠に基づいて鑑定人自身が聴取の内容について考えたのかを記述します。法廷の場では裁判官からもこの判断の根拠を問われますが，さらに法廷には傍聴席というものがあります。傍聴席には多くの傍聴人もいて，それだけで緊張感は増幅され，鑑定書はそうした公の眼に，鑑定人が事実をどのようにとらえて理解したかを曝すものです。先ほどの森岡先生の言葉でいえば，このような公の眼こそまさに「第三の眼」であり，法廷ではこの「第三の眼」によって審問されるということです。もちろん環境や構造は異なりますが，臨床においても当

座談会 臨床の方法としてのケーススタディ｜村瀬嘉代子・森岡正芳・岩壁 茂

然このような「第三の眼」による審問を意識して内在化することが必要です。

♠森岡__今のお話は，職域という観点からみれば限定的なことにも思われますが，ケーススタディの本質が語られていると感じます。記述することや報告することにおいて，客観性を欠いた主観的なナルシシズムに陥らず，「第三の眼」をどのように意識して内面化していくかという問題，と言いかえることができそうです。これは非常にシビアなテーマですが，臨床心理学が多領域に広がってニーズ自体も多様化するなかで，まさに今求められる技能ではないかと思います。記述されたケースレポートがどのようにして他者に理解され，ケーススタディにどのような責任があるかということは，一般的な心理臨床活動においてもこの「第三の眼」がいかに重要となるのかを物語っています。ケースカンファレンスでも，同席した臨床家の仲間以外の他者が聴いたときに，ケースレポートの内容がどのように受け取られるのかをつねに意識すること——私なりに解釈すれば，そのようにして司法ケーススタディと臨床心理ケーススタディとを連絡することができると思います。

協働の方法としてのケーススタディ

♠森岡__先ほどのテーマに関連して，次に「協働」というテーマに移りたいと思います。すでに病院や学校など多領域でケースカンファレンスが行なわれていると思いますが，私自身も学校で教員や管理職や養護教員たちが同席するケースカンファレンスに参加することがあります。教員の方々は基本的に学校で起こったことをテーマに語り合うのは意味があると賛同してくださっていますが，心理職はその情報を共有しながら助言する立場となります。病院というフィールドを考えますと，たとえば緩和ケアを例に取ってみますが，医師や看護師や心理職など緩和ケア病棟で協働している多職種のスタッフがケースカンファレンスに参加するわけです。このような場面で心理職には何ができるのか，そしてどのようにしてニーズに応えるのかが問われます。こうした臨床現場と密着したケーススタディの可能性について，議論を進めていきたいと思います。

✚岩壁__まず協働の基本は，他職種にも理解できる共通言語を使えること，この共通言語に臨床家としての視点を加えながら専門性を発揮すること，さまざまな職種が関わる臨床現場へと心理専門職独自の解釈を還元していくことだと考えています。臨床現場のタイプにもよると思いますが，どうしてもケースカンファレンスでの心理職の立場はやや弱く，たとえば医療現場では医師に押されて，ケースカンファレンスの場でも寄る辺ない状態におかれたりします。比喩的な意味でも実際的な意味においても医師の方たちは声も大きく（笑），それに比べて心理職は劣勢におかれて存在感がなくなってしまう。

♠森岡__特定の臨床現場をベースとするケースカンファレンスが醸し出す場のヒエラルキーや文脈が，多くのことを規定する場合がありますからね。そしてそのようなヒエラルキーや文脈によって発言内容も規定され，独自の発言をするというより，場の力によって発言がつくられていく側面もあります。これは非常に難しい点だと思います。

✚岩壁__そしてもうひとつ難しい点として，臨床家は面接のなかで実際に起こっていることに注意が偏りがちで，クライエントの日常生活で起こっていることにどのように面接内容をリンクさせるか，ということが挙げられます。このリンクを明記した文献はそう多くありません。心理職は面接という限られた時間内での関係が大半を占めますが，面接外の場面へと関連させていくことは，難しいけれど非常に重要なことだと思います。

♠森岡__学校場面でいえば，検討対象となっている一人の生徒について考え抜くことも大切ですが，学校生活や友人関係や家族のことなど，あらゆる角度から情報を集めて，さらにこの生徒に関わる学校スタッフからもできるだけ多く意見を求めた

うえで，それらに併置する形で心理職が意見を述べることが必要でしょうね。そして，ひとつひとつの意見を活かし集めながらも，単なる合計以上に視点を膨らませることを私自身心がけています。ただ，心理職だけのケースカンファレンスではなく多職種が同席する場合は，特定の学派の視点や理論を披露するだけでは成立しません。こうした柔軟性は，専門家養成のためには必要なステップだと思います。しかもクライエントは24時間を生きているのだから，つねにそのことを意識しなくてはなりません。情報や意見として当事者から直接聴けなければ，周辺情報からイメージする。このような多角的な視点が生きるようなケーススタディが望ましい。ですが実際には，専門用語や既成理論を優先させて，それを根拠に議論を進めるということが起こりかねません。現状としてはこのようなケースカンファレンスも多いと思いますが，多職種協働のためにはその現状を変化させて，柔軟に協働のために活かしていく可能性を探る必要があります。

◆村瀬＿＿ここまでの議論を要約しますと，2つの論点があると思います。ひとつは，臨床現場にはそれぞれ独自のヒエラルキーや力関係があるなかで，多機能を求められる心理職はどのように活動すべきか，ということです。もうひとつは，専門家養成課程のなかで既成理論を学ぶことは大切だけれど，それを協働においてどのように活用するか，ということです。この2点を総合しながらお話ししてみたいと思います。

まず外部機関へと赴く場合，それまでに自分自身が学んだことを携えることは基本ですが，「自分はどのような専門家であるか」「自分をどのように生かすか」ということから公式を立てる人が多いように思います。しかし考え方の順序は逆で，まず「自分はどのようなことを期待されているか」を考えることが優先されるべきです。つまり，対象をよく理解するということ，所属機関の組織の現状やそのメンバーのことを短時間で瞬時に理解することです。先ほども申し上げましたが，仕事に必要な条件は「正確さとスピードと量」です。臨床家は専門職ですが，世にある仕事の一部なのですから，この条件を充たせなければ，外部機関で多職種と柔軟に仕事を進めることは難しいでしょう。外部機関で仕事を進めるうえでは，この条件を基本として，まず対象を理解し，多職種にも通じる共通言語を意識することが必要です。

そこからさらに高等スキルということになると，的確な比喩を使えるかどうかが問われます。ことの本質を的確にとらえた比喩をタイムリーに時を逃さず使えると，共通理解が生まれやすいかと思います。しかし的確な比喩が使えるためには，普段から緻密な観察眼がなくてはなりません。そのためにも良い意味で好奇心をいきいきともつこと。こうしたことをベースにして，外部機関で仕事をするときには，心理職としての専門性を活かしながら，誰にでもわかる言葉を使って，さらに的確な比喩が適切なタイミングで使えれば，停滞していたケース検討の閉塞感に風穴があく。目指すべきは，その場の空気が活性化し，参加者が柔軟性を増して，必要に応じさまざまな角度から考え始めるような見方をすることです。ケースカンファレンスでは，そのような一言が言えるかどうかが問われるのではないでしょうか。ですから，既成の言葉や理論をもっていって，「どれが使えるだろう」と考えていては，うまくいきません。専門性に裏打ちされた言葉や理論がまったく不要だということではありません。それらを場に合わせて調整する（modify）ことです。それは若い人でも必ずできることだと私は思います。また，ヒエラルキーや力関係に敏感であるのは良いことですが，あまりそれにこだわりすぎないで，専門職である以前に一人の人間だという立場で気負わず，その場を邪魔しないように，さりげなくいるほうがうまくいくようです。「あの人に気軽に話しかけてみたい」とか「あの人の意図をきいてみよう，できたら助けてあげよう」と，協働している人に思わせる人間であるかどうか。余計な構えは要らない。

ここまで話をしてきて，自分の若い頃のことが

座談会　臨床の方法としてのケーススタディ｜村瀬嘉代子・森岡正芳・岩壁 茂

思い出されますが，私はこれまで心理職がまったくいない医療現場に行ったり，重度の障害児がいる学校に行ったりしてきました。あるとき，病院のなかでずっと緘黙を保ったクライエントへの面接を求められたことがありました。このクライエントは統合失調症を発症している方でしたが，素直にこのクライエントと相対しているうち，やがて私との間にそれまでとは違う小さな関係の糸が生まれてきました。機能的には言葉を話せるのにずっと黙っていたこの子どもは，やがてこうしたちょっとしたきっかけで変わっていきました。こうした変化のためのきっかけは，小さな事実を大切に積み重ねていくことを通して生まれてくると思います。それがなければ心理職の存在意義はなくなるんじゃないでしょうか。他職種スタッフに「あの人は何のために来たのだろう」と思われるのを当然と考えて，無駄に力まない。それより全体状況をよく観察して，些細なことにも気付くようにし，どこにどうかかわれば，相手にマイナスの影響を及ぼさずに何かが生じうるか……そういうところを見出す。周囲からなぜか「この人には何か役に立つところがある」と思われるようになるのが自然の流れのはずです。臨床心理活動といっても仕事のひとつで，仕事というものは自分も含めて周りが一緒に協働して少しずつ変わっていくものですから，専門性に物を言わせて劇的に状況を一変させようなどと思わず，小さな変化を楽しいと思えるかどうかが大切じゃないでしょうか。そのためには「大きな課題に挑戦する」だとか「自分の実力を認めさせる」といったように肩に力を入れないことが大切でしょう。事実を忠実にとらえて考えれば何かできることはあるわけですから，構えを取り払って，無益なことに労力を使わず，ただ大切なことにエネルギーを集中することです。

◆森岡__臨床活動を専門性の発揮といった大きな視点でとらえるのではなく，いわば無心になって，事実をありのままにキャッチする観察眼が大切だということですね。そして冷静に対象をとらえて，そのうえで現場に静かに歩み入る姿勢がなければ，そもそも事実は見えてこない。

◆村瀬__私は週1回のゼミのとき，1人3分間の時間を与えて，先週からその日まで自分の身に起こったことのなかから，自分の経験や考えが他のゼミ生にとっても意味があると思われることを挙げて発表する，という時間を設けていました。できれば臨床心理学に直接関係がないことのほうがいいのですが，聴いた人が一緒に楽しみ，悩み，考えが展開する場へと変えていくということが目標でした。こういったトレーニングを続けていくと，先ほどから申し上げてきた職業人としての姿勢が育つのではないかと考えてまいりました。実際に行なってみると，まずはじめは3分間では終わらず，自分の思い入れだけに埋没する。それでもゼミも終盤に差しかかってくると，みんな随分うまくなるものです。もちろん私もゼミ生たちと一緒にやってみました（笑）。

◆森岡__それはおもしろい。これまでのお話が凝縮されていますね。時間の設定，専門性の捉え方，相手のニーズの捉え方，共通言語の使い方など，これまでのお話を実践するための恰好のトレーニングだと思います。

比喩と熟達

◆森岡__ケーススタディは臨床家のトレーニングにも関連するものですが，トレーニングのための工夫は各領域でさまざまなアイデアがあると思います。

✚岩壁__ケーススタディとトレーニングとの関連を考えてみますと，比喩表現と共通言語は，臨床家に求められる必須スキルではないでしょうか。そしてこのスキルは，他職種と協働するなかで鍛えられるものでもあると思います。また僕自身の研究との関連で言うと，クライエントが変化するときに出てくる言葉，いわばクライエントの変化を象徴する言葉というのが比喩表現です。それまでずっと悩んできて困っていたクライエントのなか

実践領域に学ぶ
臨床心理ケーススタディ

岩壁 茂

で，カウンセリングや生活でのさまざまな情報がある瞬間に統合される。するとクライエントに何らかの変化が起こる。そこではじめてクライエントの口から自分の状態を表現する言葉として比喩表現が出てくる。比喩表現は，セラピストにもはっきりそれとわかる，クライエントの変化のサインです。一方で，臨床家がカウンセリングにおいてどのような比喩表現を使っているか，そのためにどのくらい緻密な観察や判断をしているかということは，研究レベルでも体系的に掘り下げる必要があるように思います。もちろん体系化することで機械的な方法論に陥る可能性もありますから，必ずしも体系化が望ましいとは限りませんが。

◆村瀬＿＿比喩というものは，事の本質をある面でとらえていて，多くの人に伝わる公共性をもっていて，それを発する人の現在の状態にしっくりくるもの，心情や理解のニュアンスを細やかに表わすものです。だからこそ比喩表現は臨床において非常に有効です。先ほど岩壁先生がおっしゃった研究は，新保幸洋さんが博士論文として提出したテーマに近いところがあるようです[注7]。この研究は，臨床家にとっての熟達を問うもので，熟達プロセスを体系化できれば優れた臨床家の育成に役立つという発想に支えられたものでした。この研究では，大学院修了後5年，15年，20年以上と，いくつかのグループに分けて，同じ面接のビデオ記録を見せて，それぞれのグループがどこに注目してどのような表現で描写するかによって熟達度を測ろうと試みています。結論から言うと，ベテランに近づけば近づくほど簡潔な比喩表現を用いて面接を描写していることがわかりました。しかし，それを養成プログラムとして体系化することは極めて困難ということもわかりました。これはある意味当然のことかもしれません。比喩表現ひとつを取っても，個人がことばを大切に日々の生活をおろそかにしないで生きていく過程で身につくもので，誰にでも等しく当てはまるプログラムというのは難しいように思います。

✚岩壁＿＿これはある意味で，臨床家自身を対象としたケーススタディではないでしょうか。比喩表現を使いこなせることと熟達度の関係は，まさに臨床家自身が事例となるからこそ明らかになるものです。臨床家による臨床家のケーススタディは，まだ十分に開拓されていない，しかし今後さらに問われていくべきテーマだと思います。

♠森岡＿＿そうですね。実はケーススタディは，ケースのことを検証していく作業であると同時に，検証する臨床家自身がつねに問われる作業でもありますから。つねにケースと向きあい，日々課題をこなしながら，同時に何年もかけて担当ケースを振り返ることで，その人独自のスキルが生まれてくるものです。ケーススタディとトレーニングの関係を考えるうえで，比喩と熟達の関係は恰好のテーマではないでしょうか。

臨床研究としてのケーススタディ

♠森岡＿＿臨床家による臨床家のケーススタディという新たなテーマが浮かび上がってきましたが，これに関連するのがケーススタディのもうひとつの

注7）新保幸洋（2003）カウンセラーのアセスメント能力の発達過程に関する研究．大正大学博士論文．

座談会　臨床の方法としてのケーススタディ ｜ 村瀬嘉代子・森岡正芳・岩壁 茂

側面，研究としてのケーススタディです。研究としてのケーススタディは，プロセス研究も含めた学問領域を考えることに通じています。まず臨床心理ケーススタディは，医学ケーススタディのようなシンプルな症例提示とも異なる点があり，司法ケーススタディとも異なる点がある。同じケーススタディとしての共通基盤を意識しつつも，臨床心理ケーススタディの独自性をどのように定義して，さらにはどのような公共性をもたせるのか。臨床心理ケーススタディは，科学客観性＝エヴィデンスを追求して科学性を志向すると同時に，個々の面接におけるクライエントとカウンセラーの体験世界を記述するものでもあります。ケーススタディが個人の体験世界というとらえがたい素材をどのように扱うのかは，検討に値するテーマです。たとえば質的研究のなかでどのように扱われるものなのか，岩壁先生にはすでに体系的な研究書もあってお考えも深まっていると思うのですが，いかがでしょうか。

✚岩壁__ケーススタディの方法論を考えるにあたって，まずエヴィデンス・ベイスト・ムーヴメントと呼べるもの，つまりエビデンスにもとづく実践を重視する流れを概観する必要があります。このムーヴメントにおいて重視されてきたのが効果研究です。効果研究は，心理療法についてあたかも向精神薬と同じように治療効果を調べ，向精神薬とのある種の「競争」のなかで心理療法をとらえるものでした。しかし同時に効果研究への反省もあって，心理療法が向精神薬と同じように機能するというモデルでは，心理療法のすべてをとらえることはできないと主張されるようにもなっています。うつ病患者50人に対して心理療法Ａと心理療法Ｂを適用して，どちらのほうがより効果があったかを調べることはできても，実際にその一人一人のクライエントでどのようにその効果が発揮されたのか，ということについては何もわからない。「では面接のプロセスの実際をどのように知るのか」ということが課題となったとき，そこで重要なものとして浮上してきたのがケーススタディでした。つまり，エヴィデンスへの過剰な入れ込みへの反省として，ケーススタディが見直されるようになってきたのです。実際，それまでエヴィデンスを重視していた人たちが，ケーススタディをコアな研究対象とするジャーナルを創刊するという動向も見られます。

もう一方で，効果研究によってある治療法の治療成功率がわかったからといって，その治療法がどのクライエントに対しても同じ成功率を保証するかどうかはわかりません。むしろ，クライエントとカウンセラーという「人」がかかわっているわけですから，その予測不能な変数の影響を避けることは決してできない。さらに，効果研究を繰り返してある特定の心理療法の治療成功率を調べても，その心理療法が今後発展するかどうかも予測不能です。大切なことは，臨床家がある心理療法をどのように考えるのか，どのように学ぶのか，どのように実践するのか，ということです。ある心理療法をもとにしてクライエントとかかわることは，そこにはつねにケーススタディがかかわるということですから，最先端のエヴィデンス研究もケーススタディを中心とする方向へと「回帰」しています。そして同時に研究レベルでも，特定の心理療法の効果を調べることより，臨床家のトレーニングの意義へと関心が集中しています。先ほど村瀬先生のお話にもあったように，臨床家がケースをスプリングボードにしてどのように成長しているのかということ，つまりケースを通した臨床家の熟達のプロセスをしっかりと研究することは，今後とても重要になってくると思います。心理療法の効果を証明するという話になると，どこかプロパガンダのようになって，いかに自分の標榜する心理療法は素晴らしいかという話に終始しがちです。ですが，ケーススタディの最も重要なテーマは，事例を研究することで臨床家がどのようなプロセスをたどって成長するかということにあるように思います。

▲森岡__ある効果研究をみると，心理療法の効果の差は技法の差というよりも個人の差のほうが大き

いという結果も示されているくらいで，最終的に大切なのは「人」だということでしょうか。そうしますと，事例を通じて何を学びどのように実践に活かすかということは，文字通り臨床家にとっての基本だということですね。

✚**岩壁**　エヴィデンス・ベイスト・アプローチといわれる心理療法の効果研究には，ケースを2例担当して，スーパーヴィジョンを受けて，自分でケースを担当できなければ臨床家・協力者として携わることはできないと規定されています。結局やはりここでも中心にあるのは事例です。エヴィデンス・ベイスト・アプローチというと，科学的客観性＝エヴィデンスにもとづいてプログラムが作成されるためか，あたかもプログラムされたマニュアルそのものにエヴィデンスが宿っているかのような印象があります。しかし実際には，そのマニュアルを実践する臨床家の力量がプログラムの成否を分かつわけですから，実は臨床家の質が問われているのです。

◆**村瀬**　向精神薬や臨床技法というものは，一度開発されると，それがほぼ同質のステータスで伝承されていきます。しかし人というものはその人一代限り。ある臨床家がクライエントへの接し方をかなり意のままに実践できるようになったとしても，それはあくまでその当人が身につけた技術です。他の人が身につけた技術を自分の臨床技術に接木して伝承することはできません。もちろん観念的には，ある臨床家の技術を伝承することはできます。ですがそれにしても，誰もがゼロから勉強を続けて成長していくしかありません。臨床行為をしている臨床家の実体はやはり「人」で，その人の人生は赤ちゃんから出発するわけですから，人生の行路に沿って時間をかけて積み上げていくほかありません。それが事実だと素直に認めるところからすべては始まるんじゃないでしょうか。そのためには，もちろん本を読んで知識を蓄えることも大切ですが，自分に対する厳しい指摘でも素直に受け容れることが非常に大切です。たとえば家事事件では，家族の問題，夫婦の問題，遺産相続の問題を扱うとき，普通に生活していれば聴くことのない他人の人間関係を調べていくのですが，それに関してある高名な裁判官がおっしゃったことがあります。その方は臨床心理学の辞典をすべて読み通していて，ちょっとしたプロ以上に臨床心理学のことがよくわかっていらっしゃる方でした。その方がおっしゃるには，調停委員は勉強家も多く精神分析のこともよくご存知で，その意見から当事者や家族のことが浮き彫りになるけれど，その議論の多くは生硬な理論にもとづく話が多く，「それであなたの意見は？」と言いたくなる話が多いということでした。つまり大切なことは，先達が彫琢してきた理論を踏まえて，そこから実践へと結びついていく意見が出せるということです。これはたしかにそうだと思います。自分の思考過程のなかで，次の作業仮説＝処理可能性（treatability）を導き出すこと，ポジティヴな方向に結びつくものを導き出せるかどうかつねに自己点検することが大切です。これで，ケーススタディをどのように進めていくべきか，という先ほどの問いに一部応えたことになるのではないでしょうか。

✚**岩壁**　そのためには，ケーススタディにもある程度のフレームを創ることが大切だと思います。フレームが強すぎれば自由な発想は制限されますが，フレームが何もなければ，ただケースを報告して完結して，臨床実践につながることも臨床家の成長につながることもなくなる。そうならないためにも，問題意識の創り方や問いの立て方など，ケーススタディにおける根本的な作業プロセスをはっきり方法化する意義は高いと思います。一方で，エヴィデンスをもったケーススタディをどのように確立するのかということも重要で，これは臨床家を育成するためのケーススタディとは別のものとして構想する必要がありそうです。

♠**森岡**　おっしゃるとおりですね。ひとつの問いが生まれると，また別の問いが生まれるものですが，しかしあるケースを通して考えるという作業は，ともすれば無批判に自分に親しみのある理論に落ち着いてしまいがちです。先ほどのエピソードの

ように、「それであなたの意見は?」と問われてしまう。ある問いが新たな問いを生むような思考法は、自分の思考を自己点検し、客観視し、相対化する、そのような日々の積み重ね以外には生まれないでしょう。ケースカンファレンスをそのような自己研鑽の機会にできるかどうかは、今後の課題になるでしょうね。

ケースカンファレンスと「崖際の思考」

◆森岡__それでは最後に、ケースカンファレンスをどのように運営して進めていくか、というテーマについても論じてみたいと思います。ケースカンファレンスは臨床家にとって日常になっているのですが、ともすれば思考停止のルーチンワークになりかねない危うさもあります。日常であるからこそ、村瀬先生のおっしゃった「正確さ・スピード・量」という臨床家の条件をクリアするための絶えざる自己点検が必要です。日常的な作業をこなしながらもルーチンワークの思考に拘泥しないということは難しく、私自身もずいぶんこれまで無駄なことをしてきたと、今日は内心忸怩たる思いですが(笑)。

ちなみに私が所属している大学院のケースカンファレンスでは、大学院生に司会者を任せて教員は口を出さないようにしています。一歩間違うと、教員だけが話していて大学院生たちは必死にノートを取るだけ、終わってみたら何も残らなかった、ということも起こりかねませんから。これがまさにルーチンワークだと思います。ですから、できるかぎり自由な雰囲気でケースカンファレンスが進むように心がけています。ただケースカンファレンスでは、正解のない問いを生みだしたいと思う反面、心理臨床の現場は不安が高まる仕事ですから、安心材料として理解のための補助線となる「正解」がほしい気持ちもわかります。理想のケースカンファレンスとはどのようなものなのか、突きつめていくと非常に難しいテーマです。

◆村瀬__ではまずケースカンファレンスのフレームについて考えてみましょう。ケースカンファレンスで大切なのは、「提示の仕方」「聴き方」「議論の展開の仕方とまとめ方」ということになるでしょうか。

まず「提示の仕方」ですが、よく見かけるのは経時的にケースの進行を追った定型のシートです。けれど本当に勉強になるのは、経時的に出来事を追いながらも、電話申込だったら電話の声はどのようなもので何を話したのか、窓口申込だったら申込書の文字はどのような筆跡で何を書いたのか、ということから書きはじめることです。そして、自分がケース担当に決まったときに自分は何を考えたのか、ということへと書き進めていきます。まず事実を経時的に忠実に追うことは基本中の基本です。事実と考察の境界もはっきりしない、誰の陳述かもはっきりしない記録では、ケースレポートとして誰にでもわかる公共性は失われます。そして、自分の責任と総力で発言するという姿勢が望まれます。

「提示の仕方」を養うためには、まったく記録を取らずに人の意見を聴くこと、またメモを参照せずに記憶しておいて発言をするといったように、記録に頼らずケースカンファレンスに参加することです。それは多職種と連携するための大切な教育訓練にもなります。こうした聴き方を意識的に実践すると、短時間で的確にケースの要点をとらえることができるようになります。これまで学会での事例発表には長時間が必要だと言われてきて、それはたしかに真実でもあるのですが、たとえば10分、30分、60分と限られた時間で発表するとあらかじめ定めれば、限られた時間の配分や発表内容や発表方法をしっかりと考えて構成するようになりますね。自分の頭のなかを限られた状況や条件に合わせていくようにすると、これも多職種との協働において武器になります。また専門家ではない方と話すときにも話しやすくなりますし、クライエントの説明が多少足りなくても、言葉が届かないその背景をイメージして補足する力が養

われるでしょう。私のゼミでは10分で事例を要約して説明するように課すこともありますし、博士課程のゼミでは当日の発表内容を英語で書くように求めたこともあります。英語で書くことによって、どのような言葉を選ぶか、どの部分を抽出するかなど、さまざまなことを考える思考のプロセスが身につくことを意図しています。これは臨床家である以前に職業人を育成するうえで、大切なことだと思います。

次に「聴き方」と「議論のまとめ方」です。一般的に事例提供者が一番緊張していて、フロアの参加者は観劇にでも来たかのような姿勢でいることがありますが、これではあまり勉強になりません。訓練のためには、語られたことを三人称の立場、一人称の立場、二人称の立場で聴くことです。三人称の立場とは、ケースそのものに参加しない立場から、物事の展開やカウンセラーの臨床を評価的かつ対象的にとらえる視点です。これは共通言語による情報の共有という点では重要ですが、しかし臨床的な視点とはいいがたい。一人称の立場とは、ケースカンファレンスで登場したクライエントがどのように感じているのかを考える、いわばクライエント自身に身を添わせる視点です。これは、ケースの本質や背景をとらえる努力をしていれば可能になることです。これを続けていれば、自分なりの見方のゲシュタルトができてくるはずです。このゲシュタルトについて自分だったらどう考えるのか、ある意味ではカウンセラーにもなりながら考えを進めていく。そしてそのうえで二人称の立場で、発表者であるカウンセラーの意見を、手に入れたゲシュタルトをもとに再考し、発表者の立場や力量であれば別の仕方もあるのではないかという可能性へと考えを進めていきます。そのようにして視点を展開していけば、ケースカンファレンスで起こりがちな批判のための批判や人格批判に陥ることはなくなる。そして面接者の器量を一人称の視点で想像しながら、同時に面接者のことを二人称の視点でアセスメントして、次の展開を促すようなコメントをすること

で、建設的な議論を展開していく。

発表者が事例を提示したことで、心のゆとりができて、意見を素直に振り返れるようにすることが理想です。ただ批判されてばかりでは、批判されたことは忘れてしまうし、場合によっては批判者への恨みを反芻するばかりになって、良いコメントだけを記憶に留めることになりますから、それでは非生産的です。ですからケースカンファレンスの場では、できるだけ発表者にプレゼントをするように心がけることが大切だと思います。そしてさらにできそうなことも応用篇として伝えながら、同時に現時点でなすべきことを強調します。現時点でケースがどのような状態になっているかは、カウンセラー個人の資質だけに還元されるものではなくて、所属機関の状況やニーズ、さらに当該領域における臨床的知見の成熟度も関わってきますから。

現在、施設が訴えられるというケースも増えてきていますが、その際には意見書の提出が求められます。そのためには対立する当事者の訴訟の渦のなかでどうすべきかを考えると、ここまでは毅然として述べる、ここまではネゴシエーションする、といったことがはっきりと言えなくてはならない。これは事例を聴く人の作法や「議論のまとめ方」ということにも関連しますでしょうか。

♠森岡__なるほど、いやこれはまさしく作法ですね。先ほどのお話は、ケースカンファレンスに参加しながら、多様な議論へとスイッチや人称を切り替えていくということですが、これを実現するためには高い関心や好奇心が求められますね。三人称の視点による客観性ではなく、むしろ発表されているケースのなかに一人称や二人称の視点で「入り込む」ということですから、大変な集中力が試されることになるでしょう。

◆村瀬__こういったことを実践していると、こんなことが可能になってきます。たとえば裁判官の研究会で先ほどお話ししたような統合的な視点と姿勢でお話しすると身を乗り出すように聴き入られることが起こりえます。実際私はある参加者の方

から「臨床心理学は法学とは言葉も概念も違う学問だと思ったけれど、発想の展開や事実の捉え方は法学と異なるものではないとわかった。コミュニケーション、相互理解が可能だと再認した」と、声をかけていただいたこともあります。これはケーススタディの本質がいかなるものかを端的に示したエピソードだと思います。事柄の本質をいかにわかりやすい言葉で説明するのか、対象となっている実際の状況をいかにより良くするのか、ということがケーススタディの目的ですから、これは他領域と何ら変わるところがない。ケーススタディにはたしかに多面的多元的な思考が求められますが、その原理は非常にシンプルなものだということです。

✚岩壁＿＿村瀬先生がおっしゃったケースカンファレンスの進め方の三要件、「提示の仕方」「聴き方」「議論のまとめ方」については、ぜひケースカンファレンスが始まる前に学生と共有したい内容ですね。

◆村瀬＿＿実際一緒にケースカンファレンスに参加してきた方たちは、やがてこれらを身につけていくようになりました。よく自分のスーパーヴァイザーが誰であるかにこだわる人もいますが、ケースカンファレンスを共にしてきた人は仲間だというのが私のスタンスです。私自身、わからないことは本人に質問するようにしていますが、一緒に勉強をしてきた仲間たちは有益なコメントを返してくれますし、私が間違っていれば建設的な意見を返してくれます。こうしたフラットというか、素直でかつ自由な空気のあるケースカンファレンスのほうが人は育つはずです。

✚岩壁＿＿今のお話のなかでは、事実をどのように伝えるか、想像力をどのように働かせるか、ということが特に際立って印象的でした。しかし想像力を働かせるということは、あくまで安全な場所にいられなければ難しいことです。このように守られた空間、個人が想像を自由に働かせられる空間、創造的な空間をつくることができれば、クライエントへの援助にも資するところが大きいという両面があります。この安全な場というのは、参加者がただ仲の良い友達になることではなくて、自由な発言が許される臨床的な学びの雰囲気ということですが、このことはまだあまり追求されてきていないようにも思います。

♠森岡＿＿考えや想像を自由に口にするという場をどのように確保するということですが、これまでの教育の場ではむしろ逆の場合のほうが多かったかもしれません。

◆村瀬＿＿そうかもしれませんね。私は意識的にこんなことを宣言してきました――若いときは徹夜をしても病気にはならないから、それくらい全力でがんばって私を驚かせ、立ち往生させるケースレポートをしてください、と（笑）。先ほどの安全な場ということについて補足するなら、いつも脅威の場であってはなりませんが、アーサー・ミラーの戯曲の良さを教えてくれた方、私が書いた記録を無理やり読もうとした少年は、適度の脅威を与えてくれる良き「師」であったと思うのですね。良い出会いがあることや、平素の個人生活が安定していることは基本ですが、こうした適度の崖際の経験というものも時には必要ではないでしょうか。この課題をクリアできなければこの先何にもならないという経験があれば、普段から無益なことをすることはなくなり、本当に必要なことを短い時間で行なうようになり、自分の言葉にできることや言葉にできないことに素直になれます。「平和のなかに時々崖っぷち」という感じでしょうか（笑）。

✚岩壁＿＿その意味でも「崖際にあること」はとても大切ですね。森岡先生がおっしゃったのは、ケースカンファレンスの発表者を追い込むパワーハラスメントがあってはならないということだと思いますが、村瀬先生がおっしゃった適度の脅威を与えてくれるものは、臨床能力をより高めてくれる「師」ともなりうるということですね。臨床家の成長にとって、このように時折押し寄せる脅威への対応を積み重ねることは、決して軽くはない重要性をもつと感じています。

◆村瀬＿＿こちらの「崖際」は非常に難しい課題でもあります。しかし一人で抱え込まず，どうしても自力では解消できないと思ったら救いを求めることも必要ですね。

♠森岡＿＿ここまで大変濃密な時間が経過してきました。この増刊号の本来の趣旨がよりクリアに豊かになった座談会だと思います。明日からの臨床やケースカンファレンスに活かせるご意見を村瀬先生からうかがえたことは，本当に貴重な機会となりました。そして岩壁先生には，これからの臨床心理学の独自性をどのように成立させていくのかを，学問研究の見地から語っていただきました。ここまでの議論をうかがってきて脳裏に宿るのは，やはりさまざまな要因や環境のなかで「人」が動いているのが，臨床心理学のフィールドだということです。このような環境のなかでひとつの瞬間ひとつの出会いを大切にしていくことが，ひとりの職業人としての臨床家にとって重要となることでしょう。本日は本当にありがとうございました。

II

[総論]
臨床心理ケーススタディの基礎を学ぶ

実践領域に学ぶ
臨床心理ケーススタディ

総論
臨床の方法としてのケーススタディ①

岡 昌之 MASAYUKI OKA
首都大学東京

　心理臨床におけるケーススタディとは何か？　本稿では，まずは言葉とその起源にこだわって，ケーススタディの本質に迫ってみたい。言葉の深層（真相）を手探りしながら筆者のもの思いの連鎖を書き綴ってみたい。方法としては自然言語の解釈と鑑賞である。ケーススタディは本質的に多様であり，いきおいケーススタディ論も多様となるはずである。小論はその一つにすぎない。

I　ケースは「落下」，スタディは「集中」

　『ジーニアス英和大辞典』によれば，ケース（case）という英単語（ラテン語系の名詞）の意味は，「①場合，②実例，事例，③真相，事実，実情」等々であり，原義は，「落下（するもの）」であるという。いわば見ている者からすれば「あっと息を呑む」感じである。晴天の霹靂，という言葉もある。「落下」という意味から，カスケード（cascade）「（小さな）滝」という名詞も類縁の語として挙げられている。この語はIT用語としては，多段，多重構造をも意味する。フォール（fall）という英単語（ゲルマン語系の動詞，名詞）は，一般的意味および原義とも「落下（する）」であり，「（大きな）滝」という意味もある。ケースという語とフォールという語にラテン系とゲルマン系を越えた深い意味の繋がりがありそうで興味深い。その繋がりの中心にあるのは，絶えざる運動，変化であると考えられる。

　同じケース（case）という綴りで，全く別の英単語もある。「ガラスケース」というように，箱，容器，袋，入れ物という意味のラテン語系の名詞であり，「入れ物に入れる」という意味の動詞にもなる。原義は「握る，つかむ（もの）」であるという。類縁の語にキャッチ（catch）「捕まえる，捉える」や，キャッシュ（cash）「現金，財産」がある。いずれも，外来語として日本語になっている。これら2つの

「ケース」の意味は見事に対照的である。最初の語の意味を名詞「滝」で代表し，次の語の意味を「箱」で代表すると，きわめて興味深い。前者はその姿が微細に変転極まりないものであり，後者は反対に恒常的な枠を意味する。動詞でいっても，「落ちる」と「つかむ」では対照的であるがゆえに，かえってその正反対の奥に深い繋がりを考えたくなる。連想であるが，箱庭におかれた「滝」の意味は想像以上に深い。

というわけで，ケーススタディの「ケース」は動いてやまぬ水のように掴みがたく，手ごわい対象なのである。古代ギリシャの哲人ヘラクレイトスの「同じ川に二度と入ることはできない」という言葉も連想される。

次に「スタディ」（study）という英単語の意味を考えてみよう。名詞としては，「①勉強，勉学，学習，②研究，学問，慎重な調査，詳細な検討，③研究論文，論考」等々である。動詞としては，「①勉強する，研究する，憶えようとする，練習する，②物事を詳しく調べる，調査する，③注意深く観察する，注視する」等々である。やはりラテン語系の言葉であり，原義は「専念する，熱望する，努力する」であるという。スタディは元来，受身の受験勉強ではないのである。

以上に照らしてケーススタディとは，全精力を注いで重要な対象に取り組むことであり，大変な精神集中状態を必要とすることとなる。事例研究も事例検討も，厳粛な心的作業である。イメージ的にいえば，さまざまな滝（カスケード）を含む大きな滝（フォール）の前に立ち，滝の細部と全体を視野に収め，刻一刻と変貌する滝の状態を把握することであり，宗教的には観照とか観想とか言われる心的作業である。部分と全体に満遍なく注意を向けて対象を知覚することはそれなりの修練を必要とする作業，すなわち修行となる。心理学的に言えば，知覚学習のプロセスであり，非常に奥の深い技芸にもなりうる。

Ⅱ　「落下はすべてにある」

「落下」という言葉についてもう少し考察を進めてみたい。この語は，天上から地上への落下という含意をもつが，それだけではあるまい。次の詩を読んでいただきたい。

秋

木の葉が落ちる　落ちる　遠くからのように
大空の遠い園生（そのふ）が枯れたかのように
木の葉は否定の身ぶりで落ちる

そして夜々には　重たい地球が
あらゆる星の群れから　寂寥のなかへ落ちる

われわれはみんな落ちる　この手も落ちる
ほかをごらん　落下はすべてにあるのだ

けれども　ただひとり　この落下を
限りなくやさしく　その両手に支えている者がある

（ライナー・マリア・リルケ／富士川英郎＝訳）

リルケの多くの詩がそうであるように，この詩も難解である。しかし原語のドイツ語で見ると構文はむしろ素朴であり，難しいのはスキゾイド的ともいえるリルケ独特の寂寥感と不安と

霊感を理解することである。その努力をすることで，「一人の人間を真に理解することが多くの人間を理解することに繋がる」という精神的地平に開かれることになる。クライエントを支える仕事は，深いところでセラピスト自身をも支える術になる。「落下はすべてにある」という直観は，未曾有の危機の中で関係を維持する際の最後のよりどころとなる。リルケは白血病で亡くなったという。時間こそは，人間存在にとって永遠の謎なのであり，誰も「病身と秒針からは逃れることができない」のである。深い思索に無縁なところで行われる事例検討や事例研究は，不毛であり危険である。あえて日本的に言いかえれば，セラピストはクライエントとの対話の中で「もののあはれ」を知らなければならないということである。言うまでもなく，ドイツ的なリルケの世界と日本的な「もののあはれ」の世界は同じものではないであろうが。

III 滝と落葉と雨と

滝は大量の水からなるエネルギーの塊である。いっぽう落葉，枯葉は水がなくなった抜け殻である。両者は対照的な存在である。しかし，「落ちる」ものであるという点では通じるところがある。ここで有名な和歌「花の色は　移りにけりないたづらに　わが身世にふる　ながめせし間に」の含意を考察してみよう。花，桜の花は，その華やかさにおいて水量の豊かな滝のように圧倒的である。ここで雨，長雨（眺め）が登場する。雨は植物には恵みの雨であるはずであるが，この和歌においてはそうではない。反対に花の色を失わせる時間の流れの象徴

である。ここにおいても，雨，水が時間の経過を表すものなっている。いわば水時計である。ちなみに「移る」を『広辞苑』で引くと，その⑨に「花や葉が散る。また，人が死ぬ」とある。リルケと和歌の世界は，同じではないが深いところで繋がっているかのようである。

雨も「落下」の主体である。しかし「主体」というには余りに自然である。つまり雨は自意識をもたない。それに対して，人間は自意識をもつ。この和歌の作者である小野小町は，最近はやりの「アンチエイジング」の発想とは別個に，時の流れを「否定の身ぶり」で受け止めているように見える。しかし「いたづらに」という言い方から分かるように，ここには相手や世間に対する怨みはなく，自分の問題として自分に向き合う姿勢が見出されるのである。自分が世渡りにかまけて時間を無駄にした，という言い方は大人の認識能力を感じさせる。「ながめ」という日本語は，豊かな含意をもつ。「ながめ」（長雨，眺め）は，まさに「レイン・ウォッチング」であり，瞑想的な心的作業になりうる。今風に言えば，作者は自らの人生の後半を考え，目前に迫る自らの人生の「店じまい」を考えているかのようである。中島みゆきの『雨が空を捨てる日は』という歌には，「人待ち顔の店じまい」という言葉が出てくる。

滝と雨を比較すると，両方とも水の落下であることは共通であるが，滝が一カ所に集約したエネルギーであることに比べ，雨は非常に広範囲に展開する水の落下であり，観察者をその環境と一緒に包み込むエネルギーの様態である。俳句の季語にはきわめて多数の雨を表す季語があるらしい。これは，日本人がこの風土の中で雨の多様な表情を眺めつつ，自らの心情を豊か

に体験してきたことを示唆している。カウンセリングやサイコセラピーは，舶来の学問，技術であるが，それがこの風土に豊かに根付くためには，臨床家は滝と落葉と雨を含む森羅万象を細やかに体験することが肝要である。ケーススタディという心的作業の基盤となる重要な課題であろう。

Ⅳ 「ゆく川の流れは絶えずして」

　山に降った雨は滝となり，平野に降った雨は川に流れ込む。雨が川を豊かにするのである。川は人間の生活を支えて見守る。古代文明は大河の流域に興った。川は人類の歴史をも見守ってきたのである。ここに幾多のケーススタディが成り立ちうる。「ゆく河の流れは絶えずして，しかももとの水にあらず。よどみに浮かぶうたかたは，かつ消えかつ結びて，久しくとどまりたるためしなし」で始まる鴨長明の『方丈記』は，見事なケーススタディの一例と言っても良いであろう。災害や戦乱の時代に生きるための精神的よりどころを「無常観」として記述しており，その記述に川のメタファーを利用しているのである。

　ところで滝は「落ちる」のであるが，川は「流れる」のであるから，川をケーススタディのメタファーとするのは無理があるという意見もあろう。しかし，「滝つ瀬」を『広辞苑』で引くと，「急流」とあり万葉集の引用も出ている。つまり山国の日本では，滝と川は連続性があると考えられる。ついでに「滝川」を引くと，「谷川など，はげしく流れる川。急流。滝つ瀬」とあり，さらに「瀬をはやみ　岩にせかるる滝川の　われても末に　会はむとぞ思う」という崇徳院の和歌も引用されている。この歌は実にドラマチックな歌であり，作者の情念と執念が生々しく表現されている傑作であると言えよう。メタファーとしての水の様態が人間の精神状態を表す良い例と言えよう。それゆえか，わが国の俗謡にも川が人の心，人生のありようを多彩に表している作品が多いという事実は注目に値する。美空ひばりの『川の流れのように』という歌は，特に有名である。

　滝のように急な形でない川の場合でも，川が少しずつ上流から下流に流れるのは地球の重力のおかげである。それによって，高いところから低いところへの水の移動が実現するのである。一般に心理臨床の世界では，しばしば「ケースの流れ」というような言い方をするが，それには深い意味がありうる。しかし，その言い方が習慣的になってしまうことは好ましいことではない。ケースが「流れる」のは，クライエントとセラピストの対人関係の中にある「万有引力」のような強い力が働いているからである。セラピストが漫然と「ケースの流れ」を語っていても，その語りがクライエントの心の深淵や急流にアクセスできていないのでは，心理臨床は創造的になりえない。最初に述べたように，ケースは滝のようにエネルギーに溢れ，また時々刻々と変貌するものなのである。よほど鍛錬されていない限り，うかつには手も出せないほど激しいプロセスでもある。滝の前に立ち，滝を凝視し，観照，観想する作業を引き受けることによって初めて，ケーススタディの危険性を知り，創造性を体験することが可能になるのである。

V　クライエントの思考と言語の深層（真相）を理解する技術

　以上は本質論であり，語源やメタファーにこだわった私流の試みであった。いわば徒然草ふうの試論である。次に技術論として，スタイルを変えて語ってみたい。

　要は，一にも二にも，クライエントの言葉を大事にするということである。球技で言えば，クライエントの言葉という変転極まりないボールを粘り強く追いかけることである。野球でいえば，ナイスキャッチ，ジャストミートであり，バレーボールでいえば，回転レシーブ，アタック，フェイント，時に鉄壁のブロック，等々である。これらの比喩は，まずサイコセラピーに当てはまる。「滝の観照」の比喩とは対極であるが，実践に真摯に取り組んでいる方にはご理解いただけると思う。問題は，そのように細やかで多様な技術が，ケーススタディという心的作業においてもその中心となるということなのである。技術論的に言えば，フットワークの良さが最も重要である。セラピストの心が軽やかに動き回ることができないと，クライエントの自己表現をありのままに「とらえる」ことができず，クライエントの世界を既成の枠に押し込めてしまう危険性が出てくる。これはケーススタディの価値を著しく損なうことになる。

　「ナイスキャッチ」の例で考えてみよう。すでに述べたように，「ガラスケース」の「ケース」は，入れ物の意であり，「キャッチ」（とらえる）という言葉と類縁の関係がある。フットワークの良さは，セラピストの心的活動と言語活動の柔軟性を意味する。その柔軟性が，クライエントの自由自在な自己表現に対してしっくりくる「入れ物」として機能することが求められるのである。ロジャーズがかつて批判したように，精神分析用語で固めたような事例報告はクライエントの世界を精確に表現していないことが多い。精神医学用語においても，同様であろう。一流の精神分析家や精神科医は，このことを良く理解している。ユング派の専門用語であれ，ロジャーズ派的な言い回しであれ，その危険性は同様である。セラピストは，面接においても，研究においても，既成の枠によって安直な仕事をすることを戒め，「犀の角のごとくただ一人歩む」ことを求められる。たとえ良き指導者に恵まれた場合にあってもそうなのである。

VI　クライエントの自己表現の独自性

　最後に実例をあげてみたい。臨床心理士の高橋範行氏が日本遊戯療法学会の全国研修会（2013年3月3日開催）のシンポジウムで発表された事例のごく一部を，氏の了承のもとにここに紹介させていただき，あわせてそれに関する筆者の連想を書いてみたい。

　ある男子中学生が重度の引きこもり状態の中で高橋氏のセラピーを受けることになった。そのクライエントはセラピールームの中でユニークな自己表現を行った。彼は自分とセラピストの間に半透明のスクリーンを置き，部屋を暗くしてから照明器具を用いて影絵遊びを始めたのである。影絵遊びとそれに付随する物語のやり取りは毎回繰り返され，クライエントとセラピストはお互いにほとんど顔や目を合わせることなく，一年近くの間スクリーンを隔てて風変わりなコミュニケーションを続けたのである。結

果としてクライエントの引きこもりは顕著に改善され，高校進学を確認してセラピーは終結を迎えた。きわめて興味深い事例であった。

筆者は当日シンポジストの一人として事例を拝聴し，また意見を少々述べたのであるが，ここではその時の意見も含めた感想を連想的に述べてみたい。カウンセリングやサイコセラピーの平均的なイメージからすると，終始二人がスクリーンで隔てられた状態でセラピーが続くというのは理解されにくい。しかしそれは固定的な既成概念の弊害によるものである。浅薄な精神分析理解では，「抵抗」という用語が紋切り型のように登場しそうである。しかし，具体的にはどうしたらよいのであろうか。思春期の引きこもりに対して，下手な抵抗解釈が最悪の対応であることは間違いない。昔の平均的なカウンセリング論では，その少年は人を求めつつも人が怖いのだから，セラピストはタイミングを測ってある日決然としてスクリーンの撤去を提案し，優しく「怖くはないのだよ！」と保証して直接的なコミュニケーションを開始するべきだというような意見が出たかもしれない。まるで昔のアメリカ映画のようである。しかしこの事例に関しては，この意見も的外れだと言わざるをえない。この少年は賢くも，最も現実的で双方に安全なセラピーの枠を提案し，それを十分に活用して自分にとって有益なコミュニケーションの形を造り出した。高橋氏は賢明にも，フットワークを生かした柔軟な対応によってセラピーを双方に意義ある体験にできた。

クライエントは影絵遊びと即興の物語の中で自身の困難な家族関係をはじめとするさまざまな話を展開し，セラピストとの関係を豊かなものにしていった。このような独特のクライエントの自己表現を「アスペルガー」的とか言ってしまってはもったいない。あるいは，賢くない。たしかに彼は時に気難しく，こだわりが強く，人間嫌いの感じもある。特に女の子が苦手であるらしい，云々。シンポジウムの当日，私は呟いた。この少年はアスペルガーではなく，ショーペンハウアーである（!?）と。むろん，哲学者のショーペンハウアーである。「盲目の意志」の哲学者である。彼の人間嫌いは有名である。そしてショーペンハウアーの哲学は限りなく「独我論」に近いが，人間的苦悩が人と人を結びつける可能性を残すところが一般の独我論と一味違うということらしい。ともかく，この少年と高橋氏が，人間的苦悩を媒介にして精神的に結びついたのは事実である。まことに，子どもは小さな哲学者である。もうひとつ興味深いことがある。彼はスクリーンを自分の「前に置いた」のだが，これは自分を隠すためではなく，自分がどんな人間であるかを「表現」するためであった。味な「自己紹介」といってもよい。「前に置く」は，ドイツ語で"vorstellen"という。この動詞は同時に，「紹介する，自己紹介する，想像する，表現する」等々の多彩な意味がある。この少年の考案した影絵遊びは，このような言葉の深層から考えても非常に興味深いものがあると言えよう。ちなみにショーペンハウアーの主著『意志と表象としての世界』における「表象」という言葉は，この動詞の名詞化した語（Vorstellung）である。

文　献

鴨 長明［市古貞次＝校注］（1989）方丈記．岩波書店．
小西友七，南出康世＝編（2001）ジーニアス英和大辞典 第4版．大修館書店．

マール社編集部=編 (1994) 百人一首. マール社.
西尾幹二=責任編集 (1980) 世界の名著45 —— ショーペンハウアー. 中央公論社.
岡 昌之 (2013) 巻頭言「現代世界と心理臨床の心」. 心理臨床学研究 31-1 ; 1-3.
岡 昌之 (2007) 心理臨床の創造力. 新曜社.
岡 昌之 (2005) 私の学生相談 —— その遠近法と心象世界. 学生相談研究 26-2 ; 167-172.
ライナー・マリア・リルケ [富士川英郎=訳] (1963) リルケ詩集. 新潮社.
新村 出=編 (2008) 広辞苑 第6版. 岩波書店.
戸川敬一ほか=編 (1991) マイスター独和辞典. 大修館書店.

総論

臨床の方法としてのケーススタディ②

成田善弘 YOSHIHIRO NARITA
成田心理療法室

I　はじめに

　臨床のなかのケース・スタディ（事例研究）とはどのようなものか，よいケース・スタディをするにはどういうところに留意したらよいのかについて考えてみる。

II　ケース・スタディとは

　『広辞苑　第6版』で「事例」を引くと，「①事件の前例。前例となる事実。「希有な──」②個々の場合における，それぞれの事実」とあり，「事例研究法」のところをみると「一つまたは少数の事例について詳しく調査・研究し，それによって問題の所在・原因等を発見・究明しようとする方法。ケース・スタディー」とある。つまり事例（ケース）とはそのクライアントの個別性，具体性を明らかにすると同時に，それが一例となるような，ある一般性，普遍性に至ることを目指すものである。

　心理療法的かかわりは人と人との一回限り性をもつ出会いであるから，ただちに一般化することはできない。まずそのケースがどういうケースであるかを個別的に詳しく描き出さねばならない。しかし一方で，土居（1992）の指摘するように，ケースとは何かのケース（一例）というわけだから，分類概念が前提になっている。たとえば「うつ病の一例」という場合，そのクライアントは特定の個人であると同時に，うつ病という病の一例ということになる。だからそのケース・スタディは，その特定の個人を研究することを通して，うつ病とは何かを明らかにすることに寄与しなければならない。さらに，うつ病は人間の病であるから，うつ病を研究することは人間が病むとはどういうことか，そして人間とは何かを理解することにつながるはずである。

　もう一つ考えておくべきことは，心理療法のケースとは，単にクライアントがケースとなるのではなく，そのセラピストのクライアントと

のかかわりの一ケースだということである。したがって，そのセラピストがクライアントとどうかかわったかが明らかにされねばならない。

つまりケース・スタディとは，特定のクライアントを個別的，具体的に研究するとともに，セラピストがそのクライアントとどうかかわったかを明らかにし，それを通して人間と人間関係について理解を深めようとすることである。

III よいケース・スタディをするために

よいケース・スタディをするにはどのような点に留意すればよいかについて，ケース・カンファランスにケースを提出する場合，またそのカンファランスに一参加者として参加する場合を想定して考えてみる。

1．ケース・レポートを書く

まずケースをレポートする目的をはっきりさせる。たとえば，面接の初期にケースを提示して診断や今後の治療について示唆を得たいとか，今までの診断に疑問が生じたり治療が行き詰まったりしたときに，それまでの経過をふり返って診断を再検討し，治療の行き詰まりを打破したいとか，あるいは治療が一段落したり終結したりしたときにあらためてクライアント理解を深め，セラピストとして自分のした仕事を検討し評価したい，などである。ときには，ある仮説を検証するために，あるいは新しく開発した技法を提示するためにケースをレポートすることもある。レポートの目的を明確にすることで，カンファランスの議論を焦点づけ深化させることができる。ただしときには，発表者の意図しないところ，気づいていないところが議論の焦点になることもあり，それによってケース理解の幅が広がることもある。

ついで，セラピストがそのケースを経験したときの立場，役割，治療構造を書く。医師としてのかかわりか，臨床心理士としてのかかわりか，主治医と心理療法家を兼ねてのかかわりか，それとも心理療法家としてだけのかかわりか，など。かかわりをもった場所（施設）は病院か，外来クリニックか，相談室か。さらに面接の頻度，時間，料金などを記す。こういうことが大切なのは，これらの諸条件によってクライアントの語る内容がある程度規定されてくるからである。

次に，そのクライアントについての基本的情報すなわち主訴，年齢，性別，家族歴，病歴，治療歴，生活歴などを書く。

まず主訴を明確にする。主訴は治療の経過のなかで常に立ち返って考えるべきことで，とくに終結を考えるにあたってそれが解消しているかどうかが問題になる。

次に病歴と生活歴を書く。生活歴を再構成することは必ずしも事実を順に記すことではない。多くの事実のうちいくつかに，ある順序で，ある文脈で発言を許すことである。クライアントははじめから生活歴を詳しく語るわけではない。遺伝歴や外傷的な出来事などは意図的に伏せていることもある。意図的ではなく忘れていること，意識に上ってこないこともある。それらが面接の進展に伴ってすこしずつ思い出され，語られるようになる。何が語られるようになるかはそのときのセラピスト－クライアント関係の函数である。まず第一に，クライアントが何を語るかは，セラピストが何を聞きたがっているとクライア

ントが思うかに影響される。だからこそセラピストは満遍なくただよう注意をもって聞かねばならない。また，そのときクライアントがセラピストに対して抱く感情に同調するエピソードが思い出される。セラピストから見捨てられると感じているクライアントは過去の見捨てられ体験を想起しがちだし，セラピストから大切にされていると感じているクライアントは過去の大切にされた体験を思い出す。過去の体験の意味が違って見えてくることもある。見捨てられたと思っていたことが，実は自由を尊重してくれていたのだと思い直すかもしれない。このようにして過去の体験の意味が変わり，記憶が書き換えられていく。こういうことがあるから，ケース・レポートのはじめに書く生活歴はクライアントが治療初期に語ったことだけを書けばよく，後に語ったことを組み入れる必要はない。

次に面接経過を書く。記録を読み返しながら抜き書きしていくことになるが，その過程で，面接中には見えていなかったストーリーが浮かび上がってくることもある。途中であるストーリーが浮かび上がってくると，それ以降そのストーリーを支持，強化する材料が選び出されることになりやすい。たとえば，このケースは心的外傷のケースなのだと思い始めると，以降外傷と思われるエピソードばかりが目について，そればかり取り出すことになる。その過程で，そうであったかもしれないことがそうであったに違いないとなり，さらに事実そうであったということになって，だんだんセラピストにとって都合のよいストーリーができ上ってしまう。こういうことをDonald Spence（1997）という分析家がnarrative smoothingと呼んでいる。

ケース・レポートを書くということは，それを読む（聞く）人を想定するということである。つまり，セラピスト−クライアントという二者関係からセラピスト−クライアント−読者（聞き手）という三者関係に入ることになる。したがって，セラピストが読者（聞く人）に対して抱く期待や配慮が，ときには心配や恐れなどがレポートの内容に影響する。私がこういうことを痛感したのは，日本精神分析学会が精神分析的精神（心理）療法家の認定制度を発足させたときである。私も認定を受けるために短い期間にケース・レポートを5例書いた。新たに書きおろす時間がなかったので，それまでに雑誌に発表してあった例や仲間の研究会で発表した例をもとに，削ったり補足したり修正したりして提出した。書き直す過程で私はそれが精神分析的になるように考慮したし，私のレポートを読み評価するであろう人たちの顔を思い浮かべざるをえなかった。そのことが私のレポートの内容に影響を及ぼさなかったとは言えない。書き直すことで精神分析的理解が深まり，記述が整理されてきたとも思ったが，雑多なものが入っていた元のレポートと比べるとなんだか痩せてしまったという印象をもった。

誰を読者（聞き手）に想定するかということは重要である。通常は私は，その面接を実際に行っていたときの自分自身を読者に想定している。あのときはよくわからなかったけれど今考えるとこういうことらしいねとか，あのときこうすればよかったかもねなどと，そのときの自分自身に語りかけるつもりで書く。つまり面接をしていたときの自分をスーパーバイズするつもりで書く。これが私にとって一番自然な書き方だが，ひとりよがりになる危険性もある。自分の見解を批判する人を想定して，ときどきその人に口を出してもらうようにして書くのがよ

いかもしれない。

2. ケース・カンファランスに事例を提出する

　書いたものをケース・カンファランスで発表する。このとき原稿を棒読みするのではなく、そのときどきで感じたことや考えたこと、また今思い出したことなどをつけ加える。こういうことを可能にするためには、原稿は短か目の方がよい。学会の事例発表で長い原稿を読み上げるのに与えられた時間のほとんどを費やし、討論の時間を残さない人がいる。こういう人は、発表したという事実を獲得するのが目的で、他人の意見は聞きたくないと言っていることになる。

　自分が発表するということは、他人の発表を聞くのとはまったく違った体験である。批判され非難されるのではないかと緊張し不安になる。参加者からの質問やコメントが意地悪に聞こえることもある。こういう不安に打ち勝って、参加者はよりよい面接をするための協力者だと思って（実際にはそうでない場合もあるが）、心をひらいて話し、聞くことが大切である。心をひらくことができると、参加者の質問やコメントから学ぶことができるようになる。質問されてはじめて自分の文章があいまいであることに気づいたりする。ときには、自分には見えていなかった別のストーリーが浮かび上がってくることもある。

　ただし、参加者のコメントを隅から隅まで全部聞きとろうとする必要はない。みんながみんなよいコメントをするとは限らないし、なかには自分よりはわかっていないなというコメントもある。そういうものはガヤガヤと雑音のように聞こえるだけである。しかしそのなかにはっきり耳に響いてくる声がある。そういう声をしっかり聞きとることが必要である。

　発表にあたって留意すべきことにクライアントの匿名性保持ということがある。このごろは発表に先立ってクライアントの同意を得ることが求められることもあるようだが、治療の途中で同意を求めることはクライアントを動揺させる。セラピストに不信の念を抱くかもしれない。またときには、自分のことをみんなに知ってほしいからぜひ発表してくださいと言う人もいる。いずれにしてもそれ以降クライアントは自分とセラピストの二者関係から、自分とセラピストと発表を聞く（読む）不特定の第三者という三者関係を意識することになる。そしてそれはその後の治療関係に影響を及ぼす。さらに最近では、発表に先立って発表原稿をクライアントに読んでもらって了承を得たという発表もある。患者の状態や発表の内容によってはそういうことも必要かもしれない。しかし精神療法においては、セラピストの理解がクライアントに対して厳しいものである場合もある。またセラピストのクライアントに対する感情には陰性のものもある。そういうことも率直に記述することでケース・スタディが真に実りあるものになると思うが、クライアントに事前に読んでもらうとなると、そのレポートはきれいごとになるかもしれない。こういう可能性があるので、治療の途中で発表するときにクライアントの同意を得ることは慎重に考える必要がある。私は、少数の専門家によるクローズなケース・カンファランスはスーパービジョンやコンサルテーションに準ずると考えているので、必ずしもクライアントの同意を得る必要はないと考えている。医学の他の領域でも、コンサルテーションや科内あるいは関連の科を含めたカンファランスは日常的に行われていて、

その都度患者の同意を得ているわけではない。それは医師としてあるいは医療チームとして当然のことと考えられている。

しかし，専門家集団とはいえ学会など不特定多数の人が聞く場合，あるいはその発表が論文として雑誌や書物に載る場合には，匿名性の保持に十分な配慮をするとしても，やはりクライアントの同意を得ることが望ましいであろう。ただ，そのために事実をそのまま記述することが困難になる場合もある。われわれはジレンマに立たされている。

3. ケース・カンファランスに参加する

ケース・カンファランスは何のために行うのかと言えば，まず第一にクライアントのためである。とくに治療の途中でカンファランスの機会がもたれる場合には，そこでの議論が今後の治療に資するものでなければならない。その次にはそのセラピスト（発表者）の成長に役立つものでなければならない。そして参加者それぞれに役立つものであることが望ましい。

参加者は発表を聞きつつ，まず自分がクライアントであったらどう思うだろうかと考えてみる。クライアントはどんな気持で面接を受けているのか，セラピストがそう言ったらクライアントはどう感じるだろうかなどと，自分がクライアントになったつもりで聞いていると，はじめは理路整然とした立派な発表に聞こえていたものが，実は血の通っていない冷たい治療だとわかってくることもある。

次にセラピストの立場になって聞く。自分がセラピストならここはこう理解する，ここではこう介入するなどと考える。こんなふうに考えていると，発表しているセラピストの下手なところ，まずいところがよく見えるようになる。そんなことをしてはクライアントが可哀相ではないかと義憤を感じてセラピストを責めたくなる。こういう人はセラピストとしてある程度上達した人である。さらに上達すると，セラピストの下手なところが見えてはいても，それを責める気持があまり生じなくなる。自分も似たようなことを沢山してきた，でもそのときは一所懸命だったのだと思うようになるからである。そして発表しているセラピストのよいところ，それも当人が気づいていないよいところが見えるようになる。まずいところもあるが，ここはなかなかよいじゃないか，当人は意識しないでやっているようだがよい介入ではないかなどと思うようになる。そこを言葉にして伝える。

私のスーパーバイザーとしての経験でも，スーパーバイジーのよいところが見えてきてそれを評価できるようになるにはかなりの経験が必要であった。そしてそれができると，スーパーバイジーはそれまで意識しないでやっていたことを技術として自覚し，今後の治療に生かせるようになる。

さらには，他の参加者の立場にもなってみる。他の参加者の発言から学ぶところがあればそれを認め，それに触発された連想を言う。他の参加者に対して競争意識や羨望があると，その人の発言を頭から否定するようなコメントをしたり，その人の発言を遮って自分の意見を言いたくなったりする。他の参加者の発言を心をひらいて聞くことが大切で，それができるとその人の発言から学ぶことができるようになる。

要するに，一参加者としては，クライアントの立場，セラピスト（発表者）の立場，他の参加者の立場を頭のなかでぐるぐる回転させなが

ら，そこで浮かんだ疑問や連想を言葉にしてゆくのである。

このとき重要なことは，質問は少なめに，連想を多めに言うことである。学会などで，あそこを聞いてないじゃないか，ここも聞いてないじゃないかと，こと細かに事実関係を訊く人がいるが，こういう質問にさらされているとセラピストは，そんなことまでは聞いてなかったとだんだん自信を失うか，たとえ聞いてあっても，断片的な情報を提供するだけの人になってしまう。参加者は与えられた情報から自分のなかに生じる連想や仮説を言葉にすることが大切で，質問する場合も，その質問の背後にある自分の仮説を説明する。こう考えるのでそこを知りたいのですが，という具合に。そういう質問や連想を聞くセラピストは，ともに仮説を考える人になることができる。

ただし，タイミングよく発言することはなかなかむずかしい。初心のうちは情報を追うのに精一杯で何も発言することが浮かんでこなかったり，一つのことが気になって発言しようと思っているうちに話が進んでしまって発言の機会を失い，フラストレーションが残ったりする。たとえ発言できなくても，自分の感じたこと，連想したこと，考えたことをレジュメにメモしておく。また経験のある参加者の発言の仕方を学ぶ。そのうちにタイミングよく発言できるようになる。

4. 発表したあとで

治療の途中で発表した場合，今後の面接にカンファランスで指摘されたことをすべて取り入れようなどとは思わないことが大切である。そんなことをすれば治療に一貫性がなくなり，クライアントに混乱をひき起こすだけである。大体は従来通りにやるつもりでよい。そのつもりでいても，本当に耳に響いてきた言葉はおのずと心に浮かんでくる。クライアントとかかわっているなかで，あの言葉はこういうことだったのかとあらためて実感する。それをすこしずつ取り入れてゆけばよい。

治療が終結したりあるいは長い年月を要する治療が一段落したら，それを論文にする。臨床論文は臨床家にしか書けないから，臨床で得られた知見や理解を論文という形で公にすることは臨床家の義務である。論文にすることで理解が整理され明確になる。またより広い専門家集団から批判を受けることも可能になる。そしてその論文がよい論文であれば，学問という大きなピラミッドに自分も小さな石を一つ積むことができたということである。

（本稿は以前に書いた拙著（成田，2003，2011）と重なるところもある。合わせ読んでいただければ幸いである）

文　献

土居健郎 (1992) 新訂 方法としての面接 —— 臨床家のために. 医学書院.
成田善弘 (2003) 精神療法家の仕事 —— 面接と面接者. 金剛出版.
成田善弘 (2011) 精神療法を学ぶ. 中山書店.
Spence DP (1997) Case reports and the reality they represent. In : I Ward (Ed.) The Presentation of Case Material in Clinical Discourse. Freud Museum, pp.77-93.

総論

職域の多様化・新しい職域・ケーススタディ

村瀬嘉代子 KAYOKO MURASE
北翔大学大学院

I　はじめに

　この標題を課せられて，いささか困惑し，なかなか筆が執れずにいた。それは多様化しつつある職域についての現状を私が熟知しているわけではないのに，これを語る資格があるのか，という迷いによる。それはまた，本特集中の座談会で岩壁氏や森岡氏が語っておられるように，新たな職域，いやむしろいわゆる心理職者が中心に活動しているのではない領域で，ケースカンファレンスに臨む場合に，ときとして感じるある種の居場所感のゆらぎ，自分の発言内容や立場のおぼつかなさということについて，きれいごとばかり述べるのではなく，当然触れるべきであろうが，それをいかに正直に取り上げるか，という迷いでもある。だが，立場が微妙な場で，出過ぎることなく必要な役割をどのようにして担うか，どのようにその臨床の場で役立つ存在になっていくのか，これを観念レベルの議論ではなく，事実に基づいて考えることを避けては，真にクライエントに益する臨床実践や事例研究の質的向上を為すことは難しかろうと思い定めた。新しい職域にほとんど初めての心理職者として，どのように受け入れていただき，やがて事例についての有意味な会話や討論，ひいては研究の展開に到ったか，私自身の迷いや模索の経験をもとに標題について考えてみたい。

　近年，わが国における心理臨床の現場の拡がりはまことに目覚ましい。もちろん，その拡がりには雇用の条件，形態，心理臨床についての関係者，いや社会をも含めての理解のありかたなど，さまざまな現実的課題が含まれている。そして，ときにそうした課題が現場における心理臨床の実践の円滑な展開を有形無形に妨げているという事情もある。こうした課題の存在を承知した上で，この課題についての検討は別の機会に譲り，ここではそうした容易ならざる数多の課題があるなかでも，新しい心理臨床の営みを必要としている人々や場にいかにかかわり定着していくか，その場合の事例研究をどう考

え位置づけるかについて、幾つかの新しい臨床の場に臨んで事例研究を現場で始めるに到った経験をもとに考察しよう。

II　心理支援が求められる職域の動向

　現在、心理職者が仕事をしているのは、産業・労働、司法・法務・警察、教育、福祉、医療・保健、私設心理相談、大学・研究所、その他の領域に及んでおり、その活動領域は社会のほとんどをカヴァーした広範囲なものといえる。しかもここに列挙した領域はいわば大枠であり、それぞれの領域のなかで、新たに心理職者の働く場が増えつつあるのが現状である。医療の領域では、心理職者が働く診療科はかっては精神科、小児科が主なものであったが、今では幅広い診療科が勤務先となり、多くの身体疾患の患者の心理的問題にかかわるようになっている。
　また、福祉の領域でも、急激な増加とはいえないが、社会的養護児童の抱える問題の重篤化などに伴って、情緒障害児短期治療施設などのほかに、児童自立支援施設や児童養護施設、乳児院、母子支援施設などにも心理専門職が配置されるようになってきている。また、「医療観察制度」注1)の発足に伴い、法務省保護観察所所属だが医療と司法・矯正、時に福祉という多領域にかかわりながらの支援活動を行う社会復帰調整官として働く心理職者もある。さらに、親の離婚に伴う子どもの親権、監護権の決定にかかわる民事事件の鑑定や子どもの意向調査、あるいは社会的養護児童への支援のあり方にまつわる訴訟事件についての関係者への面接と関連資料をもとに、法曹とは別の心理学的視点からの意見書作成など、新たな心理職の働きが求められる機会もある。たしかに従来も国際結婚や外国駐留に伴う適応支援は行われてきた。だが今日は、いわゆる異文化体験の衝撃を和らげ、適応を助けるという次元を超え、より複雑な事情の絡む問題への支援を心理職者に求めるという事態も生じている。
　ここに挙げた例は新たな職域の一部であるが、このような新たな領域に参入して、働き、そこでの知見、経験をもとに事例研究を行う場合の留意点を次に考えていこう。

III　事例研究を成り立たせるもの

　事例研究とは具体的に次のように考えられよう。①心理的支障のために、生きがたさを持つクライエント、およびクライエントの生にかかわりのある人々との関係、クライエントに影響

注1）医療観察制度：心神喪失または心神耗弱の状態で殺人、放火等の重大な他害行為を行った人の社会復帰を促進することを目的として新たに創設された処遇制度。平成15（2003）年に成立した「心神喪失等の状態で重大な他害行為を行った者の医療及び観察等に関する法律」に基づき、適切な処遇を決定するための審判手続が設けられたほか、入院決定（医療を受けさせるために入院をさせる旨の決定）を受けた人については、厚生労働省所管の指定入院医療機関による専門的な医療が提供され、その間、保護観察所は、その人について、退院後の生活環境の調整を行う。また、通院決定（入院によらない医療を受けさせる旨の決定）を受けた人および退院を許可された人については、原則として3年間、厚生労働省所管の指定通院医療機関による医療が提供されるほか、保護観察所による精神保健観察に付され、必要な医療と援助の確保が図られる。

を及ぼしているさまざまな環境などを包含するクライエントを中心とした全体像が対象となる。その際，この全体像のなかから事例研究の目的にそって，どれをどのように重み付けするか，あるいは取り上げるかは個々の場合によって異なるが，生活者として生きている人間そのものの全体を描出すること。②描出提示される対象について，その事例の提示目的に添いながら，さまざまな視点から検討し，ケースカンファレンスを通して議論することなどを通して（紙上の事例について考察コメントすることやスーパーヴィジョンの過程も含まれる），事例に対する理解をより的確なものにしていく作業。③事例に対する支援の過程，支援の方法についての検討。④ ①〜③の一連の過程を通して，気づき見出されることは何か，それらをその事例への対応にどう反映させていくか，さらに，それらから臨床に活用できる考え方や技法をいかに見出していくか，ということの検討。

さらに，この①〜④の過程には，聴くこと，観ること，非言語的コミュニケーション，話すこと，書くこと，そのいずれもが事例研究の必須要因として包含されている。これらの要因は臨床実践，臨床心理研究，臨床心理教育にとり，中心的な意味を持つものである（Mackrill & Iwakabe, 2013）。

次いで，留意すべきは事例研究を行う人にまつわる要因である。事例研究を行う場合，対象となるクライエントの特質，クライエントと他者や物・こととの関係や推移の展開を対象化して記述したり，三人称的表現に終始する事例研究にたまに出会う。しかし，事例研究を成り立たせる要因は，対象となるクライエント，そのクライエントにかかわる人や環境，クライエントと環境との関係のほかに，クライエントにかかわるセラピストの特質，およびクライエントや環境とセラピストとの関係，クライエントやクライエントに関わりある環境との関係が如何であるかという叙述，記述は，必須欠くべからざるものであることを銘記したい。

Ⅳ　新しい職域との出会い

以下に挙げる事例は，その当時は新しい領域，あるいは心理的支援について懐疑的であった機関に求められて赴いた経験にもとづいている。それはまた，戸惑いつつ役立つことは何かを模索する過程で，機関の職員，入所者との関係が生まれ，「一緒に考え，着手できるところから現実を少しでも良くしていく，その経験を原則としてほかでも生かしていく，それを言葉にし，話し合い，結果を文章にしていく」ということを目指した，機関の人々との協働経験でもある。いわば事例研究の誕生と育ちを伝えるものである。入所者や関係者の秘匿性を大切にするため，数多の施設にかかわってきた経験を，きれいごとにしないように配慮しつつ合成してある。

事例Ⅰ：言葉にできない気持ち，見えにくい可能性に気づく──社会的養護児童との出会い

4半世紀近く前のこと。今日のように，社会的養護，虐待という言葉は社会現象のように語られるに至っていなかったが，現実には被虐待児，家庭での関係に恵まれず養護施設での生活を余儀なくされる子どもは当時も全国で2万7千人近くい

た（平成24（2012）年時，約3万人）。精神医学や臨床心理学の領域で事例研究は行われていたが，養護児童福祉の領域ではそうした試みはほとんど聞かれなかった。当時，私は子どもの父母・家族像イメージと精神的健康度や将来への希望の持ち方に関する，臨床心理学並びに発達心理学的調査研究を施行していた。その一環として社会的養護児童の施設を訪れることになった。

掃除や遊び，学習などの生活場面を子どもたちと共にしながら面接調査を日常生活のなかに織り込むように，自然な流れを意図しつつ施行した。家族との辛い経験をもち，表面の行動上の問題はありながらも，多くの子どもたちが家族の絆と親との愛着を切望しており，しかもその気持ちを適切に表現し得ていないことが調査から明らかになった。さらに肯定的な父母・家族イメージをもつことと平素の適応状態とは相関しており，また良い父母・家族イメージをもつ子どもは大人になること，成長することに期待と希望を抱くのに対し，多くの社会的養護児童は成長することに戸惑いを感じているという調査結果も明らかになった。調査の過程で，どの子どもも真剣に自分の言葉に聴き入ってくれる相手を切望しており，外見とはうらはらに彼等が真面目に考えながら，一調査者として行きずりの私に素直に語るのに心打たれた。騒々しく元気に見える彼等だが，真剣に本気で聴き入ってもらうという経験をどの子どもも秘かに望んでいたのだ。夏季休暇中やお正月になると多くの子どもたちはどこかしら一時外泊先があるのに，それすらもない子どもたちが居ることに気づき，ささやかだが私の自宅へ招くことを二十数年間，今日まで続けてきた。

ごく普通の私宅での家庭的状況で，子どもたちはそれぞれ率直に思いを言葉にし，甘え，時には拗ね，憤懣を漏らし，そして真面目さ，勤勉さ，他者への優しさを現した。それを通じて，私ばかりでなく子どもたち自身も自分の潜在的な可能性に気づいたようであった。私は子どもに相談して，来訪時の様子を事実として，施設へ書き送り報告した。文を書こうとしなかった少年が来宅時の想い出を絵日記に書いたり，算数が手につかなかった少女が私とピアノを連弾し，鍵盤を九九を使って数えたことから，算数は怖くない，と言い出したりした。施設で留守番をしている友達にお土産のいなり寿司を懸命に作った少女もいた……。施設の職員は報告書を回覧され，帰園後の子どもたちのささやかだがポジティヴな反応と照らし合わされて，子どもの思いや可能性に改めて気づかれた。やがて，「子どもの養育について話し合いたい」と言うようになり，それが事例研究会の始まりであった。

当初は担当の子どもに困惑させられているというトーンの事例提示が相次いだ。提示する職員ばかりか，参加メンバーも仕事の難しさの再認に終始しがちな空気に疲労感が倍増するかに見えた。事例研究における事実の捉え方と潜在可能性を見出す大切さなど，理念的な正論を受け取るには疲れと無力感が大きすぎるという参加者の様子に対し，私は思い切った提案をした。

子どもたちは24時間，問題行動を連続しているわけではないはず。次回のカンファレンスまでに担当ユニットの子どもたちのどんな小さなことでも長所を見つけてきて，自分のユニットの子どもについての「自慢，ほら吹き大会」にしましょう，と。

次回，件の疲弊して見えたケアワーカーは笑顔で報告された。「食堂での食事はいつももめ事が絶えなかった。食事時が楽しくないことに気づいた。思い切って，星空の日，屋上で食べることにした。空を見上げて感動し，ある子どもは納戸から天体望遠鏡を持ちだしてきた。うまく星を捉えられるかどうか，子どもたちは協力しあい，小さい子どもを抱っこしてレンズを覗かせた……。こんな振る舞いができるなんて……。平素，どこか

うんざりしてゆとりをなくしている自分に気づいた……」。他のケアワーカーからも聴いて思わず微笑が漏れる報告が相次いだ。ゆとりを取り戻してからは、問題行動をただ提示するのではなく、前後や背後の要因を考え、担当者としての対応やそれに伴う自身の気持ちなどが率直に付け加えられて提示されるようになった。議論は子どもの言動の背後を理解しようとすること、気持ちをどうしたらもっとうまく伝えられるのかなど、事例研究が本来目的とする養育の質の向上を目指す方向へと自然に展開するようになった。ケアワーカーばかりでなく、施設の職員全員が直接間接に子どもの養育に携わっているのだからと、調理や営繕の職員も参加される事例研究会となった。平素からルーティーンに流されるのでなく、小さなことにも気づくこと、気づいたことについて考えること、想像を巡らすこと、子どものそれまでの生い立ちや施設で直接目にする以外の生活空間（学校や地域社会など）での子どもの状態について、それまでより一層思いを巡らし考えるような空気が生まれ、自分の仕事の意義を肯定的に実感される声が増えていくように思われた。毎回の記録は数年後、職員の方々によって編集出版され、版を重ねていると聞く（村瀬・高橋, 2002）。

事例2：コミュニケーションの緒を求めて
―― 重複聴覚障害者の人々との出会い

遠路、重複聴覚障害者の施設長と看護師さんが、入所者への心理支援を求めて来訪された。入所者は聴覚の障害に加えて精神疾患、重篤な発達障害、肢体不自由、視覚障害などの障害を併せ持たれ、文字や正規の手話を知る人は入所者の20%くらい、平易な手話か独自の身振りによるコミュケーションが主である。統合失調症や自閉症と診断されている入所者も複数おられ、精神科医も来所されるがコミュケーションを取る意思が

ないようで、手話通訳の手元も見ず、診察も難しいといわれることが往々にしてあるという。家族との交流も必ずしも円滑でなく、生活内容が限定されているゆえか、沈滞した空気がある。入所者を自分の家族だったらと考えると、もう少し彼等に生を享受してほしい、暴力やその他行動上の問題に対して支援をしてほしい、と熱意を込めて施設長は話された。

当時、聴覚障害者への心理的支援の文献は外国のものも含めて極めて少なく、そのような重篤な方々の施設への支援に関わるなど、見通しもなく無責任な結果を招くと思われ、お断りした。それでも施設長は再び来訪され、私の翻意を促された。小さなことにも気づくようにして、何か手懸かりを探そうと思い直し、お引き受けすることにした。

施設の入所者は聴覚に障害があるという点では共通していたが、抱えておられる別の障害もそれぞれに重篤で、文字通り一人一人の状態に即応したかかわりが必要と思われたが、職員は慢性的人手不足で疲弊されていた。所長の他約半数の職員の方々は何か支援をと期待されていたが、一方、心理的支援など所詮効果がない、期待などできない、という発言も聞かれた。入所者へのかかわり方について話し合う、などという前に、暴力、指示が入らない、食事と入浴、睡眠以外は無為に寝そべっている、と思われている入所者28人余に何か働きかけてほしい、と求められた。

私の手話や指文字は極めて初歩。入所者で手話や指文字を使える人は3割弱。それも独自の身振りが交じる。筆談ができる人は4割弱。未就学者や義務教育も不登校で終えた、という人が多かった。途方に暮れたが、「自分を大切に思う、自分が他者から大切に思われる眼差しを向けられた」ことがどの人も少なく、一見、無表情や猛々しい雰囲気を醸し出されている人々ばかりだが、本当は骨を噛むような孤独のなかにおられるのではな

いか，と思われた。その後中井久夫先生に伺うと，描画療法には前例がない，とのことであったが，入所者と私で相互似顔絵を描き，希望者にはそのスケッチを額に入れて差し上げることにした。私の描画力の貧しさゆえ，十分には叶わなかったが，相手の入所者を描くに際して，気分が穏やかならこんな表情であろう，症状が和らげばこういう笑顔も浮かぶであろうと，眼前の当人に似せながらも，容姿は生気があり，表情は心持ち明るく描くようにした。はじめは床に寝そべり，絵など描く気配のなかった人や不機嫌に泣き続けていた人も，画用紙のなかに描かれていく人物が自分だと気づくと，私の似顔絵をその人なりに精一杯描かれた（村瀬，2005）。一人の統合失調症の方はどうしても描きたい村瀬にならない，と白紙で戻された（少し緊張を緩めて，初めて語るという児童期の苛められ体験を語られた）。私は夢中で身振りと図や絵を描いてコミュニケーションを図った。

　描かれた入所者の似顔絵は職員や入所者間で話題になり，家族からも「息子をこんなによく表現してもらったことは初めて」と喜ばれる，粗暴な振る舞いの目立つ入所者が自身の似顔絵を大切に飾られる，これを契機に無為に過ごしていた人がチラシの裏に絵を描く，終日建物内を無目的的に徘徊しておられた人の表情に精彩が現れ，行動にまとまりがみられる……などのポジティヴな傾向がわずかだが職員から報告された。職員間から，この程度と諦めず，小さなことでも着手できるところからかかわり方を考えよう，という声が上がり，個別的あるいは職員全員の事例研究会がもたれるようになった。その人を知るにはその人の歴史，環境との関係を知ることだと実感された。ある職員は担当入所者の遁走癖に根負けしかけておられたが，彼が在籍した乳児院から児童養護施設，中退した聾学校を訪ねて，その苛酷な成長過程の諸々を知り，彼の孤独感の深刻さを実感され

て，叱責は必要最小限にし，宿直時に傍らに寝かせ，彼と話し合うようにされた。彼の日常生活行動は落ち着きが少しずつ増していき，施設に対して居場所感覚を持つようになっていった。

　入所者へのかかわりを検討する事例研究会では，所長も役職職員も一般職員も司会役を順番にし，誰もが率直に意見を述べるよう，新人には周囲が言葉を添えて発言を支えるなど，全員が参加意識を持って，各自の立場で考えるという空気が醸成されていった。事例研究会の内容は家族にもフィードバックされ，また家族の希望や期待も平素のかかわりに反映していこうという流れが現れてきた。職員間でも，人に接する仕事は自分のメンタルヘルスが大事だ，という認識が高まり，自分の担当入所者についての相談のほかにも，自身について語り相談されるということが自然になされるようになってきた。そして，多忙ななかでも，職員の研究集会での発表などが次第に積極的になされるようになっていった（この領域での心理支援を志望する心理職者が少ないこと，入所者の社会参加や社会復帰の難しさなど，現状には未だ多くの課題がある）。

V　新たな職域の求めに応じることといずれの職域にも通底する留意点

　標題のように課題を設定すると，あたかも新たな職域における事例研究は非常に特殊なことのようだが，本質は通底しているように思われる。列挙してみよう。

①セラピストの要素：人を人として遇する姿勢をもつこと。これはセラピーの場面に限ってというより24時間の基本姿勢であろう。
②自分の特質や専門性を生かすために臨床の場が

あるのではない，というシンプルな事実を基本的に自覚していること。置かれた場，赴いた場が目的とすることと，そこでのセラピスト自身の役割，スタンスを自覚する。そこはどのようなシステムでどう機能しているのか，全体状況を速やかに的確に理解し，与えられた役割，それが曖昧な場合はその全体状況が目的とすることに添って，システムのなかで自分の責任の負えることを全体の調和を考慮しながら行う。そして，これまで習得した専門性に加えて新たな創意工夫も必要に応じながら交えて，現実的に意味があると考えられることから着手する。チームワーク，全体的調和に配慮する，換言すればバランス感覚を大切にする。
③公共性があり，平易で，明確な表現を心懸ける。
④自分の置かれた場について，あらゆる面からよく理解することに努める。狭義の自分の専門分野以外について学ぶ必要性は極めて高い。ただし，他職種，他領域の知見を多く知ったからといって，それらを不要に披露したり，用いない。責任や組織の機能の仕方，チームワークについて熟慮していることも望まれる。そして，幅広く的確にその場を理解していることは，臨床実践の効果を上げるためには必須といえる。
⑤事例を提示するには，（1）対象としてのクライエント，およびクライエントに関係や影響を持つ諸々の環境を的確に捉える。（2）（1）に対して，セラピストはどのようなアセスメントをしたかという叙述や記述を心がける。（3）（2）に基づいて，クライエントは環境に応じてどのように変わったか，それへの相手の反応は如何であった，という叙述や記述を心がける。経過とは，（2）と（3）が交互に連関しながら進行するものであるが，事例として提示する時点で，これらの経過を総覧して，その時点でのまとめと課題が記述されることになろ

う。この過程で，クライエントやその環境を対象化して述べるという流れにならないよう，セラピストの人としての要因，状況によってはセラピストの内面に生起する感情，思考内容を，良いことも悪しきことも含めて，自分にまつわる事実として正直に受けとめ考察する対象とする必要性がある。
⑥事例検討会で事例を聴く場合に望まれる姿勢：提示される事例を聴きながら，まずクライエントの体験世界，つまりクライエントには世界がどう見え，感じられているのかをなるべく身を添わせる姿勢で想像し，考える。次いで，セラピストの体験世界，つまりクライエントは状況全体をどう受け取り感じ，考えているのかを想像し，考えてみる。さらに，クライエントとセラピストの関係の質について考える。そして，クライエント，セラピスト，そして両者を包む全体状況を全体として眺め，総合する視点で考えてみる。すると，事例の提起している課題が何なのか，また全体状況を捉えた上での事態の進行状況などが，一人称，二人称，三人称が良い意味で統合された視点で観えてくるであろう。
⑦事例研究でのコメンテーターのコメント，あるいは参加者の発言はあくまでも臨床に，当のクライエントに裨益する目的に添うものでありたい。徒に不足部分を厳しくあげつらうのではなく，あるいは特定の理論や技法の有効性を論じるための議論でもなく，どこができていて，どこに再考，工夫の余地があるのかなど，事例提出者はもちろん，参加者にとっても発展性ある気づきや希望や裏付けある自信をもたらすような発想，発言をしたい。
⑧可能な限り，事例研究のあと，討論されたことが実際の臨床場面のその後の展開と照合して如何であったか検証したい。この営みはクライエントにとっても，セラピスト側にとっても有益

である（私は継続した事例研究のクラスで，会の最初に前回の討論がその後の展開にどう反映されているか前回事例提供者に発表してもらい，さらに検討するようにしている。また，発言の機会を失した，でも意見がある，伝えたいと思う参加者は，会の終了後，事例提示者に簡潔に意見を伝える場合も多い）。

⑨事例研究の倫理と責任性：これについてはかって河合隼雄先生からの依頼に応じて，呻吟しながら考察した（村瀬，2001）。ここに記した考えに基本的に変わりはないこともあり，また紙数も尽きたので関心をお持ちの方は参照をお願いしたい。ただ，倫理問題についてはクライエントに同意を得れば良い。いやそうではない，事実を改変すれば……等と諸説ある。それぞれに意味はあろう。しかし，絶対唯一という解は難しいように思われる。クライエントの尊厳，利益を護ることと，事例研究の対象としてクライエントを取り上げることは，多くの矛盾を孕んだ課題であるように思われる。しかし，心理臨床の質的向上のため，ひいてはそれがクライエントのために利益として還元されていくためには，事例研究は是非必要である。そこで，現実的には次のように考えられる。第一に，心理支援者は倫理規定を熟読し，常に自分を省察し，自分の臨床の質の向上を怠らないこと。第二に，事例研究を行うことは，承諾の可否，事実の改変という技術的レベルで事足りるものではなく，人の人生やこころに触れる深い痛みと畏敬を忘れないことでもある。そして，責任は支援者自らが負うという覚悟が基本に不可欠であろう。

文　献

Mackrill T & Iwakabe S (2013) Making a case for case studies in psychotherapy training. Metropolitan University College, Institute for Social Work. Kronprinsesse Sofies Vej 35 2000 Frederiksberg. Denmark.

村瀬嘉代子（2001）事例研究の倫理と責任. 臨床心理学1-1；10-16.

村瀬嘉代子（2005）聴覚障害者への統合的アプローチ. 日本評論社.

村瀬嘉代子＝監修, 髙橋利一＝編（2002）子どもの福祉とこころ. 新曜社.

総論

学びの場としての事例研究

森岡正芳 MASAYOSHI MORIOKA
神戸大学

「体験は生成の世界で生起する。この体験を知性の言葉で語ろうとすると、人はその体験をとらえそこなう。知性の言葉は分割の論理に従うからである」
（作田啓一『生成の社会学をめざして』）

I　はじめに

　事例をもとにした報告と記述が臨床心理業務の中核にあることはいうまでもない。とくに日本ではこの30年間余り、事例研究が臨床心理士の教育と研究において、中心をなしてきた。事例をもとにした現場での研修会が日々持たれている。多職種、多様な専門家たちの間で持たれるケース会議と、特定の心理療法の技法にもとづいて専門家およびその研修生が集まる事例研究会とでは、事例報告の書き方、検討の仕方、そこで交わされる言葉もおのずから違ってくるであろう。さまざまな職種が集まる場でのケース会議がむしろ現場では日常である。社会資源の発掘と連携において、ケース会議の果たす役割は大きい。臨床心理業務の拡大と隣接領域との実践と研究の交流のなかで、事例研究やケースカンファレンスの持つ独自性と限界についてふりかえり、吟味する時代に来ている。

　臨床心理の知の形成に事例研究はどのように活かされてきたのだろうか。大きな課題である。実践での体験の意味はいつも動いている。臨床の場は「今ここ」の即興性と一回性の世界であり、つねに未決定なものが残る。それをふりかえり検討しあう事例検討の場では、対人支援に関わる意味の運動を損なわず、体験の自由度を保持し、体験のプロセスを促進させることが一つの目標である。この目標に接近するための手がかりについて、筆者のこれまでの探索の過程をふりかえりつつ若干の考察を行いたい。

II 事例研究から得るもの

1. 誰のための事例研究か

　事例研究は実践から出てきた研究法である。では事例研究は誰のためにあるのだろうか。クライエントとその家族当事者のためにある，というのが解答になるだろう。彼らの生きることの困難を少しでも軽減するために，事例研究が役立つようにありたい。しかし，ケース会議の場にはクライエント当事者は姿を見せないのが通常である。当事者に発表の許可を得つつも，事例研究を実際に読んでもらうことはまれで，記述した内容は専門家のみの間に交わされ守秘義務が順守される。そこで交わされる言葉はクライエントがもしそこにいたらどのように受け取られるだろうか。まずは，クライエントがもしも今ここに居合わせたとしても，その人の益になるように言葉を選び，話題を交わしたい。

　一方，クライエントと一緒に事例研究を行う試みはすでになされている。とくにナラティヴセラピー，コラボレイティヴアプローチ，構成主義の立場をとる心理療法グループは，クライエント家族を含む当事者との協働によって，新しい知の形成にいたる実践を行っている（Andersen, 1991 ; Anderson, 1997）。クライエントにその回ごとの記録を読んでもらい，それを次にどのように活かすかを共に話し合いながら進めていく方法も模索されている（Madigan, 2010）。類似の試みはかつてロジャーズも行っている（Rogers, 1951）。クライエントに面接プロセスのフィードバックを行い，こちらの理解に抜けていることがあれば修正してもらう。教えてもらう。パーソンセンターの立場から出てくる自然な実践である。現状では少なくとも，事例研究とケースに関わる議論が特定の学派の仲間内の言葉のやりとりに終始しないようにしたい。クライエントの生活のなかにも活きる言葉を探したい。

　事例研究を読むとき，読み手の側も動かされる。「セラピストとクライエントの関わりをセラピストの筆を通じて知るときに，われわれの心の中にそれによって生じてくるさまざまの動きが，次にわれわれがクライエントに会う際に支えとなり，助けともなることが重要である」（河合，1990）。セラピストも事例研究を読むこと，ケースカンファレンスに参加することで，実践に役立つ。これが事例研究の利点である。

2. 臨床の教育システムのなかで

　臨床心理の発想と方法の出発点にまず事例がある。河合（1990）は「事例に学ぶのは，心理療法では非常に有効な手段である」と述べる。というのは「心理療法では，セラピストの個性や主観的関わりを無視することができず，というより，それこそが重要なので，それらを組み込んだ報告である事例研究が大きな意味を持ってくる」ためである。

　事例研究をコアとして心理臨床家を育てる独特の教育システムは，これまでによく機能してきた。サイコセラピーを基本とする治療文化になじむことは，実践の入門に欠かせない。事例研究はそのために主要な役割を果たす。心理臨床における理解とは，関係のなかでの理解である。関係のなかでクライエント自身の自己理解を深めることが目標にもなる。関係のなかでの理解は暗黙的であり，明示されにくい。定期的なケースカンファレンスに出席し，そこになじ

むことによって，現場に必要な暗黙知が身についていく。そして事例研究は臨床家の教育訓練の基礎になる。

III 体験としての事例研究

1. 関わる私も含まれる知

　私が大学院生の頃，毎週水曜日の午後に行われる事例研究の時間が，臨床心理学専攻の院生たちの授業の中心となるものであった。院生は同時に心理教育相談室のスタッフであり，そこで担当した事例を中心に，順番に発表することがノルマとなっていた。さらに毎年発刊される相談室の紀要に掲載されたコメントつき事例研究について，合評会が行われるのが慣例であった。河合隼雄先生が「事例報告を耳で聞くのと，事例研究として読むのとではずいぶん印象が違う」とある年の合評会の終わりに口にされたことをふと思い起こす。事例研究の時間に口頭で発表されたもののいくつかが，その年度末に事例研究としてまとめられることが多い。同一の事例であるが，両者を比較すると，印象がずいぶん違うということである。

　ケースカンファレンスや事例研究で何が伝わったり伝わらなかったりするのだろうか。

　事例を記述する次元と，事例を報告しそれをめぐって討議を行うパフォーマンスの次元があり，ずいぶん質の違う作業が併存している。

　ケースカンファレンス，ケーススタディは私たちの訓練や研究の基本的な方法論であるが，いつもジレンマが付きまとう。事例として取り上げられる個人の生活世界には，単一の枠組みや視点ではとらえがたいものがある。事例研究の場をどのように共有するかによっても，事例の読みは変化する。事後的に残るものも多様かつ不確定である。とくに発表者にとって，現在進行中の事例をケースカンファレンスで報告討議し，コメントをもらった後，面接に戻るとその影響が自覚していないところで尾を引くことがある。仲間内ではこれを「発表効果」と名づけていた。クライエントの益になる効果であるならばよいが，ふりかえってみると，セラピストの卵たちの気負いのある閉じた体験に陥っていたといえなくもない。

　事例研究を行うことの効果はもちろん当該の事例に限らず，面接を活性化させ，臨床への意欲を再燃させることにつながるが，他方かえって肩に力が入りすぎ，それまでの面接の自然な流れを損なうこともある。河合（1990）のいうように，セラピストの個性や主観的関わりが事例に込められているので，入れ込んでいる部分をカンファレンスの場で話すと，面接の場で維持し，ためていた力が抜け落ちてしまうことがある。もちろん事例研究参加者たちの受け取り方や応答によって後の変化は違う。受け取る側がどのように参加し，積極的に体験のプロセスを共にし，作っていくかということが，事例研究という作業に根本的に組み込まれている。

2. 多声的な場

　ケースカンファレンスでは，臨床心理士が支援を重ね当事者との間で分け持った事象，出来事を口頭で報告する。このような場面が共通項として想定される。報告者が体験した場の再現が出発点である。この点についてはスーパー

ヴィジョンと共通している。とくに集団でのスーパーヴィジョンでは，そのプロセスが複数の参加者によって共有される。事例検討の進行を指導助言者がオーガナイズし，コメントを行う。そのとき参加者は第三者であり，その目前で，個人スーパーヴィジョンが進行するような形態である。ただし，ケースカンファレンスと集団スーパーヴィジョンとの区別はあまりなされていないのが現状であろう。

ケースカンファレンスは，全員参加型でさまざまな考えや視点をどれか一つに統一せず保持する多声的な場である。ケースをとらえる目をそこで養う。ケースカンファレンスに出てしばしば思うことは，同じ事例，同一の事象を前にして，人はなぜこうも違うとらえ方が可能であるのかということだ。これが特徴的である。一方で，ケースカンファレンスで皆の見解が一致した空気に支配されるのも，また奇妙である。

ケースカンファレンスは報告者の主観，すなわち自分がどのような見方をもってそのケースに臨んでいるかということが率直に表れる場である。聞き取る側も事例記述の報告内容だけでなく，事例をどのように語り伝えるかに集中している。聞き手は心のなかで応答し，全体を感じとっているはずである。面接者，援助者の個性がその場の情報伝達に影響を与える。

ケースカンファレンスは，発表者を通してクライエントたちの生活世界を学ぶ場といいかえることができる。発表者は自分がとらえたクライエントの世界と，関わっている現場をできるかぎり言葉にして伝える。それでも参加者に伝わりにくいものが残る。現場で生じている雰囲気，関わり合いは，言葉の意味内容よりも，言葉の物質性，あるいは身体的な遂行パフォーマンスに媒介される。言葉にされないまま現場で起きていることに大切なものがあるようだ。したがって意味を特定できない不透明さを帯びた事柄，未決定のものに対して，参加者は互いに意味の確定を急がないという態度がケースカンファレンスには欠かせない。

3. 積極的な参加

筆者が印象的な体験をしたのは，ハーレーン・アンダーソンが来日した折のケースカンファレンスであった。アンダーソンは，事例発表者（筆者）および参加者に対して，この場の「可能性」を開く問いかけから始めた──「今日帰るときに「こういうことを知って帰りたい」そういうものがありますか？」筆者もこの問いをたよりに心の内側をさぐってみた。私の内心はすでに少し動いている。このような問いかけによって，参加者全員が「おまかせ」で聞いていたいというポジションから抜け出し，積極的にその場に参加するように促される。

筆者はこのとき，カウンセリングの手ほどきを教わった頃，河合先生の「わからなかったらクライエントに聞いてみる。教えてもらうことや」という何度も聞いてきた言葉を思い起こしていた。おそらく受け身的であったクライエントが，その問いかけに応えていくことによって積極的になっていくのだろう。その動きに重なるように，事例検討の場でも，自分が行為の主体（agent）になることに腰を据えようとした。そこに受け身から能動へのポジションの移動が生じている。このような動きによって生じてくる知こそ，生きたものとなる。

事例の発表は，独特の緊張があって今でも慣

れない。そのエピソードは10年以上も前の体験であるが、アンダーソンの姿は今でも印象に残っている。どちらかというと控えめで、そばにいても圧迫感の少ない人である。しかし対座すると、そこにいてくれるという存在感が伝わってくる。その感覚は強くまた複合的なものである。私は一人ではないという実感、これが私を楽にさせてくれ、安心して自分との対話にも向かえる。一方で、私はその場からやすやすと逃れることはできない。独特の拘束感がある。臨床知は関係のなかでつくられていくものである。このように関係性とコミュニケーションのなかで生まれた知こそ、実際に人の潜在的な力を支え活かし、また人に変化を起こさせるものであろう。

Ⅳ 事例の記述

1. 実際には何が起きているのか

事例での体験を再現し、伝えるにあたって誰もが苦労するのは、どのようにその現場を書き表し、共有できる言葉にするかということである。何も文字化された言葉のみを用いて述べることがいつも優先されるとはかぎらない。さまざまな工夫が場に応じて必要になる。

現場で生じていることを再現するにあたって、私たちの記述はいつも後追いで、理解は事後的である。しかも私たちはクライエントたちとの間でのやり取りを通して作る環境のなかにいつも入っていて、そこから記述しなければならない。制度的でマニュアル化された活動よりも、インフォーマルに形成され、暗黙的に共有され

るものが治療的に意味を持つことが往々にしてある。このような複雑な場であるだけに、事例研究を読み、事例検討の場に出席しても、報告された臨床の場で実際に何が生じているのかは、すぐにはわかりにくい。

一方で、他職種の専門家との間でも、事例のプロセスが共有され伝わるように記述が工夫されなければならない。そこではどのような言葉が求められるであろう。

いうまでもないが、臨床の場では、困難・問題を抱え、緊張、葛藤と不安に苦しむクライエントが目前にいる。援助者・セラピストがそばにいて関わり、問題解決と変化が生じることが期待され、目標となる場である。クライエントを主体として尊重する。その人に固有の体験、すなわち名前のある個人的な（personal）出来事を聴く。クライエントに関わる他者との出来事がテーマの中心である。現在進行形の対人関係が形成的な影響を与える。対人援助はそのような場である。

2. 事実と体験の意味

まず事実を集めることが出発点である。時間的に推移していく出来事の断片的な素材を、空間的な地図に布置するといった工夫が必要である。先達の多くがジェノグラムと事実関係の年表をしっかり作ることを推奨するのはそのためであろう。

続いてそのように集められた素材について、意味を読む作業が始まる。事例研究は当事者、そこに関わる人たちの「体験」が基本的な単位としてある。体験には情動が伴う。体験がエピソードとして時間経過のなかで位置づけられる

ことが事例記述の中心になるが，そこに当事者の情動が関わってくることを忘れてはならない。

クライエントの生活に関わる出来事は，事実関係というだけでなく内的に体験されたものでもあり，その意味はたえず動き揺らぎ，移りゆくという特徴がある。その読み取りは解釈に解釈を重ねることになりがちで，解釈を際限なく積み重ねるだけでは，「わかったつもり」に陥ってしまう。

面接の場でじかに接したときに感じられる内感は，事例研究においても大切な手がかりである（森岡，2005）。面接の場に関わっているセラピストの体験世界を通して，臨床の事象が再現される。実際にどのように受け取り感じ取ったかという記述は重要である。一方，主訴に関わるテーマ，問題，医療場面ではとくに徴候を正確に聞き取る。面接の場でじかに接したときに感じられる内感を重視するといっても，それはセラピスト自身の内面の動きばかりを探るという閉じた作業ではない。クライエントの「体験」文脈にそって話を聞き，そのなかに「問題」を読み取ることを冷静に行う。対人援助者は面接を通してこの二重の作業を同時に行っている。

3. こちらの地図で整理するのではない

事例と面接プロセスに関わる解釈と予測が事例検討の中心的なテーマになる。ただここで大切にしたいのは，事例研究の参加者たちはクライエントから得た情報を，自らの念頭にある地図で整理するのではないという態度である。事例研究で求められているのは，自分の理解の基準にクライエントをあてはめようとする理解ではない。

クライエントは主訴を通して何かを抱えて来談されている。主訴とはクライエントが実際に発した発話だけでできあがるものではない。クライエントの主訴をもとに話を聞きつつも，何か互いにまだよくわからないものをそこに感じ取る。来談の理由，事情を通してクライエントは実際に何を求めているのか，これからどうすればよいのかという道筋を読み取っていく作業を，面接の当初において遂行したい。それまでの知識や情報による地図がセラピストや事例研究の参加者の頭のなかにあると，この何かが見えなくなってしまう。たとえば，症状や問題だけでなく，問題になっていない部分（特化されていない），健康や生活の変調に留意したい。

知識をいったん頭から解放する。知識情報を前提にする前に，問いかけが先にある。問いを通して浮かび上がってくる生活の現実に目を向ける。何が問題なのかということの明確化は大切であるが，同時にそれがクライエント個人の体験としてどういう意味を持つのかも重要だ。まだはっきりとした形を持たないところがいつも付きまとう。うっかりするとすぐに「なじみの（familiar）」，既定の意味におちつく。つじつまの合った話のみが優先されては，事例を検討するのは無意味である。

クライエントもセラピストもそこにいっしょにいるということだけで，多様なメッセージを凝縮して交流し合っている。セラピーだけでなくスーパーヴィジョンの場など特有の関係場においては，いっしょにいるということ自体が何よりも雄弁なときがある。これは臨床での素朴だが，しかし強い感覚だ。面接の各場面において，関わっているかぎりどのセラピストも持っ

ている隠れた関係知（implicit relational knowing）（丸田，2002）に注目し，引き出すような事例研究にしたい。クライエントが主訴を通じて持ってきた何かは，クライエントが全身で，面接の場で提示してくれるものであるが，そこに身を置いたセラピスト自身に見えていないことが出てくる。その点について事例研究の場では，参加者の側がより気づいていることがある。

アンダーソンとのケースカンファレンスでは，参加者が積極的に，事例について受け止めたものを自分の言葉で返す場が設けられた。参加者たちが小グループに分かれて事例をもとに話し合う時間を取る。各グループで交わされた言葉のいくつかを，発表者である私の前に伝えに来てくれる。それをまた共有する。それらさまざまな声が渦となって迫ってくる。圧倒的な感覚であった。不思議なことにそのときの私は，頭での通り一遍の理解ではなく，クライエントに会って感じていたが定かでなかったものがよみがえってきて，ふだんよりじっくりと静かに言葉にしていくことを続けていた。そのとき発表したケースは心気症的な訴えの強いクライエントであったが，そのしんどさが伝わり，鈍感な私にも体の底から感じられた覚えがある。

4. 今ここで直に表していること

体験は予期せぬ性質を持つ。ある考えが突然やってくることがある。そのためにも事例検討のなかで完結した理解へと急がないという態度が必要である。ぼんやりとしたもの，よくわからないものを意味あるものにしていくのが臨床の場である。こうしてみると，事例研究の場は体験のプロセスそのものである。

事例はつねに「未構成の経験」（Stern, 1997）を含んでいる。結論はあらかじめわかっているものではない。事例のなかの重要なことが後になってからわかるということもある。いいかえると，今はあまり意味がないようにしか思えない素材こそ大切にしたい。未構成の経験を感じ取り，それを共有する場を作るには，ふだんなら見過ごしてしまい気にも留めない出来事に，注意を向け，根気強く話題にしていく営みが必要である。

ここで記録の完璧さということはさほど重要ではない。面接経過を報告し，記述するときにも，それが今ここの新たな体験としてよみがえってくることのほうを大切にする。意味は関係の場において決定される。参加者が関与する度合いによって体験の意味は変化する。とくに口頭では，発話の意味は発話するという状況と不可分である。一方，文章化された記述は，書き手（報告者）の意図から離れ，文章を独立して扱うことができる。くりかえし読むことが可能である。それだけにうっかりすると，現場に即した文脈から離れ，記述の文章のみが切り離されて扱われやすい。どのように相手の話を聞いたのか，どのように見たのかを，まず言葉にすることのほうが優先されるべきであろう。そこからセラピストがどのように相手に心を向けているのかが伝わってくる。

その場で居合わせている私たちが，ケースカンファレンスという文脈において共に直接提示していること，これがすべてなのである。直接に提示していることから離れないようにする基本的な姿勢は，事例研究でもっとも必要なものと思われる。ケースカンファレンスを経て現場に立ち返るとき，クライエントの姿を実体的に

固定せず，いつも発生状態においていくというゆとりはこの姿勢から生まれてくるものである。

V　むすびに

　事例研究には認識の落とし穴がある。出来事の読み取り方は幾通りもあるにもかかわらず，唯一であるかのようにとらえてしまう。あらかじめ知っていることしかとらえようとしない。心理的援助やカウンセリングは，具体的な環境のなかで展開されるきわめて個別的な行為である。実践的に意味のある知には特徴がある。臨床実践で活きて使える知は，あらかじめ取り込まれた知識ではない。言葉で知っているというより身体で知っているような知が求められる。

　事例研究の力点は，クライエントから受け取った一つ一つの出来事の内的な再創造にある。これこそ，事例研究が実践研究の方法として独自のジャンルである所以であろう。事例研究は臨床現場のなかに埋もれている部分を掘り起こし，実践という錯綜する現実に対して，それに即した自分なりの概念の構築，構造化を行うのに寄与する。

文献

Andersen T (1991) The Reflecting Teem : Dialogues and Dialogues about the Dialogues. New York : W.W. Norton.（鈴木浩二＝監訳 (2001) リフレクティング・プロセス —— 会話における会話と会話．金剛出版．

Anderson H (1997) Conversation, Language and Posssibilities. New York : Basic Books.（野村直樹，青木義子，吉川悟＝訳 (2001) 会話・言語・そして可能性．金剛出版．

河合隼雄＝編 (1990) 事例に学ぶ心理療法．日本評論社．

Madigan S (2010) Narrative Therapy. New York : American Psychological Association.

丸田俊彦 (2002) 間主観的感性 —— 現代精神分析の最先端．岩崎学術出版社．

森岡正芳 (2005) うつし —— 臨床の詩学．みすず書房．

Rogers CR (1951) Client Centered Therapy. Boston : Mifflin.（友田不二男＝編訳 (1966) ロージァズ全集 3 巻「サイコセラピー」．岩崎学術出版社）

作田啓一 (1993) 生成の社会学をめざして．有斐閣．

Stern DB (1997) Unformulated Experience : From Dissociation to Imagination in Psychoanalysis. New Jersey : Analytic Press.（一丸藤太郎・小松貴弘＝訳 (2003) 精神分析における未構成の経験 —— 解離から想像力へ．誠信書房）

総論

臨床と研究のクロストークをいかに構築するか
―― 研究の方法

岩壁 茂 SHIGERU IWAKABE
お茶の水女子大学

I　はじめに

　事例研究は，臨床心理学の柱の一つである。事例研究を読むことによって，密室で行われる心理療法を垣間見ることが許され，さまざまな時代と文化的背景において発展した多様な心理療法のアプローチに，そしてさまざまなクライエントにふれることが可能となる。読み手は，書き手の臨床家とあたかも陪席面接をして，その臨床家の頭と心の中へと入っていく貴重な体験ができる。事例論文を執筆するためには，自身が担当した事例を振り返り，面接のプロセスの理解を深めていき，臨床家として内省力を培う。また，事例発表では，事例についてのフィードバックを他者から受け，臨床家としてのコミュニケーションや協働のあり方，そして批判にも耐える感情的な強さも養う。
　このような事例研究の教育的価値（educational value）は，必ずしもエビデンスとしての価値（evidential value）と一致していない。たとえば，理論的文献にみられる短い事例の挿話（case vignettes）は，複雑な理論概念の意味をはっきり伝えるという意味において教育的価値が高い。しかし，情報の取捨選択は書き手にまかされており，それが実際に起こった通りなのか，という保証はなく，エビデンスとしての価値は低い。
　日本では事例研究の土壌がすでに熟成しており，教育的価値が十分に認められてきた。今後の課題は，事例研究を研究法として捉え，エビデンスとしての価値を検討することであろう。そこで本稿では，これまで十把一絡げに考えられてきた事例研究の目的や形態を，事例研究の方法について優れた検討を行っている McLeod（2010, 2013）にならって整理し，エビデンスとしての価値を高めるためのポイントを示したい。

Ⅱ 事例研究の4つの形態

1. 効果事例研究

効果事例研究（outcome-oriented case studies）は、「この事例においてセラピーはどの程度効果的であったか」「クライエントの変容には、どの程度セラピーが寄与しているのか（外的な出来事ではなく）」といったリサーチクエスチョンを扱う。効果事例研究法の代表例は、単一事例実験法であり、主に行動療法の研究で使われてきた（Barlow & Hersen, 1984）。この方法では、一人のクライエントの症状や問題行動の生起頻度などを定期的に測定し、介入の導入によってそれらがどのように変化するのか追っていく（Morgan & Morgan, 2009）。また、「実験法」と呼ばれるのは、介入を導入している期間とその介入を一時的に行わない期間を加えることによって介入を操作し、その効果を厳密に見極める点にある。

Elliottは、包括的に一事例の効果を検討する単一事例了解学的研究法を開発した（hermeneutic single case design : Elliott et al., 2000 ; Elliott, 2002）。この手法では、クライエントに対するインタビューなどの質的データ、面接後に実施する質問紙、面接のやりとりの尺度評定のデータなどの量的データをはじめとして、さまざまなデータを集める。次にデータの分析は、研究チームを3つ作り、1つのチームは、クライエントのみせた改善はセラピーによって起こっているという立場、もう1つのグループは、クライエントは変化しなかったか、もしくは、セラピー以外の理由によって変化が起こったという立場からデータを分析する。この2つの対照的な立場から作られた議論をもう1つの評定者グループが検討し、セラピーの成果がどの程度上がっていたのか、またその結論はどの程度の確信がもてるのかという2点について判断を下す。この手法は、法的証拠の考え方を効果の評価に導入している（Bromley, 1986）。効果事例研究は、治療効果があったかどうかということを示すために客観的な情報を集め、できるだけ厳密に介入と変化のつながりを作ることが鍵となる。

2. 理論指向事例研究

理論指向事例研究（theory-oriented case studies）は、「この事例のプロセスは、どのような理論的枠組みや概念から捉えることができるのか」「この事例データは、どのようにしてある理論概念やモデルを検証し、それを改良できるのか、またはどのように新たな理論的枠組みを作るのに使うことができるのか」というリサーチクエスチョンを扱う。心理性的発達段階の理論を発展させたFreudの狼男の事例のように、精神分析の古典的な事例研究は、さまざまな理論概念をより精巧に練り上げていく理論指向的研究が多かったと考えられる。

理論指向事例研究は、既存の介入法やその理論概念をさらに詳細に明確にする。そのために、既存の概念が作られたクライエント群とはいくらか異なる対象を選び出したり、異なる臨床状況での応用を通して、その概念を明確化していく。このプロセスは、質的研究法であるグラウンデッドセオリーの理論サンプリングや「絶え間ない比較」という考え方がうまく表している（Glasser & Strauss, 1967）。理論サンプリングとは、ある概念の発展していない部分をより

しっかりと表すために，その部分にもっとも示唆を与えるサンプルを意図的に選ぶことを意味する。「絶え間ない比較」とは，ある概念が包括する範囲やその詳細を明確にしていくために他の概念やデータとの念入りな比較を行うことを指す。これらの作業はまさに「理論構築」のための方法である。近年では，理論構築をより実証的かつ系統的な方法にそって行う研究が増えつつある（岩壁，2008；Stiles, 2007）。成功事例と失敗事例を比較することによって成功とかかわる要因を同定する事例比較法（Hill et al., 2008；Strupp, 1980；Watson et al., 2007）も，理論指向事例研究の一つである。

3. 実践的事例研究

実践的事例研究（pragmatic case studies）という分野は，Daniel Fishman（1999）によってその方法的基盤が示された。その主要な目的は，どのような介入が肯定的な効果を上げ，どのような介入がうまくいかなかったのかを検討し，特定の事例に対して特定のアプローチを実施したそのプロセス全体の詳細を記述し報告することである。Fishman（1999, 2005）は，事例研究の蓄積が臨床活動の基盤になると考えた。実践的事例研究は，日本の臨床心理学で一般的な従来の臨床事例研究と非常に似ているが，いくつか重要な違いがある。まず，実践的事例研究では，臨床事例研究よりも幅広い量的・質的データを使う。面接プロセスのデータとしては，セラピストによる筆記記録だけでなく，面接の録音・録画が使われ，面接後に実施する質問紙をはじめとして，できるだけ多くの情報源からのデータを得てそれらを統合しようとする。

表1　実践的事例研究のフォーマット

1. 事例の臨床的文脈と方法
2. クライエント
3. 拠り所となる介入理論と概念，そしてそれを支持する実証研究および臨床的支持
4. クライエントの問題のアセスメント情報，治療目的，個人史
5. ケースフォーミュレーションと治療計画
6. セラピーのプロセス
7. 変化の測定に関する情報
8. プロセスと効果に関する評価
9. 文献リスト

次に，実践的事例研究では，標準的なフォーマットが示され，事例を積み上げることで同一基準による事例間の比較がしやすくなるように意図されている（表1）（Fishman, 2005）。その特徴は，セラピストの理論アプローチ，そしてケースフォーミュレーションが明確にされ，それを中心に事例の記述が展開されることである。最後に，実践的事例研究では，著者・研究者が事例担当者であるとは限らない。むしろ，セラピストを含んだ複数の研究者からなるチームで分析に当たることも奨励されており，質的研究の方法論的基準を取り入れた「質」の評価基準が示されている。

4. 現象学的事例研究

現象学的事例研究（phenomenological case studies）は，クライエントまたはセラピストの主観的視点から事例が語られるという特徴がある。その目的は，クライエントとセラピストの体験の質とその意味について検討することである（Mackrill, 2011）。セラピストの視点から語られる場合，大きく分けて2つの目的がある。一つは，治療関係における体験の質を描写する

ことである。治療関係にかかわる現象は，観察可能な発話や感情表現と，それらから喚起されるイメージや感覚など，言葉に表されない体験が照合されることによってはじめてその全貌に迫ることができる。このような体験の質を伝える姿勢は，精神分析の対人関係論の研究にもっとも顕著にみられる。

セラピストの視点からの現象学的事例研究のもう一つの形は，セラピストの自伝である。セラピストがどのようにして臨床家の道を選んだのか（一丸，2002；Kottler, 2010），どのように自身の臨床アプローチを発展させていったのか（Goldfried, 2000），治療的失敗をどのように体験したのか（Kottler & Carlson, 2003），それまでにもっとも印象に残ったクライエントとの体験はどのようなものであったか（Kottler & Carlson, 2003；Lindner, 1955；Yalom, 1989）といったトピックがその例だが，それは臨床家の成長と訓練に強く関わっている。

これら4つの事例研究の形態は，それぞれ目的が大きく異なるため，それらの「質」を判断する基準も異なる。効果事例研究では，クライエントの改善に対する，クライエントのライフイベントなど心理療法以外の効果を排除するため，内的妥当性を確立することが重要となる。理論指向事例研究では，新たな理論概念の生成が目的である場合は質的研究の質の判断基準が重要となるが，具体的な仮説の検証を行う場合とは異なる。実践的事例研究は，総合的な判断が必要であり，その事例のデータの豊富さ，記述の厚さ，解釈の妥当性，などが基準となる。特に重要なのは，実践的事例研究がそれを読む臨床家にとって有用な資料となることを示す臨床的有用性（clinical utility）である。最後に，現象学的事例研究は，体験のあり方そのものをどれくらい鮮明に，実感を伴って読者に伝えるのかということが重要であり，感情的真正さ（emotional authenticity）や生き生きとした描写によって読み手と共鳴することを意味する質的研究の芸術的・喚起的基準が当てはまる（岩壁，2010）。

III　エビデンスとしての事例研究を確立するための方法的工夫

現在，専門誌や紀要などに掲載されている多くの事例論文は，はじめ事例検討会や学会などの場で発表をもとに参加者のコメントを検討し，何度も振り返り理解を深めようとしてきた事例についての考察結果であり，臨床家としての成長の証である。それが，一人の臨床家の成長と発達を超えて，心理療法のプロセスと効果に関する確固たる知見となるには，事例研究の方法に注目することが必要である。以下に，事例研究がエビデンスとしての質を高めるために工夫できる点について，McLeod（2010）をもとに日本の事例研究の現状に合わせて検討し，8つのポイントを挙げたい。

1．セラピストの情報

事例研究においてもっとも欠けている要素の一つは，著者についての情報である。セラピーを担当し，論文を執筆したのはどのような臨床家なのか，なぜ数多くあるケースからこのケースを選んで論文化しようと思ったのか，このケースについてどのような印象をもっているの

か，などといった情報である。初心セラピストがはじめて成功し大きな職業的成長へと結びついたケースと，中堅の臨床家が現場で数多く遭遇する特定の問題についてまとめた事例論文ではかなり位置づけが異なる。このような情報はその事例研究の臨床的意義を理解する上で重要な役割をもっている。

質的研究において，研究者は自身の立場についての情報を開示し，読者が研究者の考え方や視点がどのようにデータ収集や分析に影響を与えるのか判断しやすくする（Elliott et al., 1999 ; Hill et al., 1997 ; Morrow, 2005）。たとえば，研究者の文化的背景，年齢，理論背景，研究テーマに関するこれまでの関わり，研究仮説または期待などである。またこれらの意味や研究プロセスへの影響を研究者自身がどのように理解しているのかということは，リフレキシビティ（内省性）と呼ばれている。事例研究者の臨床経験が薄いからといって事例研究の価値がより低くなるというわけではない。その事例論文から得られる知見は主に同程度の経験や観点をもった臨床家に特に重要になり，その評価を受けることで臨床的妥当性が高まるはずである。

2. 治療関係に関する情報

効果研究とそのメタ分析は，治療関係が心理療法の成功に大きく寄与していることを示してきた（Norcross & Wampold, 2011）。事例研究の強みの一つは，治療関係の質についてセラピストの視点からの情報を加えることができる点である。特に，共感，純粋性をはじめとして治療関係と関わる現象の記述は，二人のあいだで起こるやりとりとセラピスト自身の体験とのあいだの関連を明確に示すことが必要である。アイコンタクトや表情をはじめとするさまざまなノンバーバルのやりとりが，どのようにクライエントとセラピストによって体験されるのかということを知ることによって，治療関係を織りなすさまざまな現象について検討することができる。内的体験と実際のやりとりをつなぐことによって，事例研究は面接の正確な記録であるビデオ録画にまさる治療関係の記述を可能にするのだ。

3. 倫理的配慮と取り決めに関する情報の開示

事例論文を執筆または投稿するにあたり，もっとも神経を使うのがクライエントに事例論文を公表することをどのように説明するのかという点である。治療のどのような段階で事例論文としてまとめたい旨をクライエントに伝えたのか，また，論文を執筆後，クライエントに見せて意見や感想を求め，投稿の前に確認してもらったか，もし見せないことに決めたとしたらそれはどのような判断によるのか，どのような点に注意して内容のマスキングを行ったか，などである。このような手続とその根拠などが示されれば，読者もどのように倫理的な事項に取り組めばよいのかもっとわかりやすくなるだろう。

4. クライエントの視点を取り込む

クライエントが心理療法をどのように体験しているのか，また介入の意図することを本当にクライエントが体験しているのかということは，臨床家であれば誰でも関心をもっている（Dreier,

2008)。しかし，ほとんどの事例研究は，セラピストの視点から語られ，クライエントのセラピーに関する感想や意見があったとしてもセラピストのフィルターを通して報告される。これまでのプロセス研究において，クライエントはセラピストへの敬意から不同意を表すことを控える傾向にあることがわかっている（Rennie, 1994）。また，セラピストは，クライエントの不満に気づきにくい傾向があり，臨床経験を積んでもその傾向は変わらないというデータもある（Hill et al., 1993）。クライエントのセラピーに対する見方をそのままの形で提示したり，またはクライエントの体験に対するセラピストの感想を加えることによって，セラピーの記述の信憑性を示すことになる。これは，質的研究のトライアンギュレーションの一形態であり，複数のデータ源，データ収集の方法を使い，信頼性を高める。

5. 背景情報の報告

　事例研究の欠点として頻繁に挙げられるのは，一般化可能性である。量的研究では，サンプルが大きければその結果は一般化しやすくなる。しかし，一人のクライエントと一人のセラピストの組み合わせから得られた事例研究の知見は，広く多くのクライエントへ適用されることよりも，クライエントとセラピストの特徴，および臨床状況にマッチさせることによって適切に応用できる（Flybjerg, 2006）。そのため，質的研究の転用可能性という概念が事例研究の意義を判断するにはより適切である。転用可能性を高めるには，どのような環境・条件（料金体系など）においてセラピーが行われたのかということをできる限り具体的に詳しく記述して，読者がその知見の転用範囲を判断できるようにすることが必要である。

6. スーパービジョンと事例の指導

　治療的背景として重要な情報は，スーパービジョンをはじめとした指導の有無とその影響についてである。スーパービジョン，ケース・コンサルテーション，事例発表などは，事例を捉える理論的枠組みや治療方針をだけでなく，セラピストがクライエントに接する姿勢の調整に影響を与える。初心者セラピストの場合，スーパービジョンを受けていることはリソースを使って経験不足を補い，適切な臨床活動を行っていることを示す。セラピストとクライエントの関係とそれを支えるセラピスト（スーパーバイジー）とスーパーバイザーの関係は，一つのセットとして機能しているとも言えるだろう。

7. 定期的な変化と症状の測定

　事例研究においてもっとも疑問に残ることの一つは，クライエントが「良くなった」という基準について，セラピストによる報告を超えてより具体的で明確な効果の指標が提示されていないことである。セラピストは自身のアプローチの信奉者であり，見方の偏りを完全に排除することはできない。だからこそ，より外的で客観的な変容の指標を示すことによって，セラピストの所見の裏付けが与えられる。また，セラピストの捉えた変容が，さまざまな尺度のスコアとしてどのように表れたり表れなかったりするのかということを知るのはそれ自体重要である。

　変化の測定には大きく分けて2種類ある。一

つは，介入前後での変化を測定するための大がかりな尺度である。そこには，症状の状態を知るための尺度から，パーソナリティ特性や葛藤の内容を知る心理検査も含まれる。もう一方で，近年では日々のカウンセリングにおいて使いやすく，クライエントが面接前後に5分くらいの時間で回答ができる尺度もあり，症状や問題，作業同盟，面接の満足度，などを測定できる。たとえば，クライエントの心理的苦痛の度合いをウェルビーイング，症状，機能，リスクという4つの下位尺度・全34項目で測定するCore-OMという尺度は，毎回の面接で使う10項目バージョンや5項目バージョン，子ども用なども開発されており，イギリスの公共機関での臨床活動では広く使われている。また，Michael LambertらによってはOQ-45（Outcome Questionnaire-45）は，10万人以上のデータがすでに集められており，スコアからドロップアウトの危険があるクライエントや治療的失敗に陥る危険があるクライエントを同定することができる（Lambert, 2007）。これらの尺度を導入することは，エビデンス実践の一形態とも言える。

何をもって心理療法に治療効果があったかということは，一義的に決められる問題ではない。認知行動療法では，行動や症状の変化を量的に捉え，定期的に測定するのがセラピーの一部となっている。もう一方で，精神力動療法では，かなり複雑なパーソナリティの変容を目的としており，簡単な指標で示すことは難しい。そのため，さまざまな変容の測定の仕方を確立していく必要があるだろう。

8. 面接プロセスの記述

面接プロセスの記述は，事例研究の中心部といってもよい。その記述の仕方は，著者の理論アプローチによっても異なり，また短期療法と長期療法などといった情報量の差によっても影響を受けるだろう。本論では面接プロセスの記述の仕方に関して十分に論じることはできないが，少なくとも時間の流れを表すクロノスとカイロスというギリシャ語の差異が事例の記述の原則にも役立つ。クロノスは，時計によって刻まれる時間の規則的な流れであり，カイロスは，個人が体験する時間であり，一瞬であっても真実の瞬間とも言うべき，その瞬間を境として何かが変わったと実感できるような時間を指す。事例研究では，治療関係から作り出される空間とこのような二つの時間から織りなされる世界を読者が感じられる記述が理想となる。

IV おわりに

事例研究の蓄積は最終的には，臨床実践を導くためのデータベースとなる（Iwakabe & Gazzola, 2009）。これを，臨床家にとって使いやすく，しかも信頼性をもつエビデンスにするためには，事例研究法のあり方を探究し，その方法論について議論を重ねていくことが必要である。そのなかで事例研究の知見はどのように実践に役立ち，時としてその発展を制限するのかということについても検討すべきだろう。過去の先例を参考にできるというのは，心強い。しかしながら，先例に倣うことは必ずしももっとも効果的なやり方に結びつくとは限らない。

「前例主義」という批判があるように，古いそれまでのやり方をただ踏襲し，新たな試みを拒むような保守的な姿勢ともなりうる。日本では有職故実の伝統があるが，その風習の功罪を検討することが事例研究の意義と役割を見据える上で重要であろう。

文　献

Barlow DH & Hersen M (1984) Single Case Experimental Designs : Strategies for Studying Behavior. New York : Pergamon Press.

Bromley D (1986) The Case-study Method in Psychology and Related Disciplines. New York : Wiley.

Dreier O (2008) Psychotherapy in Everyday Life. Cambridge : Cambridge University Press.

Elliott R (2002) Hermeneutic Single Case Efficacy Design. Psychotherapy Research 12 ; 1-20.

Elliott R, Fischer CT & Rennie DL (1999) Evolving guidelines for the publication of qualitative research studies in psychology and related fields. British Journal of Clinical Psychology 38 ; 215-229.

Elliott R, Partyka R, Wagner J, Alperin R, Dobrenski R, Messer SB, Watson JC & Castonguay LG (2000) An adjudicated hermeneutic single case efficacy design study of experiential therapy for panic/phobia. Psychotherapy Research 19 ; 543-557.

Evans C (2012) The CORE-OM (Clinical Outcomes in Routine Evaluation) and its derivatives. Integrating Science and Practice 2 ; 12-15.

Fishman DB (1999) The Case for a Pragmatic Psychology. New York : NYU Press.

Fishman DB (2005) Editor's introduction to PCSP : From single case to database : A new method for enhancing psychotherapy practice. Pragmatic Case Studies in Psychotherapy 1 ; 1-50.

Flybjerg B (2006) Five misunderstandings about case-study research. Qualitative Inquiry 12 ; 219-245.

Glaser B & Srauss A (1967) The Discovery of Grounded Theory. Chicago : Aldine Publishing.

Goldfried MR (Ed.) (2000) How Therapists Change : Personal and Professional Reflections. Washington DC : American Psychological Association.

Hill CE, Sim WE, Spangler P, Stahl J, Sullivan T & Teyber E (2008) Therapist immediacy in brief psychotherapy : Case study 2. Psychotherapy : Theory, Research, Practice and Training 45 ; 298-315.

Hill CE, Thompson BJ, Cogar MC & Denman DW (1993) Beneath the surface of long-term therapy : Therapist and client report of their own and each other's covert processes. Journal of Counseling Psychology 40 ; 278-287.

Hill CE, Thompson BJ & Williams EN (1997) A guide to conducting consensual qualitative research. The Counseling Psychologist 25 ; 517-572.

一丸藤太郎＝編 (2002) 私はなぜカウンセラーになったか. 創元社.

岩壁 茂 (2008) クライエントの変容プロセスを記述する同化分析 ── 統合的実践の準拠枠. In : 小山充道＝編著 : 必携 臨床心理アセスメント. 金剛出版, pp.381-398.

岩壁 茂 (2010) はじめて学ぶ臨床心理学の質的研究 ── 方法とプロセス. 岩崎学術出版社.

Iwakabe S & Gazzola N (2009) From single case studies to practice-based knowledge : Aggregating and synthesizing case studies. Psychotherapy Research 19 ; 601-611.

Kottler JA (2010) On Being a Therapist. 4th. Ed. San Francisco : Jossey-Bass.

Kottler JA & Carlson J (Eds.) (2003) The Mummy at the Dining Room Table : Eminent Therapists Reveal Their Most Unusual Cases and What They Teach Us about Human Behavior. San Francisco : Jossey-Bass.

Kottler JA & Carlson J (2003) Bad Therapy : Master Therapists Share Their Worst Failures. New York : Brunner-Routledge. (中村伸一＝監訳，モーガン亮子＝訳 (2009) まずい面接 ── マスター・セラピストたちが語る最悪のケース. 金剛出版)

Lambert MJ (2007) Presidential address : What we have learned from a decade of research aimed at improving psychotherapy outcome in routine care. Psychotherapy Research 17 ; 1-14.

Lindner R (1955) The Fifty-minute Hour : A Collection of True Psychoanalytic Tales. New York : Bantam.

Mackrill T (2011) A diary-based, cross-contextual case study methodology : Background for the case of "Jane and Joe". Pragmatic Case Studies in Psychotherapy 7 ; 156-186. (Available : http://hdl.rutgers.edu/1782.1/pcsp_journal)

McLeod J (2010) Case Study Research in Counselling and Psychotherapy. London : Sage Publishing.

McLeod J. (2013, in press) Increasing the Rigor of Case Study Evidence in Therapy Research : Pragmatic Case Studies in Psychotherapy.

Morgan DL & Morgan RK (2009) Single-case Research Methods for the Behavioral and Health Sciences. Thousand Oaks, CA : Sage publishing.

Morrow SL (2005) Quality and trustworthiness in qualitative research in counseling psychology. Journal of Counseling Psychology 52 ; 250-260.

Norcross JC & Wampold BE (2011) Evidence-based therapy relationships : Research conclusions and clinical practices. Psychotherapy 48 ; 98-102.

Rennie DL (1994) Clients' deference in psychotherapy. Journal of Counseling Psychology 41 ; 427-437.

Stiles WB (2007) Theory-building case studies of counselling and psychotherapy. Counselling and Psychotherapy Research 7 ; 122-127.

Strupp HH (1980) Success and failure in time-limited psychotherapy : A systematic comparison of two cases : comparison 1. Archives of General Psychiatry 37 ; 595-603.

Watson JC, Goldman RN & Greenberg LS (2007) Case Studies in emotion-focused treatment of depression : A comparison of good and poor outcomes. Washington DC : American Psychological Association.

Yalom I (1989) Love's executioner and other tales of psychotherapy. New York ; Harper Perennial.

● http://kongoshuppan.co.jp/ ●

新訂増補 子どもと大人の心の架け橋

心理療法の原則と過程

村瀬嘉代子=著

「〈臨床〉とは，そもそも病床に臨むことを意味するが，私の立場はあくまで基本的には，個人の内面に身を添わせつつ，その視点から人間や社会，時代を理解しようとするものである……」（本書より） 本書は，子どもの心理的援助を構造的に理論から実践まで論じた重要論文「子どもの精神療法における治療的な展開」を含む，著者の臨床の原点ともいうべき著作であり，ごく初歩的な面接の基本が平易に書かれているように見える。しかし，実践を積んだ臨床家であるならば，ここに書かれている基本の「徹底」こそが，あらゆる臨床課題の最大の骨子であることに気づくだろう。今回改訂にあたって，大正大学における「最終講義」を新たに収録した。　定価= 2,940円

発達障害支援必携ガイドブック

下山晴彦・村瀬嘉代子=編著

発達障害の基礎理解，診断学，アセスメントにより，今ここにある問題を柔軟に理解し，当事者のニーズに応える的確な支援を協働的につくりあげること。この両輪は発達障害支援の要といえる。本書の目指すロードマップを語った第Ⅰ部，発達障害理解の方法を語った第Ⅱ部にひきつづき，第Ⅲ部では学校生活において直面する問題解決支援の具体的方法を，特別支援教育，応用行動分析を軸として解説する。つづく第Ⅳ部では，大学生活や就労などの社会生活支援，親訓練や家族教育プログラムなどの家族支援，そして障害受容の先で当事者と家族が「発達障害と共に生きる」という課題を考え抜く。発達障害当事者が生きる世界を理解して支援を構築することが要請される今，だからこそ求められる支援者必携ガイドブック！　定価= 6,090円

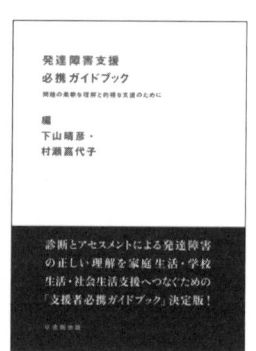

統合的心理療法の事例研究

新保幸洋編著／出典著者：村瀬嘉代子　最高の「統合的アプローチ」入門であり，また最良の「村瀬嘉代子臨床」の解説書といえる。ここには心理療法のエッセンスが簡潔に要約されている。　4,410円

統合的心理援助への道

村瀬嘉代子編　村瀬嘉代子と田中康雄，村山正治，中井久夫，滝川一廣，青木省三，新保幸洋による，理論に現実を合わせないという対人援助者のあるべき姿をめぐる対談集。　2,520円

精神療法の深さ

成田善弘著　精神科診断面接における留意点，面接を構造化するポイント，臨床現場の実感など，全編に達人の臨床記録がちりばめられた「成田善弘の精神療法」の全体像と本質。　3,990円

精神療法面接の多面性

成田善弘著　治療関係と構造，面接の方針，臨床現場における多面的な課題を取り上げ，精神療法面接をいかに行うべきかを解説した，精神療法家のためのすぐれた実践書。　2,940円

Ψ 金剛出版　〒112-0005　東京都文京区水道1-5-16　電話：03-3815-6661　FAX：03-3818-6848
URL：http://kongoshuppan.co.jp　e-mail：kongo@kongoshuppan.co.jp

（価格は税込（5％））

III

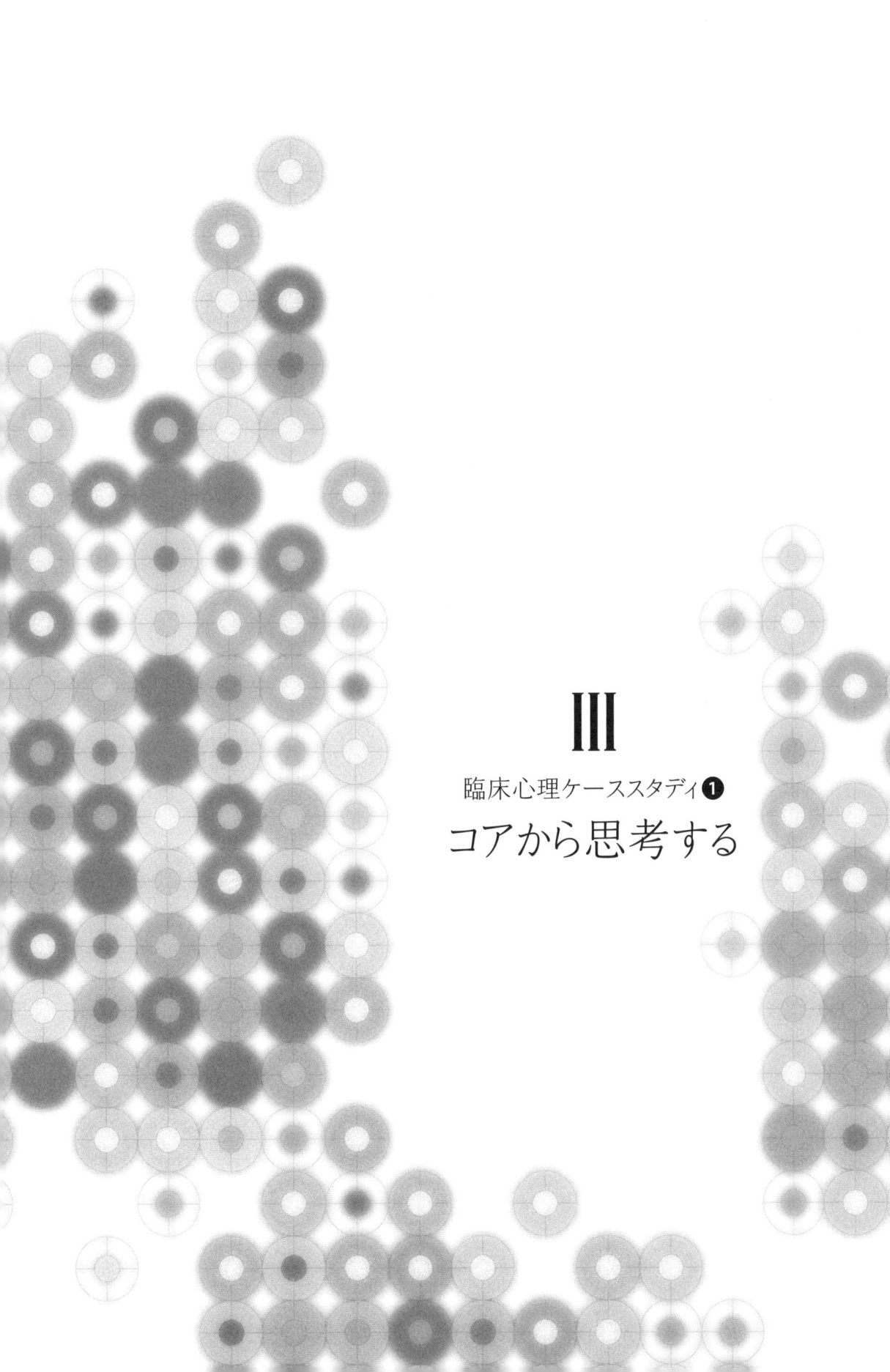

臨床心理ケーススタディ❶
コアから思考する

実践領域に学ぶ
臨床心理ケーススタディ

医療

場面緘黙を呈した一女児への心理療法の検討

三浦恭子 *Kyoko Miura*
村上伸治 *Shinji Murakami*
山田了士 *Norihito Yamada*
青木省三 *Shozo Aoki*

川崎医科大学精神科学教室
川崎医科大学附属病院心理臨床センター

I 事例の概要

クライアント：A子（小2女児）
主訴：学校で声を出さない。
家族構成：父は会社員，母は専業主婦。本児の下に3歳離れた弟がいる。
病前性格：用心深い。
生育歴：話し始めは早く，初歩は1歳過ぎ。発達健診では，人を怖がり，母にしがみついて離れようとしなかった。A子の育児中，母親は育児ストレスから体調を崩したため，ほぼ外出ができず，A子が学校でしゃべらないのは自分が他の子どもと交わる機会を奪ってしまったからではないかと母親は心配していた。

　A子は幼少期の頃から人見知りが強く，絵を描く時は気に入ったキャラクターしか描かなかった。下に弟ができ，3歳になった年の秋から保育園に入園。その頃は他の子どもとも交流があり，先生とのやり取りも問題なかった。年中に上がり，保育園から「A子が全くしゃべらず，身動きも止まり，物も食べないしトイレにも行かない」との連絡があった。それ以降，家族以外の前では全くしゃべらなくなった。就学前に保健所からの勧めで精神科クリニックを受診し，広汎性発達障害という診断を受けた。小学校に入学後も学校では話さず，筆談であった。家族が学校の様子を尋ねてもあまり話したがらず，時に理由なく癇癪を起こすこともあった。そのためA子の様子を心配した母親が保健所に相談し，X年8月に保健所から紹介受診となった。

主治医初診時：A子は発語が全くなく，緊張が強いためか椅子を回転させ続けるなど落ち着かず，筆談を提案したがニコニコするだけで反応はなかった。ただ，診察を拒否しているのではなく，主治医の言動をよく見て観察しているのが分かった。それだけでなく，緘黙という形で距離をおきながらも，外界・現実社会にも興味を持っているように感じられた。

　学校ではいじめられたり，一人でいるということはなかったが，2, 3人の子どもについて動いている状況で，それは決して楽ではなく，不登校になり家庭に引きこもってしまう可能性があるのではないかと考えた。また家庭では，日常生活に必要な事項は話してはいるものの，言葉がA子の気持ちや苦しみを伝えるものとなっていないように考えた。A子には，まずは言葉を求めない，非言語的な関わりが治療的になるのではないかと考え，心理士に心理療法を依頼することとした。

心理士がA子と一対一の面接，主治医がA子と母親の合同面接と母親との面接を行うという形で，治療を始めることとなった。

II　経過

（A子の言葉は「　」，心理士（以下，Th）の言葉は〈　〉で表記する。面接場所は外来の心理室で，A子が遠方に住んでいるため，1月に1回のペースから始めることとなった）

1．初回面接（X年9月）

周りを少し見回しながら入室する。恥ずかしそうに下を向いて回転椅子を左右に動かして，時々視線を合わせる。表情はにこやかだが，緊張は強いように見える。事前に準備していた画用紙や折り紙を，窺うようにしてじっとみている。〈何がいいかな？〉と尋ねるも，もじもじして首をかしげるだけで選べない。紙に「①お絵かき，②折り紙，③その他」と書き，〈読んでみるからそのとき"うん"ってやってもらえるかな？〉と言うと，少し迷いつつ応じる。ゆっくり読んでいくと②で小さくうなずいたため，折り紙をすることになった。〈A子ちゃんはいろいろ折れるのかな？〉と尋ねたが反応なく，〈いろいろな大きさがあるね〉と声をかけながらThが折り紙の箱を見ていると，A子も箱をのぞき込んだ。鶴しか折れないThが鶴を折り始めると，遅れてA子も折り始めた。よく見るとA子は鶴ではなく器用に「鳥」を折っていた。〈上手だね〉と言うと嬉しそうににっこりと笑った。時々箱庭の人形の棚を気にしており，〈見てみる？〉と声をかけるが，少し離れた位置から静かに眺めるだけだった。Thの声掛けにはうなずいたり首をかしげたりで意思を示すことができるが，自発性はとても乏しく，とてもおとなしい女の子という印象であった。

初回面接時に考えたこと

A子は広汎性発達障害の可能性がある場面緘黙であり，それまでの生育歴からはA子が人の言動に非常に敏感であり，内に閉じこもりやすいことが考えられ，A子を脅かさないコミュニケーションの糸口を見つけようと考えた。しかし，発語や自分からの動きはないので，Thは，自分の考えを少し明確に差し出す形（選択肢を示す，折り紙をThが折り始める，など）で面接を始めた。その際，A子が拒否できる余地を残し，できるだけ侵襲的にならないように心がけた。

2．折り紙を介して，少しずつ発話が見られる時期（#2～#6（X年10月～X+1年4月））

2回目の面接では，〈こんにちは。風邪とかひいてないかな？〉と声をかけると，小さい声で「ひいてる」と答え，A子は初めてThの前で言葉を発した。しかし，A子はそれ以上言葉を発さず，小さくうなずくのみであった。自分からは折り紙に手を伸ばさないが，〈前折ったどんぐりはどんなだったかな〉とThが折り紙を手に取ると，A子も後についてどんぐりを折り始めた。A子は用意していた折り紙の本を見たそうにしており，一緒に眺めていると「このうさぎ作ったことある気がする」とA子は小声でつぶやき，うさぎを一緒に折ることになった。A子は慣れた手つきでどんどん先に進むが，もたもたしているThに気が付いてペースを落としてくれたり，Thの手から折り紙を取り，難しい部分を手伝ってくれたりした。A子は白い大きな折り紙を，Thはグレーの小さな折り紙を手に取ったため，折り終わって並べてみると大小色違いの2匹のうさぎができあがり，〈うさぎの親子だね〉と言うとA子は嬉しそうにした。A子は構成力が高く，発想も豊かで，Thはいろいろな折り方を教えてもらう形で関わった。面と向かって話をするというのでなく，何かをしながら話すことが，A子には安心できるようであった。

#3では，A子が自分から「鳥」を折り始める。〈いっぱい作ったら動物園ができそうだね〉と声をかけると，すぐにA子は画用紙に「鳥」を貼っていくアイディアを思いついた。細かいプランを立て，動物を貼る時にもテープが剥がれにくいように工夫をした。これまではただ折って終わりだったものが，「動物園」という一つの作品を完成させるという目的ができ，少しずつA子が遊びをリードしていくようになった。配置もすべてA子が考え，ThはA子の指示に従った。この頃，A子は作業に関係することでは少しずつ言葉が出始めていたが，友達や家のことを尋ねると黙ってしまうことが続いた。

#5から，折り紙の最中にA子は自分の座っているキャスター付きの椅子を思いきり後ろにひいて机にぶつける行為をするようになった。向かいに座っているThが机と一緒に後ろに押されるほどの勢いでぶつかり，Thの手元が狂ってしまうのを見ると，A子はそれを面白がって何度も繰り返した。ある程度繰り返して気が済むと，また折り紙を始めるなど，少しずつ遊びに動きが見られるようになった。「動物園」を作るようになってからは，前回を振り返り，次回の予定を確認するなど，面接に連続性も出てくるようになった。この頃には，学校の行事や友達とのことなど，現実的な話題にも単語レベルではあるが少しずつ言葉を返すことができ始めた。

この時期のまとめ

#2から，A子は小さな声で短くではあるが話し出した。折り紙はThがリードするものから，A子がリードするものとなり，折られるものも，うさぎ，鳥へと進み，やがて動物園へと進んでいった。そのうち，A子が動物園についてプランを立てるようになり，前回の作品に新しい作品を加えていくという形で，面接に連続性が生まれるようになった。

#5の頃から現れた椅子を引いて机にぶつける行為には対応に戸惑ったが，A子のその他の面（折り紙の創作やThとの会話，表情や雰囲気）が良い方向に向いているので，あえて止めずにそのまま受け止めることとした。

主治医との面接では，学校で話さないA子がいじめの対象になるのではないかと母親は不安を抱いていたので，学校での様子を担任教師に尋ね，学校でのA子の様子を教えてもらい，対策を立てることなどを助言した。

3. 遊びの中の表現が活発になる時期（#7～#15（X+1年5月～X+2年1月））

#7では，折り紙に加え，描画を始める。卓上カレンダーを衝立にして絵を描き，Thがわざとのぞこうとすると「きゃー！　だめー!!」と言いながら必死に隠し，Thが諦めたふりをするとちらちらとThの反応をうかがうといった，駆け引きのようなやり取りを好んで繰り返した。また，Thが折り方が分からないでいると「私は折れるよ！」と得意げに見せたり，けらけらと声を出して笑うなど，明るく活発になっていった。同時に，椅子を回転させたり，椅子を机にぶつけたりすることも増え，遊びも次々変わっていった。Thとの駆け引きやいたずらをするときのA子は，学校で言葉が出ていないことを忘れてしまうほどの自然な会話ができた。しかし，ある回で部屋の戸がまだ閉まっていないとき，Thに何かを言おうとしたA子は慌てて口をつぐみ，戸がしっかり閉まったことを確認してから話し始めたことがあり，A子の抱えている不安や苦しさを改めて再確認することもあった。

#13では，A子が初めて「人を作る！」と言い，A子は男の子を，Thは女の子を分担して作ることになった。次の回で二人を「動物園」に入れたA子は「もっと人を増やそう」と目を輝かせた。一方，平和な「動物園」とは対照的に，この頃の描画では，「いじわるハムスター」と名付けられた，サングラスをかけて煙草を吸うハムスターや毛を真っ赤に染めたハムスターを描くようになっ

た。赤や青のペンでアイシャドーや口紅を激しく塗り，ちょっと描いては次々と新しい紙を取り出し，沢山の「いじわるハムスター」を描いた。〈これは怖そうだね〉とThがコメントをすると，ますますエスカレートし，いつもにこにことおだやかなA子とのギャップを感じた。しかし，「いじわるハムスター」を描くときのA子はとても生き生きとしており，Thは〈怖いね〉〈すごいね〉と時々コメントをしながら見守ることを続けた。

この時期のまとめ

A子のコミュニケーション能力は，ぐんぐんと伸びていった。Thの反応を窺い，駆け引きやいたずらをするという複雑なやり取りを楽しむようになった。折り紙に動物だけでなく，人間が出てくるようになり，それに加えて，「いじわるハムスター」という可愛い悪役も出てくるようになった。抑えられていた攻撃性が，Thとのやり取りや遊びの中で表現され，Thはそれをできるだけ自然に受け止めるように心がけた。

主治医との面接では，母親は同級生の親からA子の教室での様子を聞き，やはりA子が孤立するのではないかと不安を抱いていた。しかし，学校では話してはいないものの数人の友達の中に入っているようであったので，「言葉にすることを促さずに，待ちましょう」と助言した。

4. 遊びが落ち着いてきた時期
(#16 〜 #24（X+2年4月〜X+3年4月))

1回キャンセルとなり，前回の面接から2カ月近くあいたため，A子は少し緊張が強いようであったが，「いじわるハムスター」が描かれた紙を机に並べ，「これ描く」と言い，いつものように衝立をして絵を描き始めた。衝立の上からA子がThの絵を覗こうとするので，〈駄目だよ，見ないでね〜〉と返すといたずらっぽく笑い，できあがった絵をお互いに見せ合うことが自然にできた。絵を描きながら〈お友達とはどんなことして遊ぶの？〉と尋ねると「ゲームとか……この前はモールでリボンとかハートとかいろんなもの作った」と初めて友達の話が語られた。また，遊びが次々と変わることがだんだんと少なくなり，折り紙の折り方は丁寧になり，椅子を机にぶつけることも減っていった。面接の終わりには，「待って，最後！」とA子が自分から遊びに区切りをつけようとすることも見られた。

1年ほどは描画が中心であったが，#22では突然「動物園」作りをすると言い始めた。A子は女の子を，Thがおじいさんを作ることになり，作り終わると，「これ，孫とおじいちゃんみたい！」と言って，テープで手をくっつけ，祖父と孫が仲良く手をつないでいる場面を作った。以前作った男の子と女の子はそれぞれ違う方向を向いていたが，このときは孫とおじいちゃんという関係性ができ，横並びで同じ方向に向いたのが印象的であった。〈紙がいっぱいになったら？〉と尋ねると，「「動物園」の横に紙をつけて公園を作る！」と声を弾ませて答えた。この頃には，Thに自分の使っている折り紙を「半分使う？」と分けてくれるなど，やり取りが自然にできるようになった。学校や友達という集団の中では自己表現が難しいが，A子の作った世界はとても生き生きとしており，「動物園」から「公園」へと世界が広がることと同時にA子自身の世界の広がりの可能性が感じられた。

この時期のまとめ

面接室での変化はいくらか穏やかになったが，確実に変化していった。Thとのやり取りを楽しみ，友だちの話も出てくるようになり，折り紙も動物園に公園を付け加えるという形に発展していった。いろいろなものに興味が移ることも減り，落ち着きが出てきた。

主治医との面接では，母親はA子も学校で少しずつ話すようになったし，友達とも元気に遊んでいるので，そろそろ面接に来るのを

やめてもいいだろうか，と話すようになった。それに対して主治医は，面接をやめてしまうのではなく，間隔をあけながらもうしばらく面接を続けることを勧めた。

5．面接室での遊びが役割を終えてゆく時期（#25～現在（X+3年5月～X+5年4月））

5年生になったA子は，お姉さんらしくなり，背も急速に伸びていた。#25では迷った末に折り紙を手に取ったが，折ることはせず，にこにこしながら手持ち無沙汰な様子で椅子を回転させた。〈もうあまり折り紙では遊ばないかな？〉と言うと小さくうなずく。〈休み時間は何をするのかな？〉と尋ねると「外で縄跳び……」と答え，〈ここでできることが少なくなってきちゃったね。今日どうしようかな？〉と声をかけると少し困ったようにはにかみ，絵を描き始めた。しばらくすると「今何時かな」とThに遠慮がちに尋ねる。時刻を伝え〈早く終わってもいいんだよ〉と言うとほっとした表情になり，その回は早めに切り上げた。面接での様子を主治医に伝えたところ，主治医からA子に交換日記の提案が出された。

次の回で交換日記について尋ねたが，「今日持ってくるの忘れた」とか「今日はあっちにある（ドアの外をさす）」といろいろな理由をつけ，日記を持参することはなかった。A子が語ること以上に深くは聞かず〈良かったら今度見せてくれるかな〉とだけ伝えると，A子は「うん」と答えた。Thとの交換日記は進まなかったものの，何人もの友人とは交換日記が続いているらしく，〈どんなことを書くの？〉と尋ねると「内緒」とにっこり笑った。学校でも少しずつ話すようになり，友達と良い関係を築けていることがうかがえた。また，面接の最後には，次回の予約日をA子の口から直接Thに伝えてくれるようになった。

早く終えた#25以降，面接時間は徐々に短くなった。しかし，漫画のことや，学校での様子も少しずつ話してくれるようにはなったものの，自発的に話すことはほとんどなく，Thの質問に返答する形であった。遊びも気乗りしない様子だったため，面接の時間がA子にとって苦しくはないだろうかと不安に感じた。しかし，言葉だけになると面接が行き詰ってしまうことは容易に想像できた。考えた末，以前うまくいかなかった交換日記をもう一度やってみることをThから直接A子に提案した。〈今回はまず私が先に書いて，それでA子ちゃんも何か気づいたことがあったら書いて，という感じでやっていくのはどうかな〉と切り出すと，A子はきちんと視線を合わせて聞き，「うん」と返事をした。次の回にThが書いた日記をA子に渡すと，黙って受け取り，その場では読まずに家に持ち帰った。

数日後，A子の母親から電話があった。A子がThとの交換日記を書いたのだが，次の面接まで日があくため，日記を母親からThに届けて欲しいと言っているという相談の電話で，日記を郵送していただくこととなった。後日届いた日記には，「Bちゃん，Cちゃんとの3人グループでいつも一緒にいるのですが，もうすぐ修学旅行があり，BちゃんにCちゃんを仲間外れにしようと誘われた。わたし（A子）はどちらとも仲良くしたいと思っていてどうしたらいいですか」という内容が3ページにわたって書いてあった。とても詳細にびっしりと書かれており，悩んでいるA子の気持ちが読んでいるThにも伝わってくるものであった。返事の書き方を迷ったが，相談してくれてありがとうということを伝え，BちゃんCちゃん二人共と仲良くしたいと思い，悩んでいるA子の気持ちに共感を示し，しかし正解は見つからない，アドバイスができずごめんなさいと書き，返送した。

次の面接では，Thの方から〈日記を書いてくれてありがとう。お友達とのこといろいろあったんだね〉と言うと，A子は少し恥ずかしそうに視線を逸らして「うん」とだけ答える。〈あれからお友達とは大丈夫だったかな？〉と聞くと，「うん，大丈夫」と言葉は少なかったが，表情は穏やか

で、それ以上お互いに日記の話は広げず、いつものように鶴などを折って過ごした。この頃には椅子を回したりぶつけたりすることはなくなり、落ち着いた穏やかな時間が流れた。面接の中では言葉のやり取りがいくらか続くようになり、話題にも広がりが出始めた。交換日記は郵送以来A子が持参することも話題にすることもなく、〈何かあれば書いてきてね〉とだけ伝えている。

中学入学前の面接では、「中学に入るから」と髪をばっさりと切り、新しい環境に踏み出そうとしているA子が頼もしく感じられた。その日も二人でゆっくり折り紙を折りながら過ごした。A子は「(小学校が終わるのが)寂しい」と言い、期待と不安が混じったような気持ちをぽつぽつと話したが、最後には、「部活を何にするか迷ってる」と笑顔を見せた。

この時期のまとめ

A子は前ほど折り紙や描画に興味を持たなくなり、面接も単調になってきた。面接での遊びはその役割を終えたように感じられた。遊びを通してのやり取りから言葉でのやり取りへと考え、交換日記を提案するが、それにはなかなか乗らなかった。だが、Thが先に日記を書くことによって事態は予想外に展開した。A子が友人関係の悩みを記してきたのである。人に悩みを言葉で相談する、おそらく人生で初めての体験であろう。正解があるものではなかったが、Thは悩みを共有して一緒に考えていこうと思い、返事を記した。Thにはこの日記がA子の卒業論文のように感じられた。

主治医との面接では、母親はA子が学校で元気に過ごしていることを話した。A子も診察時、それまでは全く発語がなかったが、しだいに小声ではあるが話すようになった。面接は、学期に1回くらいに減らしながらも継続している。

Ⅲ 考察

1.「枠」を外して考えてみる

通常であれば、主治医が発達障害かそうでないかを診断した上で、それに応じた心理療法を心理士に依頼する形を取ると思われる。だがこのケースでは、緘黙のためもあり、方針をはっきりできないまま心理療法をスタートせざるを得なかった。治療者は、発達障害がある可能性を念頭に置きつつも、A子に合わせて、コミュニケーションのチャンネルを探すことから関わりを始めた。そして治療者との信頼関係が徐々に育まれる中で、A子はコミュニケーション能力を伸ばしていったと考えられる。

もし最初から広汎性発達障害と診断され、発達障害の前提で心理療法が依頼されていたら、同じ経過をたどっただろうか？ 筆者らは、発達障害という診断に引きずられ、社会性やコミュニケーション障害をより固定的にとらえてしまった可能性があるのではないかと考える。クライアントにはっきりとした診断がある場合には、それを十分に踏まえた上で心理療法が行われるべきであるのは当然である。だが、本例のような障害があるかどうか微妙なケースにおいては、クライアントの持つ発達障害的な特性に留意しつつも、診断などのクライアントにはめられた「枠」を外して考えてみることも必要ではないかと考えるのである。「この子は〇〇病」「この子は〇〇障害」という既成概念は、治療者の発想や具体的な関わりを制限するだけでなく、クライアントが持っている成長の可能性をも制限してしまう可能性があるのではないかと考えるからである。そして、考えてみると、このことは、発達障害かどうか微妙なケースに限ったことではない。どのようなケースに対しても、治療者やクライアントを縛る「枠」を外して考える視点を持ってみることが大切である。特に発達障害については、発達障害という診断を前提にすると、心理療法の可能性が無視されたり、

心理療法を行うにしても，治療者の発想がひどく制限され，自然で生き生きした心理療法ができなくなるように思われる。

2. リードするものから，リードされるものへ

A子のように緘黙だったり，口数が少なくなったりして，自分から発信していく力の乏しい子どもに対しては，治療者はクライアントをリードしていくような能動的な姿勢が求められる。本例では，最初の関わりとなった折り紙についても，無理にでも折り紙をさせようとするのは侵襲的になるため，何気なく治療者が鶴を折り始めてみると，A子が興味を示してA子は「鳥」を折り始めた。最初は少し積極的に関わりを始めても，徐々に治療者がA子についてゆくような形になっていったし，治療者としてもそう心がけた。このようなケースでは，治療者が受け身でも治療はうまくいかないことも多く，また，治療者が積極的に関わる形だと，治療者が終始クライアントを引きずり回すような治療になってしまいがちなので注意が必要である。「リードする」から「リードされる」への切り替えも，意図的にできるものではない。本例では，治療者は折り紙が得意でなかったため，A子は自分が教えてあげたい気持ちになったと考えられるし，治療者もそれを素直に受け入れることができたため，「リードされる」への切り替えがスムーズになされたと思われる。この「クライアントに教えてもらう姿勢」がクライアントの「教えてあげたい気持ち」を生み，それがクライアントの主体性を育んだと，筆者らは考えている。

3. 「言葉」にとらわれないこと

A子は心理療法の2回目から発語がみられるようになった。だが，治療者は声が出始めたことにあえて触れないように，自然に接することを心がけた。治療的な良い変化は，わずかな変化で始まることが多いので，それに光を当てて意識させてしまうと，せっかくの良い変化が消えてしまうことが少なくないからである。治療的な良い変化を，治療者がつぶしてしまわないように気を付けたい。特に主症状が緘黙であれば，声が出始めたことを話題として扱ってしまいやすいので注意が必要だと思われる。小さな良い変化は，注目し過ぎず，無視もせず，さりげなく育むことが大切と考えながら，筆者らは治療を行なっているのである。

文　献

青木省三（2012）ぼくらの中の発達障害．ちくまプリマー新書．
村上伸治（2007）実戦 心理療法．日本評論社．
村瀬嘉代子（2003）統合的心理療法の考え方──心理療法の基礎となるもの．金剛出版．

医療

ケースに学ぶということ
── 精神科成人期の事例から

花村温子 *Atsuko Hanamura* 　　埼玉社会保険病院 心理療法室

I　はじめに

　河合（2001）は，「臨床心理学の研究においては，事例研究が極めて重要である。そのことは臨床心理の実際に従事している者にとっては自明に近いものである」と述べ，また村瀬（2001）は，「事例研究とは，治療者が自身の素質向上を目指し，かつ望むらくは，技法の工夫，理論の提示を当面の目的とするがその結果はクライエントの関わりへ還元され，活かされていくものでなければならない」と述べている。これらは，『臨床心理学』誌の創刊号である第1巻第1号に掲載されている。第1巻第1号の特集は「事例研究」であった「事例より学ぶ」ということが臨床心理学の学びの基本である，ということをあえて押し出した創刊号だったのではないかと思われる。今回も「原点に立ち戻る」という意味の込められた増刊号かもしれない。

　「臨床心理の営みは人の精神的生の根幹にかかわるもの」（村瀬，2001）であるからこそ，クライエントの方がどのように困難を克服していかれるのか，抱える病がどのように治癒に向かっていくのか，ということだけでなく，私たちはその方の生きる姿勢や，物事に対する考え方に学ばせていただくこともある。今回，そういった観点から日々お会いするクライエントと関わりのなかで，セラピストである自分が学び，感じていったことを中心に論じたい。理論や技法に沿っての考察を中心とした事例研究は優れたものが多数存在するので，他を参照されたい。なお，紹介するケースは，本質を損なわない程度に若干の改変を加えさせていただき，個人の特定ができないように配慮している。

II　事例1 ── 統合失調症のA子さん

　A子さんは，私が学生時代に実習をしていた病院で出会った統合失調症の女性で，当時40代半ばであったと思う。おそらく発症後20年以上経過している方で，歯はほぼなく，老婆のようにも見えたが，笑顔は無邪気な少女にも見える方だった。病棟のデイルームで出会った私に，「あなた，だあれ？　入院？」と問いかけてきた。「実習生の花村です。入院ではないのですが，新入りなのでよろしくお願いします」と答えると，A子さんは「新入り」の私に，病棟のルールをはじめ，いろいろなことを教えてくれた。私の頭を「可愛いね」と撫で，手をつなぎたがり，純粋に妹のように私のことを可愛がってくれた。病棟スタッフによると，A子さんは今まで，年齢を重ねても「A子ちゃん」と呼ばれ，年下扱いされてきた傾向が

あったが，今回実習生の出現によって「お姉さん」的な役割を担って積極的に動こうとしている面が見えたとのことだった。普段社会と接点を持たないA子さんが，この度の入院では自発性が多少育って退院につながったといい，看護スタッフや担当医も「年齢不相応に子ども扱いしてはいけないのだ」と改めて感じたと話してくれた。その後のA子さんは通院時に私に会うのを楽しみにして来られ，診察前に受付付近でちょっとしたやりとりを行うのが常となり，それが通院のモチベーションになったようである。私がこの病院を去ることを告げると，A子さんは「貸してあげるから大切にしてね」と壊れたキーホルダーや髪留め，きれいな石などが入った箱を渡しに来られた。「あげる」ではなく「貸してあげる」という言い方をされたことに，つながりを保ちたい思いが込められているのだろうと感じた。その箱は今でも私の手元にある。

この方との出会いは，また，統合失調症という病を持った方と接した最初のケースであった。統合失調症（当時は「精神分裂病」という呼称であった）というと急性期の幻覚，妄想といった症状の印象が強いが，これらの陽性症状をどうコントロールするのか，といった面にばかり眼が向きがちであったが，陰性症状への対処の難しさや，病を抱えた方が社会でどう生きていくかを支援することの大切さをA子さんとの出会いで学んだと思う。そして，狭義のカウンセリングではない形での関わりでも「その方に沿う」ということの大切さや，この人にどこまで触れてよいのだろうか（身体面も，心理的な面も含む），未熟な自分が関わって良い範囲はどこまでか，といったことも考えさせられた。人は人との関係で動き出すのだと感じ，私が集団精神療法に今でも関わり続けるきっかけともなった。先輩心理職や医師，看護師に支えられたことは言うまでもないが，「ケース」から学ぶ，生きたやりとりから学ぶ，ということの魅力に取りつかれた初めての経験だった。

III 事例2 ── 夫を失った後に出産を迎え，うつ病となったB子さん

B子さんは，初診時20代半ばの女性であった。高校生の頃にダイエットを行ったのをきっかけに摂食障害となり，高校生の頃も通院歴があった。拒食と過食を繰り返し，体力不足で仕事も長く続かないため，心配した母親が総合病院の精神科を受診させたのであった。医師からは抗うつ剤などの処方がなされたが，B子さんは数回通院したのち来院しなくなった。それから約2年後，「過食と落ち込みがひどい」と再びB子さんは来院した。この時B子さんは結婚を控えており，「今の状態では結婚生活を維持できないのでは」と不安になり，受診を決意したという。B子さんは何かをやると決めたら絶対にやり遂げるという意志の持ち主でもあり，そこに心配性の母が絡むと，いつもケンカになるということだった。無事に結婚式が終わり半年ほど経ったある日の診察で，B子さんは「先日実家で，母にまたいろいろしつこく心配されたので，ケンカして帰ってきてしまった。しかし母は私に渡したいものがあったらしく，私を追いかける途中で事故にあい，亡くなった」と話し，「私のせいで母が亡くなった」と泣いた。その直後，B子さんは妊娠がわかり，「この子が母の生まれ変わりかもしれない」と考えて前向きに出産に臨もうとし，通院は断続的になった。そんな折，そのような状態のB子さんを支えてくれていた夫に悪性腫瘍が発見され，手術が困難な部位の腫瘍であったため夫は死去し，B子さんは身重の身体で夫を見送った。無事出産したB子さんは，実家に戻り子どもを育て始めたが，3カ月ほどで頑張りきれなくなり，うつがひどくなって久しぶりに来院した。「私は母親として失格だと思う，生きているのが辛い，死んでしまいたい……」と述べたため，遠方ではあったが夫の母親に子どもを預け，入院治療を行うことになった。入院後抗うつ剤の点滴治療などで速やかに落ち着きを見せたB子さんは，退院後は定期的に通院し，保健師の訪

問や保育所の活用といった地域の子育て支援を受け、カウンセリングも開始し、その中で亡き夫への思いや亡き母への思いを言語化していった。B子さんが時間の経過とともに内省する中で述べたことは以下のようなことであった。「夫の葬儀後すぐに出産で、悲しむ暇もなかった。入院中、周りの方が優しく、癒される思いがした」「母が私を心配するときはいつも、言われたくないことを指摘されて自分の嫌な面が強調される思いがし、イライラしてケンカばかりしていた。母なりの愛情だったのだと今は思うが、それを伝えることができないまま母は旅立ってしまった」「父は、頼りにならないと思っていたが、不器用なだけで、私や母への愛情も感じられた」「夫には交際中に病気のことを伝えた。精神的な病気と知ったら去っていくだろうと思っていたが、何でも話してほしいと言われ驚いた」「入院してはじめて、きちんと治療を受けた気がする。それまでは精神科に通っている自分が嫌で、すぐに通院を辞めていた。自分の嫌な部分を見るのを避けていた。今は、子どものために、きちんと治していきたい。夫や母に言えなかった思いも話していきたい」今、B子さんは社会復帰を果たし、仕事をしながら、育児を行っている。

このケースは、B子さんが喪の仕事を通じ、亡き母との葛藤を乗り越えていったケースと思われる。人生の試練に何度も向き合わされたB子さんは、ひどいうつ状態に陥ったものの、悲しみから立ち上がり、再び歩んでいく力を取り戻していかれた。その姿に「人間の底力」「レジリエンス」といったものを強く感じた。治療・回復過程において、医学的な集中管理が必要だった時期、再発予防の心理教育的視点が大切だった時期、過去を振り返る内省を重点的に行う時期などがあり、主治医とも話し合いの上、その時のB子さんの状態に合わせた面接を行った。B子さんの歩みに沿わせていただいただけという気もしている。また育児に困難感を抱える母親への支援という側面からも、このケースから学んだことは多い。

Ⅳ 事例3 ── 末期がんでありながら「母親」の役割を選んで退院したC子さん

C子さんは、30代半ばの専業主婦であったが、腰痛を訴え整形外科に行ったところ、精密検査で悪性腫瘍が発見された。手術ができる状態ではなく、告知の上、抗がん剤と疼痛コントロール中心の治療方針が組まれた。入院してしばらくたったころ、病棟スタッフから、緩和ケアチームに精神的フォローの依頼が入った。病棟看護師長によると「スタッフには何も言わないが、一人でよく涙している」とのことであった。緩和ケアチームのカンファレンスを経て、心理職によるカウンセリングが導入された。C子さんのご家族は夫と子ども2人の4人家族で、長男は、小学校の入学を半年後に控えていた。C子さんは、自分の状態をよく理解されておられ、「もう長くないのだと思う」と述べ涙を浮かべた。ある日、C子さんのベッドサイドに訪問すると、テレビ画面に「美味しいスイーツ」の特集が流れていた。〈こういうのはお好きですか？〉と尋ねると、C子さんは「あまり興味ない。女性らしくないでしょ？」と力なく笑って述べたため、〈女性らしい、らしくない、ではなく、『C子さんらしさ』が大事だと思います。もともとC子さんはどんな感じ？〉と話しかけたところ、ハッとした様子で「自分らしさを病気で忘れていました。私は『いつも元気』な『お母さん』でした。子どもたちに『お母さん』をしてあげたい。長男の小学校入学姿を見届けたい」ということが語られた。この話題を病棟スタッフに伝えると、スタッフは厳しい状況のC子さんに対して何を話しかけたら良いのか迷ってしまっており、本人の思いを聞けずにおり、また日常の話題で話しかけることなど考えつかなかったとのことだった。病棟カンファレンスでは、本人の思いを実現させる方向でサポートしよう、という方向性で合意した。

C子さんは家族とも相談の上、在宅での治療を望むようになり、訪問看護や往診を行う医療機関

に転院することになった。退院前には外泊を行い，子どもたちに病気のことも伝えたという。退院の前日，訪室し話をしていると，そこにソーシャルワーカー，薬剤師もやってきた。三職種が同時に揃い，主治医もやってきて，夫も加わったため，本人やご家族に対して，今後に関しての説明を多職種が揃った形で行うことになった。C子さんは「皆さんのおかげで退院する決心がつきました」と述べ，退院していかれた。その後，長男の卒園式には出席することができ，入学式には参加できなかったもののランドセル姿を見届けて再入院後，永眠された。亡くなられたC子さんがお帰りになるとき，その場にいた付き添いスタッフ以外の医師も看護師も皆仕事の手を止め，エレベーター前のホールに出て，エレベーターのドアが閉まるまで頭を下げてお見送りした。数日後，夫が心理面接室を訪ねて来られ「無事に初七日が終わりました。妻は先生と話すのを楽しみにしていました。ありがとうございました」と思い出を語って帰っていかれた。

　このケースは，緩和ケアチームの一員として心理カウンセリングを行った事例である。人の死に向き合うことの重さや，心理臨床の仕事は日々命に向き合っているのだと再認識したケースでもある。また，お見送りの場面に遭遇したのはこのケースが初めてであった。命を全うされた方への尊敬の念と「どうぞ安らかにお眠り下さい，お疲れ様でした」という医療現場のスタッフたちの気持ちが，お見送りの際に自然に黙って頭を下げるという行為になったのだろうと感じられ，「医療現場に勤める者の姿勢」について考えさせられた。そして，緩和医療におけるカウンセリングは，身体治療を行う主科と並行しながら「最期までその人らしく生きる」ことを支えていくものなのだと身をもって実感した。また逆に，緩和医療でなくても，心理臨床の仕事は「その方が主体性をもって生きる」ことのお手伝いであり，どの場面でも共通なのだと再認識した。ご遺族の思い，親を亡くす子どものフォローなど，扱いきれなかった課題も多く残されたが，C子さんは解決しきれないこともあることを理解した上で精一杯生きられたのだ，と教えられた気もした。また，医師や看護師をはじめ他の専門職種が行っている治療や支援に関して意見交換する機会や，他の専門職の説明時に同席する機会もあったため，自分以外の職種がC子さんにどう関わるのか，また地域の社会資源，外部医療機関を含めた「チーム医療」の必要性と難しさなども，ケースを通じ，目の前に展開する事実から学ばせていただいた。そして改めて他の専門職を尊敬し，自分の行っている仕事を振り返る機会ともなった。今まで馴染みの薄かった身体疾患の知識習得に努めようとし，大切な人を亡くした方々のためのグリーフケアの大切さも感じ，学びを深めるきっかけになった。

V　今，あらためて「ケースに学ぶということ」

　いくつかのケースを提示し，目の前でクライエントをめぐって展開されるそれぞれの出来事のなかから，心理職として，そして一人の人間として感じ，学んでいった内容をご紹介した。学んだことには，今までの自分自身の心理臨床の在り方を見つめなおす観点が含まれていたように感じる。"CASE"とは，個々の具体的な実例・事例，という意味であるから，クライエントとして現れる方ばかりがケースではない。自分を取り巻く家族や，自分自身もケースになりうるだろう。例えば筆者自身，家族が入院治療を行うことになった時，患者家族としての不安を体験し，患者中心の医療とは何か，患者や家族の満足とは，などを考えた。ウィニコットの「移行対象」（1971/1979）という概念を大学院で学んだ時には，自分自身が幼児期に必ずウサギの人形を抱きしめていて，親が洗おうとすると嫌がったこと，幼稚園に入園すると友人との遊びが楽しくなり，小学校にあがるころにはすっかりウサギの存在を忘れたことを思い出し，

紹介されていた例と自分を重ね合わせて理解した。そしてそれは，どこかセラピストとクライエントの関係を思わせるものでもあり，一時的には関係性が密になるが，クライエントが自分なりの自立を見せ，セラピストとの関係を卒業していく過程のようでもある，ということも，自分自身を含むケースを通して感じたことである。

事例として挙げた3名の方々は皆，カウンセリングやセラピストをうまくリソースとして用い，主体的に自分の役割を果たしたいという思いに行きつき，結果的にそのことがその方々の「生きる力」を支えることとなった。社会の中で，家族の中で，人はそれぞれ役割を担っている。「母親」という役割一つとっても，その方が担っている役割は，その方の年齢，お子さんの年齢，夫の状況など含め個々の事情において違ってこよう。その方らしく，その方が行うべき役割を担えたと感じる時，人は主体性を発揮できたと感じられるのではないだろうか。「受け止められ，理解しようとする真剣な眼差しと聴く耳に出会い，自分を再び見出し自分らしい生き方をよりよく模索する主体性を取り戻し，育てる時間の体験」（村瀬，2009）を持ったクライエントは，その主体性のなかで「今後自分自身がどうしていくかに静かな決意をし，気持ちに折り合いをつけていく」（花村，2012）のであろう。あるケースに出会った時の自分自身のこころの動きや関わりのありよう，心理臨床家としての自分の気持ちの折り合いのつけ方，自分自身の生き方の癖なども，ケースとして振り返りの対象となろう。今回成人期のケースの紹介であったが，人生は連続しているものであるから，大人のケースにおける子ども時代のエピソードについて感じたことが，ある子どものケースで役立つこともある。逆も然りである。「精神療法で勉強したり修得したことは最終的には，その人が自分が生まれてからずっと今日まで生きてきた，そして今後も死ぬまで生きていくその歴史の中にそっくり溶け込んでいく」（神田橋，2000）のであり，ケースから学んだことは，心理臨床家としての血になり肉になり，その後のさまざまな場面で生きてくる。学習と体験が重なり合い共鳴した時に，身体がその感覚を覚えていくと言っては大げさだろうか。常にケースから学び，懸命に生きようとするクライエントの方を尊敬し，自分自身を振り返るという姿勢を忘れずに歩んでいきたい。

文　献

神田橋條治（2000）精神療法家. In：治療のこころ巻3 —— ひとと技. 花クリニック神田橋研究会, pp.57-60.

河合隼雄（2001）事例研究の意義. 臨床心理学 1-1；4-9.

花村温子（2012）性の悩みに直面した事例. In：村瀬嘉代子, 津川律子＝編：臨床心理学 増刊第4号, 金剛出版, pp.124-129.

村瀬嘉代子（2001）事例研究の倫理と責任. 臨床心理学 1-1；10-16.

村瀬嘉代子（2009）心理療法の過程 —— 生きられた時間を求めて. In：村瀬嘉代子, 岸本寛史＝編：臨床心理学 増刊第1号, 金剛出版, pp.70-73.

Winicott DW［橋本雅雄＝訳］（1971/1979）遊ぶことと現実. 岩崎学術出版社.

実践領域に学ぶ
臨床心理ケーススタディ

医療
精神科
—— 老年期・認知症

松田 修 Osamu Matsuda　　東京学芸大学

I　はじめに

　認知症とは，一度正常に発達した能力が何らかの原因によって病的，かつ，慢性的に低下した状態である。この状態を引き起こす原因は数多く，アルツハイマー病，レビー小体病，前頭側頭変性症などの脳変性疾患，脳梗塞，脳出血，脳血栓などの脳血管障害，その他，アルコールや感染症による脳症などが，その代表的なものである。
　認知症医療における臨床心理学の役割は意外に多い。その主たる理由は，認知症の中核症状はエピソード記憶や実行機能などの認知機能障害であり，これらの障害が患者の日常生活における適応行動障害を引き起こし，それらが患者の自己肯定感の低下，ひいてはQOLの低下を招くからである（図1）。
　認知症医療における臨床心理士の業務の中心は，心理検査による心理アセスメントである。しかし病状によっては，心理検査によるアセスメントが困難なケースも少なくない。このような場合でも私たちは，アセスメントを通じて認知症患者の治療やケアに貢献することができる。なぜなら，面接や観察など，心理検査以外にも私たちにはアセスメントの手段があるからである。
　本稿では，主に面接や行動観察を通じて患者をアセスメントし，その見立てに基づいて患者の適応行動障害の対応に取り組んだ3つのケースを紹介する。なお，本稿で紹介したケースは，類似の問題と対応を要した複数事例の臨床記述を統合したものである。

II　ケース①「買い物ができない軽度認知症患者への対応」

　Aさんは，娘家族と同居する70歳代の女性である。診察の結果，軽度のアルツハイマー病と診断されたAさんは，数カ月ほど前から買い物のたびに同じものを買ってくるようになった。長年家事を一人で担ってきたAさんにとって買い物はルーチンワークだった。それが今できなくなったのだ。しかもそれで自分は家族に迷惑をかけていると，Aさんは苦しんでいた。
　主治医からの依頼でAさんと娘の相談に乗ることになった筆者は，Aさんと娘の思いに耳を傾けた。「特売だとつい買ってしまう。でも，家に帰ってみると，それがある。昨日も買ったのだと気が付いたときにはがっかりする。娘は気にしないでと言ってくれるが，こんなこともできなくなったのかと思うと悲しい」と，Aさんは自身の状況を語り始めた。一方，娘は「買い物に出なく

医療 精神科 ｜ 松田 修

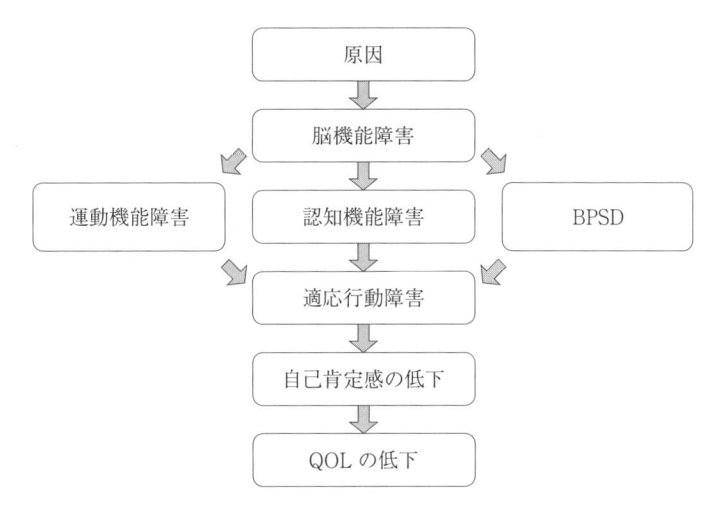

図1 認知症の障害過程

なったら，ずっと家にいることになる。そうしたら，もっと病気が進行してしまうかもしれない」と不安を語った。Aさんも，「買い物くらいは続けたい。少しでも家族のために役立ちたい」と，自らの思いを語った。

面接ではAさんと娘がこの問題にどう取り組んできたのかを詳しく尋ねた。その結果，メモには娘から言われた商品を書いていること，買い物に出かける際にメモを忘れないように常に財布と一緒に保管していること，メモに書いてある商品を買い忘れることはほとんどないことが明らかになった。つまり，メモは活用されていたのだ。ではなぜAさんは購入する必要のないものを購入したのだろうか。

筆者はAさんの適応行動障害のメカニズムについて，図2のような仮説を立てた。通常，私たちは，メモを確認することができれば，メモに記載している商品を購入することができる。メモに書かれていない商品が「特売」だったとしても，エピソード記憶のなかに「昨日も同じ商品を買ったばかり」という情報があれば，「買わなくては」という思いを抑制することができる。

しかし，エピソード記憶の低下したAさんは，昨日の出来事を想起することができなかった。ま

たワーキングメモリーの低下したAさんには，店内からの環境刺激のなかから必要な情報は保持しながら，不必要な情報を抑制することが十分にできず，結果として，「特売」表示や店員からのセールストークなどの刺激を冷静に処理できなかった可能性がある。加えて，元来，家族のために少しでも安くて良い商品を購入したいというAさんの思いは，購入動機をさらに高めた可能性もある。さらには，過去に物忘れで何度も失敗し，自らの行為に対する自信が持てなかったであろうAさんは，特売商品とメモを照合した際，「もしかしたら，自分が書き忘れたのかもしれない」と不安に思ったに違いない。こうした要因が交錯するなかで，メモに未記入の商品を購入するに至ったのかもしれない。

筆者は，「家族のために役立ちたい」，そして「自らの行為に自信が持てない」というAさんの2つの思いに注目し，心理検査や面接から得られたAさんの認知機能障害の病態に合った対応法はないかと考えた。そこでたどりついたのが，「買わないものリスト」である。

通常，私たちは，買い忘れを防ぐために，購入すべき商品をメモに記載する。しかし，Aさんのように，自らのメモそのものに自信が持てず，ま

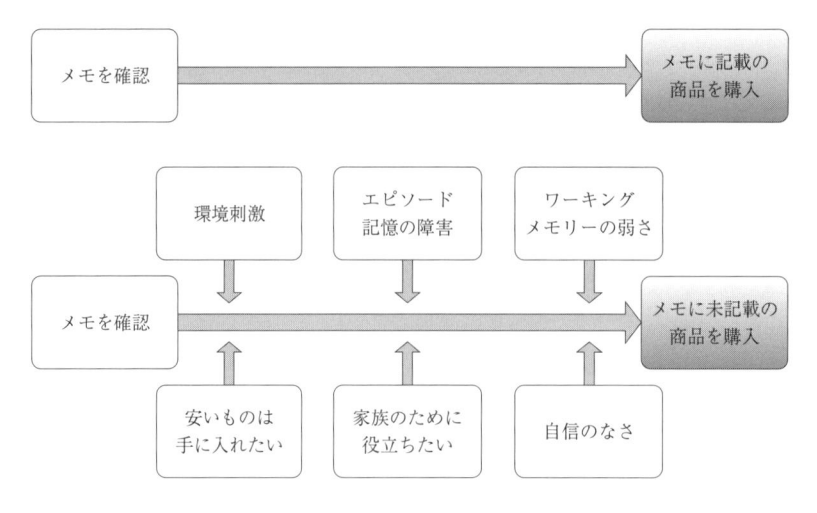

実践領域に学ぶ
臨床心理ケーススタディ

図2　事例Aの適応行動障害のメカニズムに関する仮説

た，記載忘れの可能性を冷静に判断したり，最近の購入状況を想起したりすることが困難な状態になっている場合には，「購入すべき商品」だけの記載では必ずしも効果的な手かがりとはならない。むしろ，当時のAさんの主訴を考えれば，「買い忘れ防止」よりも，「買いすぎ防止」に重点を置いた対応が必要であった。このために娘の管理のもと，Aさんには「買うべきもの」と「買わなくてよいもの」の両方を明記したメモを，新たなメモとして利用してもらうこととした。その後，Aさんの不安は解消され，同じものを何度も買ってくるという失敗は激減した。

当時のAさんは，買い物の際にはメモを必ず持っていくことが手続き記憶化されていた。エピソード記憶の障害は顕著であったが，書字情報の理解に大きな問題はなかった。運動機能障害はなく，通いなれたスーパーなら一人で安全に出かけることが可能であった。そして，家族のために役立ちたいという本人の強い思いと，それを何とか実現させたいと願う娘の思いが存在した。これらの条件が整っていたからこそ，Aさんに対するメモの工夫は成功した。もしこのとき，筆者が認知症の症状だけに注目し，本人や家族の思いに関心を持たなかったら，「買い物には行かなくても大丈夫です。これからは宅配サービスを利用してはどうでしょうか」と軽々に提案していたかもしれない。しかし，面接を通じて問題が起こっている状況を分析しつつ，本人と家族の思いを尊重したことで，Aさんの主訴の解決に貢献できた。安全を考えれば，できなくなったことはさせなければよいという方法も当然あった。しかし，本人に強い思いがある場合には，できなくなったことをさせない，という決断は軽々にはできない。ましてや本当にできないのかを確かめる努力もせずに，患者本人の活動を制限するべきではないと筆者は考えている。本ケースのように，「できない」という現実と「役立ちたい」という願いは時としてぶつかり合う。こうした心理が混在するからこそ患者は苦悩する。認知症を冷静に評価する技能（アセスメント）に加えて，本人や家族の思いを深く理解し，その思いに共感できる技能（共感的理解）が，認知症の心理臨床には欠かせないことを，本ケースを通じて筆者は学んだ。

Ⅲ　ケース②「夜間のトイレにたどりつけない中等度認知症患者への対応」

Bさんは自宅で妻と一緒に暮らす中等度認知症の男性であった。目立ったBPSD（Behavioral Psychological Symptoms of Dementia：認知症の脳症状）はなく，ADL（Activities of Daily Living：日常生活動作）も基本的には自律していた。ところがある日，妻から「おむつのことで悩んでいる」との相談を受けた。妻によると，日中はトイレに行くことができるのに，最近，夜間に起きてもトイレにたどりつけず，妻を起こすことが多くなったというのだ。夜だけは紙おむつを使ったほうがよいかという相談であった。

本人と妻におむつ使用についての意思を確認したところ，二人とも「できればしたくない」という回答だった。「まだまだ主人は大丈夫だと思うので，何か工夫ができれば……」と妻は話した。まずは行動分析を開始し，状況の把握に努めた。

認知症者の適応行動障害への対応を考えるとき，私たちは，最終結果である「行動」のみに注目しがちである。しかしながら，行動は，一連の情報処理の最終段階にすぎず，そこに至るどの段階の処理がうまくいかないのかによって，対応の仕方は大きく変わるはずである。筆者は，認知症の適応行動障害への対応を考える際の視点として，紫藤ほか（2008）による実行機能の行動モデルを適用することが多い。このモデルは，人間の行動を「意思」「計画」「実行」「調整」の4つの段階から理解しようする視点である（図3）。日中はトイレにたどりつけるのに夜間はそれができないのは，「トイレに行く」という最終結果に至る前の段階で，何かつまずきが起こっているに違いないと考えた。図3に示すように，Bさんには，「トイレに行く」という明確な意思（目標・動機）は存在する。しかし，「夜間」という状況下では，その意思を実行することができないようだった。妻から自宅内部の写真を見せてもらったところ，寝室を出た廊下は夜間真っ暗で，昼間とは状況が異なっていた。そこで筆者は「夜間でもトイレの扉を開けてトイレの電気をつけておくように」と依頼した。なぜなら，こうすれば，Bさんが夜尿意を感じてトイレに行こうと真っ暗な廊下に出ても，明るい方向へ歩いて行けば自然とトイレにたどりつくことができると考えたからである。しかも扉が開放され便器が見えることで，Bさんには容易にそこが目的地（トイレ）だと認識できると考えた。こうした対応の結果，Bさんは夜間でも自分一人でトイレに迷わずたどりつけるようになった。その結果，当時のBさん夫婦の悩みのひとつだった「おむつ使用」の開始時期を確実に先延ばしすることができた。

このケースを通じて，筆者は，適応行動障害への対応を考える際に，「問題」ばかりに注目するのではなく，なぜそうせざるをえないのかを系列的に評価し，分析する視点の重要性を学んだ。同じ活動でその活動を行う状況によって「できるとき」と「できないとき」がある。こうしたケースに対応する際には，「できるとき」と「できないとき」の状況比較が重要である。すなわち，「どうして今できたのか」「どのような好条件が重なったのか」，そして，「今，何が足りなかったからできなかったのか」を分析する視点である。どんな条件が整ったことでできたのかがわかれば，それは対応の大きなヒントとなるはずである。こうした情報を得ることも重要なアセスメントである。

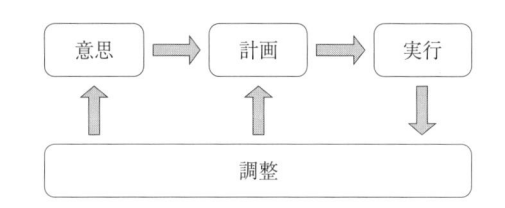

図3　実行機能の行動モデル（紫藤ほか，2008）から見た適応行動障害

実践領域に学ぶ
臨床心理ケーススタディ

Ⅳ　ケース③「不穏行動による転倒事故が心配された重度認知症患者への対応」

　Cさんは，認知症病棟に入院する重度認知症の女性である。元来，易怒性が強く，気性の激しいCさんは，当時，車いすを使用していた。病棟では不穏行動が目立ち，しばしば大声を出した。興奮する身体を大きく揺らすので，車いすごと転倒する危険を病棟スタッフはいつも感じていた。Cさんの不穏行動は病棟にいる他の患者にも影響した。Cさんの言動に対して「うるさい，黙れ」などと叫び始める患者もいて，病棟スタッフは対応に苦慮していた。薬物療法も試みたられたものの，功を奏さなかった。

　筆者は行動分析学的アプローチによってAさんの適応行動障害の発現機序を分析した。そして，想定された原因のなかから変容可能性の高いものを特定し，その軽減または除去を試みた（図4）。原因特定のための系統的評価から，Cさんの言動は他の患者に影響を与えると同時に，Cさん自身も他の患者の言動によって不穏になっていることがわかった。すなわち，ある患者が大声を出し始めると，Cさんも「うるさい，あっちいけ」と声を荒げ，体をゆすって車いすをガタガタと動かしていたのである。この観察から，Cさんには環境からの音刺激に反応する力が保持されていると考えた。そこで筆者はさらに音刺激との関連を分析するために，病棟内に騒音計を設置し，病棟内の騒がしさの程度（先行刺激）と，Cさんの不穏行動（標的行動）の出現頻度の関連を時系列的に調べた。

　図5はある日のCさんの観察データである。この図からわかるように，Cさんの不穏行動は周囲の音環境が増大すると出現する傾向が見られた。特に，後半（17フレーム以降）は，不穏行動が連続的に出現した。このデータを示しながら，病棟スタッフにCさんの適応行動障害の発現機序を説明した。

　原因のひとつは明らかになった。とはいえ，病棟内の音刺激のコントロールには限界がある。すべての患者の言動を調整し，また，病棟スタッフの業務で音を立てないということは不可能に近かった。また病前性格は変容困難である。興奮に対する薬物療法も功を奏さなかった。そして，観察から見出された環境因も，現実には変容困難な原因であった。

　しかしここまでの努力は無駄ではなかった。このデータを見たスタッフの一人から，なぜこの時間帯に病棟が騒がしくなったのかと質問された。筆者ははっとした。それは，食事介助の準備が病棟で始まり，パート職員の出勤やワゴンの運搬など，聴覚的にも視覚的にも病棟全体が騒がしくなる時間帯であった。

　ようやく見つかった原因であっても，それが変容困難なものであれば対応に直接結び付けることは難しい。しかし，その事実を知っていれば，予測に基づくセーフティネットの強化を行うことは可能である。Cさんの場合，ある時間帯の病棟環境が患者を興奮させる状況を作り出しており，しかもそれは避けがたいのだとしたら，その時間帯には最も回避したい転倒リスクを減らすための対

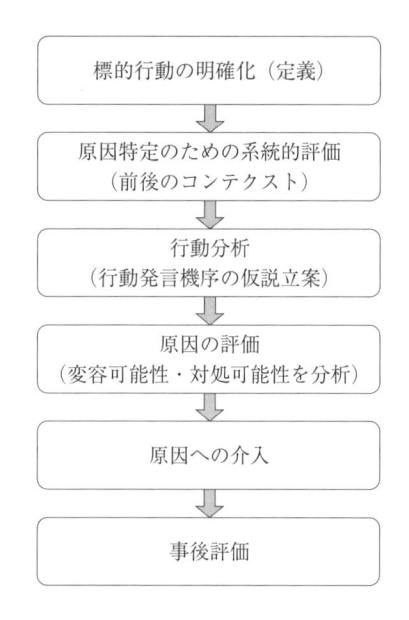

図4　行動分析学的アプローチの流れ

標的行動の明確化（定義）
↓
原因特定のための系統的評価
（前後のコンテクスト）
↓
行動分析
（行動発言機序の仮説立案）
↓
原因の評価
（変容可能性・対処可能性を分析）
↓
原因への介入
↓
事後評価

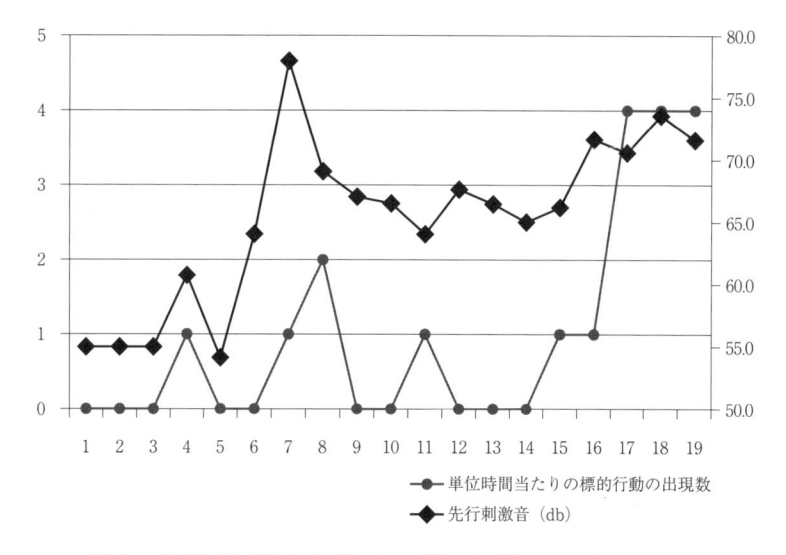

図5 病棟騒音（先行刺激）と不穏行動（標的行動）の出現数

応を行うことが可能である。Cさんの場合，食事準備の時間帯には担当スタッフを張り付け，Cさんが興奮したら車いすを支えることにした。限られたマンパワーで職務に当たらねばならない病院では，優先順位をつけて対応に当たらなければならないことが少なくない。しかし，本ケースのように，こうした判断を自信を持って行うための根拠がなかったら，こうした対応に踏み切ることはできなかったかもしれない。

V おわりに

医療現場における臨床心理士は，自らの専門性によって，医師や看護師や作業療法士などと協働・連携し，患者の診断や治療やケアに貢献することが求められる。中核症状を認知機能障害とする認知症であるからこそ，心理検査や行動観察による心理アセスメントで，私たちは認知症医療に大いに貢献できるはずである。たとえ心理検査ができなくても，系統的な行動観察（Serial Behavioral Observation）や，意図的介入に対する反応評価（Response to Intervention），そしてこれらに基づく行動分析学的アプローチの技能を高める努力は，超高齢社会を生きる私たちの責務である。

文　献

紫藤恵美,松田 修,斎藤正彦,西村俊樹（2008）生活場面における実行機能障害のアセスメント（第1報）――アルツハイマー病患者の実行機能障害. 老年精神医学雑誌19；1357-1364.

実践領域に学ぶ
臨床心理ケーススタディ

医療

総合病院小児科領域の心理臨床

阿佐美百合子 *Yuriko Azami* 聖路加国際病院こども医療支援室
小澤美和 *Miwa Ozawa* 聖路加国際病院小児科

I はじめに
―― 小児心理室と小児病棟の紹介

520床の総合病院の小児科領域で常勤の心理士として勤務し始めて，ちょうど10年がたった。主に，小児とその家族の心理的サポートを担当する臨床心理士ということで，院内では，小児心理士と呼ばれている。

小児心理士は，病院内ではコ・メディカル部門のこども医療支援室という部署に所属している。こども医療支援室には，保育士，心理士，チャイルド・ライフ・スペシャリストといった，子どもの成長・発達に関わるコ・メディカルスタッフが所属しており，小児科医（心身症専門）が室長である。部署の大きな目標は，病院内にいるさまざまな状況の子どもの支援を行うこと，である。主に小児科ケースに関わるが，小児科所属ではないので，他科からも依頼を受け，院内のさまざまな子どもと家族の心理的サポートを行う。

他科からは，交通外傷等の外傷後の情緒不安定，親が，がんその他の疾患や事故等で生命予後不良の状況にある子どもへのサポート，精神科からの心理査定依頼等がくる。

小児科ケース（外来）は，不登校その他の集団不適応，情緒不安定，発達障害，NICU（新生児集中治療室）卒業生の発達チェック，摂食障害その他の心身症，神経症，虐待等のケースが多い。そして，小児病棟で最も多いのは，小児がんケースである。

現在，小児がんの75～80％は治癒するといわれている。小児がんは，毎年小児人口の1万人に1人くらいに起こるとされており，稀な疾患といえるが，15歳未満の子どもの死因を見ると，第一位である不慮の事故に次いで，小児がんは第2位の位置を占める（細谷，2006）。主要な小児がんとしては，白血病，脳腫瘍，悪性リンパ腫，神経芽腫，ウイルムス腫瘍を主体とする腎腫瘍，網膜芽腫などが挙げられる。

子どもたちは皆，治癒を目指して治療に取り組む。が，完治は難しく，残された時間を少しでもよりよく過ごせるように考える緩和ケア的関わりが中心になっていくケースもある。

小児病棟は36床であり，小児外科，整形外科，形成外科など，小児内科以外の患児も入院しているが，病棟の入院患者の過半数は小児がん患児である。

小児病棟では，多職種によるチーム医療を実践しており，構成メンバーとしては，医師，看護師，看護助手，薬剤師，栄養士，保育士，医療ソーシャルワーカー，チャイルド・ライフ・スペシャリスト，心理士，訪問学級教諭，チャプレン

（牧師）がいる。

NICU は6床で、保育士1名が配置され、心理士が週1回ラウンドを行い、ベッドサイドで母子と関わったり、看護師らと連携を図っている。

小児病棟に長期入院する場合、病気や治療については、家族と相談しながら、医師が子ども本人にわかるように、折に触れて話をしていく。子ども・家族とじっくり関わっていく担当ナース（プライマリーナース）がつき、病気や治療、入院生活における相談窓口となる。また、侵襲的な医療的処置を行う際には、チャイルド・ライフ・スペシャリストが、子どもが前向きに取り組めるようにプリパレーション（検査や処置の段取りを、人形などを使ってわかりやすく説明し、心理的な準備を整える）を行う。日常生活においては、保育士がその子どもの発達状況に合わせた遊びや活動を提供し、入院中であってもその子なりの成長・発達をとげていけるように援助する。また毎月、保育士が中心となり、病棟行事（バーベキュー、夏祭り、ハロウィン、クリスマス会その他）が催される。行事によっては、普段病棟に入れない兄弟も参加できるので、家族皆の大きな楽しみとなる。学童児には訪問学級教諭による授業が行われる。経済面、療養生活上の相談は、医療ソーシャルワーカーが受ける。

心理士は、小児がんで入院する患児には入院時・退院時に必ずお会いする。入院中は積極的に介入していく場合もあれば、日常的には病棟スタッフに任せて、問題が生じた際にコンサルテーションに応じる形で関わる場合もある。

II 症例報告

1. 発達障害のある患児の入院治療を、チームで支える

- Aちゃん（入院時：小3女児、9歳）
- 病名：脳腫瘍
- 家族：父親（会社員）、母親（専業主婦）、妹（小1）、本児の4人家族
- 生育暦および経過：妊娠中、出生時、問題なし。幼少期から、眼振や視野異常の指摘あり、他院眼科受診。7歳で思春期早発症を発症し、検査で脳腫瘍が見つかった。その後、当院・小児病棟に、精査・加療目的で入院。本人には、「頭の中にできものがあり、そのせいで見えにくい。できものを治すために、治療が必要」と説明。

［1］入院間もなくの頃

入院直後から、スタッフルームや集中治療室、他児のベッドに入り込む、治療の副作用が出ている他児に、「ハゲ」「デブ」という、声が大きい、友達を呼び捨てにするなどのトラブルがあり、心理士の面接を早めに行うように医師から依頼が来た。

脳腫瘍という病気や病棟での様子から、一時的な気分や心理的なものだけでなく、器質的・機能的な背景がある可能性を考え、心理室で、面接のみでなく知能検査も実施した。

Aちゃんは、初対面でも、屈託なく話してきてくれた。こちらが咳をして謝ると、「謝らないで下さい」と気遣ってくれ、Aちゃんが大好きな飛行機について、熱く講義をしてくれた。検査には、非常に真面目に取り組み、目を近づけて作業を行う。感想がすべて口をついて出てきて、にぎやか。言葉で説明する際には、知っていることを全て教えてくれるが、その分要領を得ず、話すうちに話題がずれていく。

知能検査結果は、WISC-III にて、言語性IQ = 105、動作性IQ = 89、全IQ = 97 であり、年齢相応の範囲内だが、下位尺度間のばらつきは大きかった。知識や計算などは、よく身に付いている。社会常識は、知識としてはあるが、「〜したほうがよい」と知っていても、ではそれはなぜかという背景の理解は弱い。視力のハンディがある

が空間把握は非常に優れている一方で，状況理解は弱く，場を読むのは苦手，という結果であった。

病棟での様子とあわせ，アスペルガー症候群（以下，AS）を疑い，小児がん主治医と相談の上，発達障害に詳しい医師にチームに入ってもらうことになった。その後，発達障害主治医によりASと診断された。

両親に，小児がん主治医，発達障害主治医，心理士同席の話し合いで，ASの診断が伝えられ，皆で力を合わせてAちゃんの療養生活を応援していこう，と話し合った。父母は，ショックを受けつつも，「実は幼稚園で自閉症ではと指摘されたが，受診を迷っていた。その後，思い切って受診したが否定され，幼稚園・小学校と問題行動を指摘されてばかりで辛かった。ずっと心配だったから，相談できるならありがたい」と胸の内を語られた。

[2] 病棟での環境調整と本人・家族との関わり

発達障害主治医と心理士で，病棟スタッフ対象に，ASについての勉強会を複数回，実施した。病棟スタッフから，日常のAちゃんの行動や対応で気がかりな点や困っている点を挙げてもらい，具体的に相談していった。小児病棟は，病状が重く，化学療法その他，特に注意を要する治療を受ける患児が多い。Aちゃん自身，人生初めての入院で治療を受けねばならない状況にあり，これから受ける治療や病棟ルールをよく理解して療養生活を送ってもらうことが，Aちゃん自身の安全を守るためにも重要であった。

まず，病棟を代表する人として，副師長から，病棟のルールと，治療中守ってほしい点を，Aちゃんに明確に伝えてもらった。病棟での1日の流れや検査や化学療法の予定は，事前にプライマリーナースが具体的に伝え，Aちゃんが納得して一つ一つの治療を受けていけるように配慮した。病棟生活については，心理士，プライマリーナースが本人と相談をし，その時々の短期目標を決めてベッドサイドに貼り，本人の頑張りを病棟スタッフ皆と共有する形にしたところ，生真面目なAちゃんは，目標達成を目指して意欲的に過ごし，皆に褒められることが増えていった。友達との距離の取り方が難しく，友達と行き違ってしまったり，鼻血が出た際にパニックを起こしたり，その後もさまざまなことがあったが，困ったことがあったら心理士やプライマリーナースに話したらよいということを理解し，自ら話して来てくれるようになった。

心理士は，病棟での日常的な関わりのほかに，本人と週1回面接をし，一緒に飛行機模型を作ったり，好きな音楽を聴いたりしながら，その時々で本人が気になっていることについて，相談の時間を重ねていった。面接中，ふとAちゃんが言った「私は飛行機が大好きだけど，人間のほうが，もっと好きです」という言葉は，今も印象深く残っている。

母親とは，発達障害主治医が継続的に面接相談を行い，母親の気がかりを聴いたり，病棟でのAちゃんの様子について，話し合っていった。

プレイルームでは，保育士がAちゃんが興味を持ちそうな遊びを提供してくれ，研修医チーフは，世界のさまざまな飛行機の写真を渡し，Aちゃんを励ました。Aちゃんは，副作用に苦しみながらも，「少しでも目が良くなったらいい」と，実に健気に頑張った。

退院当日，目標を立派に達成したことを称える表彰状（飛行機の写真つき）をプライマリーナースが作成し，皆に見守られて表彰式が行われた。Aちゃんは，大喜びであった。

母親は，たくさんの病気を抱えているAちゃんを不憫に思い，母親として罪責感を強く持っていたが，入院後，混乱した状態から落ち着きを取り戻し，病棟で居場所を築いていったAちゃんの姿を見て，感慨深げであった。退院後も，心理士とのつながりは続いている。

2. 母親を見送る子どもへのサポート
    （緊急対応）

- 患者：母親（乳がん末期）
- 家族：父親（会社員），母親（主婦），Bちゃん（7歳，女児），Cくん（5歳，男児）
- 母の発病と経過：2年前に乳がん初発し，乳房切除。その後，肺転移，多発骨転移。痛みが激しく，症状緩和目的に入院。あと1，2日の予後が予想される状況。

［1］乳腺外科からの依頼と父の話

　乳腺外科の医師より，小児科医（心身症専門）と心理士に，子どもへの対応について父親の相談にのってほしいと依頼があり，父親にお会いした。

　父親曰く，「自分ですら，受けとめきれない。劇的に痩せ，昨日は話ができたのに，今日は眠ったままだし，子どもも何か変だと感じ取っていると思う。具合の悪そうな母親に近づけない」

　父親によると，「おっぱいに病気ができて，それをとったと子どもたちに説明をしたが，その後は普通の生活を送っていたから，病気は治った認識ではないか。半年前から変な咳が出て，受診したら，肺の転移が分かった。その後，足が痛くなり，杖がないと歩けなくなり，祖父母の援助を受けている。痛みがひどくなり，再度入院した。現実を受け止めてほしいとは思うが，自分が話すと泣いちゃうから，できれば医療者から子どもたちに伝えてもらえないか」。

［2］子どもとの関わり

　父親同席のもと，小児科医と心理士が子ども二人と面接した。

　最初に二人の話を聞いたところ，二人は，お母さんがおっぱいを切る手術をしたこと，その後も時々病院に来ていることは知っている，お母さんは眠ったままだし，具合悪そうで心配だと語った。そこで，小児科医より，二人が知っていることをつなぎ合わせて，母親の状況を伝えた。「おっぱいに病気ができて，それを切ったんだけど，実は，その時の病気がまだ治っていない。だから咳が出たり，脚が痛くなって杖をついて歩いたりしていた。でも，風邪みたいに，お母さんの病気がBちゃん，Cくんにうつることはないから，安心してね」

　「お母さんのお医者さんたちは，すごく頑張って治療した。お父さんもお母さんも頑張ったし，Bちゃん，Cくんも一緒に頑張ってくれたんだけど，病気がすごく強くて，治すのが難しい。治すのが難しいということは，お薬をどんなに使っても，もうお家には帰れない。とても悲しいことだけど，死んでしまう，天国に逝っちゃう，ということなんだ。それが今日か，明日か，わからないんだけど……」

　Cくんは，時々赤い目をこすりながら，Bちゃんはじっと小児科医を見つめながら，2人とも聞き入っていた。父は時々耐えかねたように，天井を仰いで涙をこらえながら聞いていた。

　その後，一緒に，絵本『忘れられない贈り物』を読んだ。「森のアナグマは賢くて，皆から頼りにされているが，年老いており，自分の死が近いことを知っていた。ある日，アナグマは夢を見た。ふだんは杖をついて歩いているのに，夢の中では力強く走れ，長いトンネルをどんどん走って行き，ふっと自由になった。翌朝，森の皆はアナグマの死を知り，大いに悲しむ。春が来て，外に出られるようになると，皆でアナグマの思い出を語り合った。そのうち，アナグマが残してくれたものの豊かさで，皆の悲しみも癒され，アナグマの話が出るたびに，いつも誰かがアナグマの楽しい思い出を話すことができるようになった」

　「トンネルの向こうに行く時は，お母さんの痛い脚も治って，痛さも怖さもなく，走っていける。天国に逝った後は，きっと，お母さんはお父さんと二人のもとに，ずっと一緒にいるんじゃないかと思う」と医師は付け加えて，伝えた。

　絵本の後半から，Cくんには疲れた様子が見られたが，Bちゃんは，じっと動かずに絵本を見つ

めていた。

その後，子ども二人と心理士で，話をした。先生からの話はどうだったか，と尋ねると，アナグマの話が心に残ったのか，母親といつも公園で一緒にしている遊びや，お母さんの卵焼きは美味しい等，二人の自慢の母親について，ポツポツ教えてくれた。ことさらに言わなくても，母親が死にゆくという話は，それぞれの年齢なりに受け取った印象を受けた。

母親の話から好きな遊びの話になり，ふと，Cくんが心理室に飾ってある絵を見て，「誰が描いたの？　描きたい」。Bちゃんも描きたいと言いだし，一緒に絵を描くことになった。できあがったのは，ゲームのキャラクター満載の絵で，いつも母親に二人が名前を教えてあげていたという。

「お母さんが，まだ知らないキャラクターが沢山だよ」〈そうか。今，お母さんは寝ているけど，耳は聞こえるから，話しかければよく聞こえる。手を触ってあげても，きっと気持ち良い。この絵も見せてあげようか〉

Cくんは，首をかしげて「お母さん，寝てるから見えないんじゃないの」と聞くが，しばしの沈黙の後，「でも違うんだね。心の眼で見れば見えるんだね」。

その後，子ども二人と父親と心理士でそろって，母親の病室へ行った。眠る母親を見ると，最初は戸惑う様子を見せたが，〈お母さんがまだ知らないキャラクターがあるんだよね？〉と尋ねると，それぞれの絵を母親に示し，最初はちょっと照れくさそうに，でも話すうちに，二人が本当はお母さんに聞いてほしかった，キャラクターの名前や特技，自分たちが頑張ってゲットした話を一生懸命にし始めた。それを機に，母親の手に触れる兄弟の姿が見られた。

翌朝，母親は他界された。母親のエンジェルケア（亡くなった方の顔や体を拭いたり，お化粧をしたり，衣服を整える等のケア）に，二人が無理のない範囲で参加できるような働きかけを病棟看護師に依頼したところ，二人は，病棟看護師と一緒に，母親にかぶせる帽子を選んでかぶせたり，靴下を履かせてあげるなど，積極的に参加していた。

III　考察

全く異なる2つのケースを提示したが，医療チーム内で，心理的サポートとして患児と家族に関わる際，根底には共通のエッセンスがあると考えている。

1. 患児，家族と誠実に状況を分かち合う姿勢

発達障害を抱えつつ，待ったなしで脳腫瘍の入院治療をしなければいけないAちゃんとその家族。かけがえのない自分の母親とあと1，2日で死別しなければいけないBちゃん，Cくんとその家族。

状況は異なるが，いずれも，関わる際に心理士に去来した思いは，迫りくる厳しい現実を，どうしたら少しでも一緒に分かち合えるだろう，ということであった。

事実を伝える際には，それを知ることが本当に患児や家族にとって必要であること，患児や家族の状況の適切なアセスメント，支援者との確かな信頼関係といった要素が，前提として必要であろう（村瀬，2009）。緊急対応の場合（症例2），時間的猶予がない厳しさがあるが，これらの前提について，与えられた状況下で最大限の考慮と努力をしたうえで，患児と家族の思いを精一杯感じ取りながら，誠実に状況を分かち合い，向き合うことが，サポートのまず第一歩と考える。

2. 心理士としての見立てとチームへの還元

チームの一員として動く際，検査や面接だけでなく，ベッドサイドや病棟行事で一緒に過ごす，医師からの説明や看護師のケア場面に同席する，設定保育（病棟内での集団保育）に一緒に参加する，といった関わりが多くなる。そういうなかで

も，心理士としての見立てを常に意識し，それをチームに還元していくことで，患児や家族の心情，行動の必然性がチームに伝わり，チームの，子どもと家族を抱える力が少しでも広がるように努めることが，心理士の重大な責務である。筆者自身，Aちゃんの入院治療を通じて，チームが子どもを理解し抱える力の大きさを，改めて教えられた思いである。

3. チーム内での有機的な連動

チームにはさまざまな職種がいるが，心理士の場合，特に心身症専門の小児科医，保育士，看護師，医療ソーシャルワーカーとの協働が多い。患児と家族と関わる際には，各職種が，それぞれの役割を堅実に果たすと同時に，お互いに有機的に連動して動ける関係性にあることが，非常に重要である。

小児科部長がチーム医療について，研修医に対して話をされる場に同席させてもらったことがある。そのなかで，聖書を引いて，「わたしたちの体には多くの部分があるが，それらの部分がすべて同じ働きをしていないのと同様に，大勢のわたしたちも，キリストにおいて一つの体であり，一人ひとり互いに部分なのです。わたしたちは与えられた恵みに従って，異なった賜物を持っているので，それが預言の賜物であれば預言をし，奉仕の賜物であれば奉仕をし（中略），つかさどる人は心を尽くしてつかさどり，慈善を行う人は快く行うべきです」と話されたことには，感じ入るものがあった。自分の役割を真剣に果たすことと同時に，チームが一つの有機体として患児と家族を支えられるように考える，全体状況を俯瞰する目を持つことの重要さを，日々，教えられている。

文　献

細谷亮太（2006）小児がん —— 第1回 小児がんとはどのような病気か．健康教室5月号; 23-27.
スーザン・ハーレイ［小川仁央＝訳］（1986）わすれられないおくりもの．評論社.
村瀬嘉代子（2009）子どもと事実を分かちあうことと生きること．臨床心理学9-3; 309-313.
新共同訳（1997）パウロ書簡「ローマ人への手紙」（12章4-8節）．新約聖書.

実践領域に学ぶ
臨床心理ケーススタディ

[医療]

哺育障害乳児の治療経験から自閉症の成り立ちを考える

氏家 武 *Takeshi Ujiie*　　北海道こども心療内科氏家医院

I　はじめに

　乳幼児に認められることの多い哺育障害は，少なくとも1カ月以上にわたって身体発育に十分な量の食事を摂れないことが持続し，体重増加が全くないか，著しい体重減少を伴うものである。その原因は消化器系やその他の一般身体疾患によるものでも，他の精神疾患や貧困などでの食物摂取不足によるものでもない。その基本病態は幼児の哺育困難とそれに対する養育者の葛藤が基盤にあると考えられ，特に6歳未満の乳幼児に発症しやすい。

　哺育障害の子どもにみられる特徴は，①食事中いらいらしていて，それをなだめてうまく食べさせるのが困難なことが多い，②無感情で退行（赤ちゃん返り）しているように見えることがある，③精神身体発達全般の遅れが見られることがある，などが指摘されている。また，親子の相互関係の問題がその幼児の哺育の問題に関係していたり，悪化させる要因になっていることが多い。すなわち，親の食べさせ方が乱暴だったり機械的に食べさせるなど，子どもへの食物の与え方が不適切なことが多い。また，子どもの食物拒否（偏食や咀嚼・嚥下困難も含めて）に対して感情的に反応してしまうこともあり，ひどい場合には不適切養育（虐待）と受け取れる場合もある。さらに哺育障害によって栄養状態が不良だと情緒が不安定になったり精神運動発達に影響を及ぼすことがあり，それによって哺育の困難さがさらに悪化することになる。また，乳幼児の側に睡眠障害，咀嚼・嚥下の困難，吐きやすさ，感覚過敏，精神運動発達の遅延などの問題があれば，ますます哺育障害が起きやすくなる。このようなことから，哺育障害の評価と治療は，子どもと家族双方への心身両面の支援が不可欠であり，時に多職種による包括的な治療アプローチを要することもある。

　一方，自閉症を中心とする広汎性発達障害の概念は，アメリカ精神医学会の精神疾患の診断・統計マニュアル（DSM）の改訂が行われ，近々公表されるDSM-5では自閉症スペクトラム障害と名称が変わり，その中核症状のひとつに「異常な知覚行動」が含まれることが明らかになった。従来，自閉症を中心とする広汎性発達障害では感覚過敏による知覚異常が認められることが知られていたが，それは自閉症の中核的症状ではなく，自閉症に付随する周辺症状のひとつに過ぎないと考えられていた。しかし，近年の自閉症児の超早期徴候に関する研究の進歩や自閉症ハイリスク乳児の直接観察的研究から，感覚過敏はハイリスク児では乳児期のかなり早期から認められることが明らかになってきている。自閉症ハイリスク乳児にかなり早期から感覚過敏があると，不快な感覚刺

激をもたらす対象を回避し，その対象に対する知覚が歪むことになる。

　筆者は，自身の自閉症ハイリスク乳児の臨床研究から，自閉症の根本的障害として「対人志向性の弱さ」と「感覚の異常」が乳児期早期から認められると考えている（氏家，2000）。対人志向性とは，定型発達児には生来的に備わっているヒト的なものを求める生物的かつ情緒的エネルギーである。自閉症ではこの対人志向性が弱いため，その後の親子の交互作用が活性化せず，最終的に間主観的行動の発達に障害が生じることになると思われる。また，自閉症ハイリスク乳児に認められる感覚の異常は，ヒト的な感覚刺激に不快感を抱き，モノ的な予測可能性の高い感覚刺激をもたらすものを求める病的な感覚傾向である。定型発達児の乳児期における感覚は先天的にヒト的なものを求めることが知られているが，自閉症ではこの領域においても先天的な異常があるものと想定される。

　このような観点から，感覚障害が基盤にある哺育障害を呈する乳児は自閉症のリスクが高いと想定される。そこで，実際の哺育障害としてコアとなる治療例を通じて，自閉症の成り立ちについて思考してみたい。

II　哺育障害の背景に自閉症が潜在し，治療によって哺育障害の治癒とともに自閉症徴候も著しく改善した乳児の治療経過

1．事例

　I君（仮名），初診時年齢0歳11カ月，男児。

2．主訴

　おとなしくあまり動かない。音に過敏に反応する。手に触れられるのを嫌がる。離乳食を食べるのを拒否して母乳しか飲まない。

3．既往歴

　妊娠36週＋1日で早産にて出生。生下時体重2,006gの低出生体重児。仮死なく，生後2日間保育器に収容されて観察されるも異常なし。

4．家族歴

　第1子，両親と3人家族，家族に特記すべき異常なし。

5．発症経過

　I君は新生児期からあまり泣くことがなく，おとなしい赤ちゃんだった。4カ月健診では頚定が十分でないことを指摘され，2カ月後に再診となった。6カ月健診では頚定がしっかりし，少し寝返りするがあまり動かない様子が観察された。7カ月頃からお座りができるようになったが動きが乏しく，10カ月健診では這い這いを嫌がって座ったまま移動する様子が観察された。自宅でも自分からは掴り立ちや伝い歩きをせず，一人にするとずっとゴロゴロ寝ていることが多いものの，母親が手を取ると嫌々ながら立つことはできた。

　生後2カ月頃から音に敏感に反応するようになり，掃除機の音を嫌がって泣くことが多かった。生後4カ月頃に外出して地下鉄に乗せたところ，地下鉄の騒音を嫌がって泣くこともあった。手に触られるのを嫌がったが，指先は器用で，生後6カ月頃から自分の周りにある物を握ったり玩具を操作するのを好んだ。一方，生後5カ月頃から人見知りをするようになり，接する時間が少ない父親にも懐かず，一人遊びを好み，声を出して笑ったりはしゃいだりすることもなかった。8カ月頃から好きな物を見つけると一人で喜んで指差しするが，人の動作を模倣することはなく，バイバイやチョウダイの仕草はまだ認められなかった。また，母親以外の人に抱っこされるのを嫌がり，どうしても母親が抱っこできない時は反対向きに

抱っこされることにこだわった。

母乳を好んで飲んでいたが，生後8カ月頃に母親がI君に離乳食を食べさせようとすると，嫌がって飲み込まずに口から吐き出してしまった。スプーンを口に入れられるのも嫌がり，離乳食は全く食べずストローで少しお茶を飲むだけであった。徐々に母乳だけでは栄養が足りなくなり，体重が増えなくなって，母親が栄養失調を心配して生後11カ月の時に小児科を受診した。そこでは器質的な異常はなく，精神的な問題を指摘されて当院を紹介され受診することになった。

6. 初診時の様子

初診時は母親にしがみついて離れようとせず，身体的な診察を受けるのを嫌がった。顔は青白く，表情に乏しく，視線は合いにくかった。念のため血液検査を行ったが，母親にしがみついて離れようとせず抱っこされたまま採血された。採血時は弱々しく泣く程度だった。血液検査の結果，鉄欠乏性貧血が認められ，鉄剤の投与が開始された。同時に，I君の栄養失調を心配し，うまく哺育できないことに強い不安を抱いている母親に対し，看護師が丁寧に母親の訴えを傾聴し，具体的な摂食指導を行った。

哺育障害の原因として，I君の口腔内の触覚過敏と味覚過敏があり，それに加えて栄養失調を過度に心配する母親の焦りが哺育を強引に進めようとするあまり，母子関係のこじれがあることが推察された。さらに，I君の問題は感覚過敏だけではなく，対人志向性の乏しさ，周りの人との情緒的な交流の乏しさ，一人遊びを好むこと，こだわりが強いことなど，自閉症を示唆するさまざまな症状が認められた。

治療方針として，最初にI君の哺育障害に対する治療を医師（身体管理），看護師（母親の訴えの傾聴と栄養指導），言語聴覚士（口腔内過敏に対する指導）で連携しながら開始することにした。また，自閉症状に対するアプローチとして自閉症ハイリスク乳児の集団作業療法に導入することにした。

7. 治療経過

哺育障害に対する治療が開始となり，母親の育児不安が大きく軽減し，母親は余裕をもって試行錯誤しながらさまざまな摂食方法を試すことができるようになった。具体的にはフォローアップミルクをスポイトで少量ずつ与えたり，スプーンを少しずつ口に入れて慣れさせるような工夫を行った。また，母親とスタッフがI君の偏食を詳しく評価し，食べられそうな物を探し，少しでも楽しく食べられるような工夫も行った。

集団作業療法の場では，同じような年齢の自閉症ハイリスク乳児の親との出会いにより，母親の孤立感が解消した。当初は緊張していたI君も，徐々にスタッフに慣れて視線が合いやすくなり，表情も豊かになり，皆と一緒に運動や体操に参加するようになった。

このような治療により，初診から2カ月後には好きな物（果物やチーズ，野菜など）をけっこう食べられるようになった。6カ月後には食事に関する心配はほとんどなくなり，だいたい何でも食べられるようになった。母親が働くことになり，I君が1歳5カ月になった頃，保育園に通うことになった。当初の1カ月位は朝の母子分離で泣くことがあったが，保育士に抱っこされてすぐに泣き止むようになった。保育園の食事は嫌がることなく，何でも食べているということであった。仲の良い遊び相手ができ，一緒にままごと遊びなどをしたり，保育士に「ありがとう」と言ったり「いやいや」と自己主張することもあるということであった。

1歳5カ月時に津守式発達評価と田中ビネー知能検査Vを実施した。津守式発達評価の結果は，生活年齢17カ月に対して発達年齢17.5カ月，DQ103であった。運動18カ月，探索・操作18カ月，社会（対大人）18カ月，社会（対子ども）21

カ月，食事・生活習慣21カ月，理解・言語18〜21カ月で，全ての項目で年齢相応以上の発達レベルであった。田中ビネー知能検査Ⅴの結果は，生活年齢17カ月に対して精神年齢23カ月，IQ135で，「積み木つみ」以外の1歳級の課題を通過した。「積み木つみ」課題では積み木を投げて遊び，指示に従うことができなかった。言語的な理解や表出は年齢相応以上で指差しでの応答もできたが，検査中はマイペースな言動が多く，教示に従わずに自分で一通り刺激絵を指差してネーミングすることにこだわる様子が認められた。また，課題に正解して褒められても検査者や母親を参照することはなく，着席も持続せず立ち歩くことがあり，落ち着きのなさが認められた。このような結果を踏まえ，この時点で母親に「知能の発達は良好だが，自閉症のリスクがある」ことを告知し，集団作業療法を継続することとした。1歳9カ月まで通院したが，母親の仕事が忙しくなったこと，母親としてはⅠ君の日常生活に心配がなくなったことから，集団作業療法を終結することになった。

その後，2歳3カ月時に経過観察のために再診した。母親からⅠ君の最近の様子を以下のように伺った。「母親として困ることはない。ただ，食事には神経質で歯に挟まりやすい肉を嫌がり，魚を食べることが多い。よくお喋りし，意思疎通はだいたい言葉でできている。保育園にも楽しく通っている。仲の良い友達もできて，笑顔が増えた。母親への甘えは依然として強く，家ではいつも母親と一緒に居たがる。特定の事象に対する執着やこだわりはない」ということであった。診察時の様子は，最初は母親に抱っこをせがみぐずる様子だったが，だんだん慣れてきて笑顔が見られ，問いかけに対して母親を参照することが多く認められた。しかし，返答の内容はややパターン的でマイペースな言動が認められた。診察の最後にはバイバイの声かけに応じて視線を合わせ，バイバイと言いながらジェスチャーしてみせてくれた。同日に実施した田中ビネー知能検査Ⅴの結果は，精神年齢3歳0カ月，IQ133であった。検査時の様子は，椅子に持続して着席し，視線が合い，笑顔も認められた。しかし，「縦の線」課題はマイペースに好きな絵を描いてしまった。前回の評価時の様子と比較すると，情緒的な疎通性が良好で自閉症状は顕著に改善していた。この時点では自閉症や広汎性発達障害の診断基準を満たすレベルではないと判断され，次回は3歳時に再診することとした。

Ⅲ　考察

今回紹介した事例は，感覚過敏を基盤にした典型的な哺育障害の乳児例である。小児科領域では稀ではないケースと思われるが，その背景に自閉症が潜在することがあることはあまり知られていない。しかし，実際にはそのリスクが高いということを知っていれば，今回の事例のように自閉症の徴候に関して詳細な情報を聴き取ることが可能となる。

Ⅰ君は乳児期早期から運動発達の遅れと自発的な運動の乏しさに加えて，聴覚過敏や手の触覚過敏が認められていた。一方で，自分の身の回りにある玩具には興味を示し，それらを掴んで静かに一人遊びを好む様子が認められている。普段からおとなしく声を出して人を求めることが少なく，母親以外の人には抱っこを求めず，他の人に抱っこされる時には反対向き抱っこをせがむ特異な行動が観察された。Ⅰ君の母親への強い依存は，情緒的交互作用の結果としてお互いが和むためのものではなく，人を回避する時や運動させられるのを回避する時に母親を求めるもので，自分を気持ち良く抱っこしてくれるという予測性の高いモノ的なものとして母親を利用していたように思われる。以上のように，Ⅰ君は乳児期早期から対人志向性の乏しさとさまざまな感覚においてヒト的なものを回避し，モノ的な刺激を求める様子が確認されていた。

このような発達経過の中で，Ⅰ君は母乳と母親

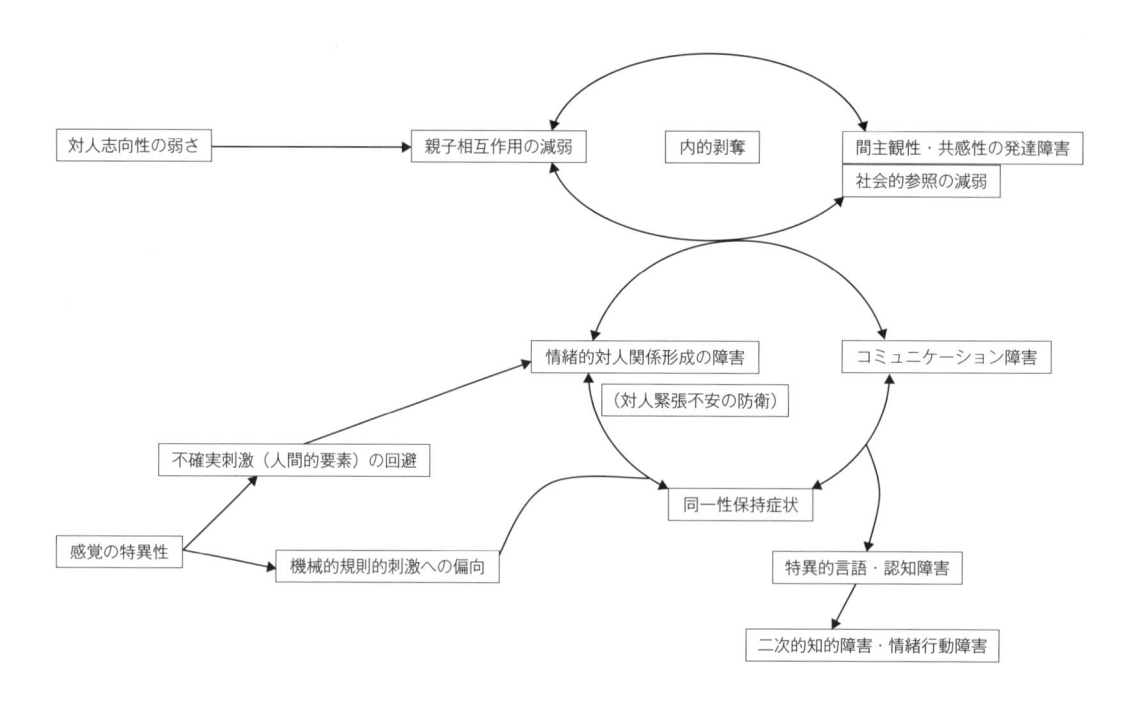

実践領域に学ぶ
臨床心理ケーススタディ

図　超早期徴候の研究から想定される自閉症の成り立ち（氏家，2000）

の乳首に強い執着を示し，幼児が発達するために必要な離乳食を嫌がり，離乳食を与えられる食用器具も嫌がるようになった。これらの嫌悪は，離乳食に対する口腔内触覚の過敏さ，食器に対する口唇触覚の過敏さ，離乳食に対する味覚の過敏さなどに由来し，定型発達乳児では比較的スムーズに進む「卒乳＝離乳食への移行」が進まなくなった原因となった。その結果，I君の体重増加不良が顕著となり，栄養失調を強く心配した母親が，I君の感覚過敏を無視して強引に摂食させようとしたために，かえってI君の対人志向性を大きく後退させてしまうことになった。そのために母子関係の交互作用が進まなくなり，哺育障害を前景にした自閉症ハイリスクのケースとして当院を受診するに至ったものである。

このような状況にある親子に対して私たちが行った初期の対応は，①膠着した母子関係のあり方を和らげるために，まず母親の育児不安を軽減すること，②I君の感覚過敏の問題を詳細に評価し，さまざまな試行錯誤を行って過敏さを軽減して摂取できる食べ物とI君が比較的抵抗なく摂食できる道具を見出し，徐々に離乳食の摂取量を増やして哺育障害を治療することであった。さらにその背景に潜在する自閉症徴候に対して集団作業療法を行い，ヒトへの興味関心を惹起し，療育スタッフを介してヒトと遊ぶことの楽しさを教えていった。さらには，さまざまな感覚過敏に対して緩やかな段階的な曝露を計画的に行って，これを緩和していった。その結果，治療開始時には典型的な自閉症徴候が認められていたが，2歳3カ月時にはほとんどの徴候が著しく改善していたのである。

筆者は，自閉症の成り立ちを図のように想定しており，自閉症の基盤に生物学的・先天的に「他院指向性の弱さ」と「感覚の異常」があることを想定している。対人志向性の障害はその後の親子間の相互作用を減弱させ，その結果として間主観的行動の発達障害を引き起こす。感覚の障害はヒ

ト的な感覚刺激を回避し，予測性の高いモノ的な感覚刺激を求め，そのような刺激にこだわるようになり，こだわりに安心感を求めるような知覚異常をもたらす。このようにして，自閉症状の悪循環が形成されて，特徴的な自閉症の全体像が確立されていくものと思われる。

哺育障害を呈したI君にも，乳児期初期から対人志向性の弱さとヒト的な感覚刺激を回避する傾向，同時にモノ的な予測性の高い感覚刺激を偏向する感覚の異常が存在することが認められた。これらの要素と，同時に認められたその他のさまざまな感覚の異常に対して母親の不安が募って，I君にはヒトとの関わりを回避したり，ヒトになる文化的な感覚要素が強い食行動に知覚異常を抱くようになったものと思われる。

このような自閉症ハイリスク児に対する支援のあり方は，対人志向性の弱さと感覚の異常によって育児が思うように進まず不安が募っている親に寄り添って精神的な支えとなること，子どもにとって変化が少なく予測しやすい安定した関与を親とともにスタッフが継続して提供すること，感覚の異常に対する段階的な刺激暴露を行って脱感作を子どものペースに合わせてゆっくりと行っていくことである。一度，自閉症ハイリスク乳児の対人志向性が高まり，ヒト的な感覚刺激への抵抗が薄れれば，親子の情緒的な相互作用は活性化され，子どもと親の健全な心の交流が始まり，間主観的行動が芽生えてくるのである。筆者はこの延長線上に，自閉症の著しい発達改善の可能性があると考えている。

文　献

Adrien JL, Faure M, Perrot L et al. (1991) Autism and family home movies : Preliminary findings. J Autism and Dev Dis 21 ; 43-49.

鯨岡 峻 (1997) 原初的コミュニケーションの諸相. ミネルヴァ書房.

黒川新二 (1993) 自閉症の早期療育について. 精神科治療学 8 ; 343-345.

小林隆児 (1999) 自閉症の発達精神病理と治療. 岩崎学術出版社.

小林隆児 (2000) 自閉症の関係障害臨床 ── 母と子のあいだを治療する. ミネルヴァ書房.

Maestro S, Muratori F, Barbieri F, Casella C, Cattaneo V, Cavallaro MC, Cesari A, Milone A, Rizzo L, Viglione V, Stern DD & Palacio-Espasa F (2001) Early behavioral development in autistic children : The first 2 years of life through home movies. Psychopathology 34-3 ; 147-152.

奥山眞紀子, 氏家 武, 井上登生 (2009) 子どもの心の診療医になるために. 南山堂.

齊藤万比古 (2011) 児童青年精神医学からみた操作的診断の功罪. 精神療法 37-5 ; 569-573.

Stern DN (1985) The Interpersonal World : A View from Psychoanalysis and Developmental Infant. New York : Basic Books.

Quill KA (1995) Teaching Children with Autism: Strategies to Enhance Communication and Socialization. Cengage Learning. (安達潤他＝訳 (1999) 社会性とコミュニケーションを育てる自閉症療育. 松柏社.)

髙橋英之, 宮崎美智子 (2011) 自己・他者・物理的対象に対して構えを変える脳内メカニズムと自閉症スペクトラム障害におけるその特異性. Japanese Psychological Review 54-1 ; 6-24.

氏家 武 (2000) 自閉症早期療育の基本 ── 児童精神医学の観点から. 小児の精神と神経 40 ; 153-162.

氏家 武 (2012) 小児科医によるアセスメント. In：村瀬嘉代子, 津川律子＝編：臨床心理学増刊第4号 ── 事例で学ぶ臨床心理アセスメント入門. 金剛出版, pp.90-95.

実践領域に学ぶ
臨床心理ケーススタディ

医療

終末期医療

服巻 豊 *Yutaka Haramaki*　鹿児島大学大学院臨床心理学研究科

I　終末期医療を考える

『広辞苑　第五版』(2006) には，「終末医療」という言葉が掲載されている。その意味を引くと，「回復の見込みのない疾患の末期に，苦痛を軽減し，精神的な平安を与えるように施される医療・介護」とある。終末期医療における終末は，生物生命の終わり，人生の終わりを意味し，生命体として，ひととして生きてきた証としての人生の終焉を迎える時期が終末期であると考えられる。終末期は，これまでの患者の生きてきた歩みの延長線上にあり，人生そのものであると思われる。

II　事例（ケース）

以下，「　」は事例，〈　〉はセラピスト（以下，筆者とする），""はその他（スタッフや家族など）の発言とした。

1．Aさん（女性，77歳，透析歴26年（X年5月当時））との出会い

Aさんと筆者は，X-5年からX年までの5年間，透析室のベッドサイドで面接を行ってきた。X-5年，筆者は非常勤臨床心理士として週1回勤務する病院にてAさんと出会った。Aさんは，透析中，ベッド上で「痛い，痛い」と訴え，スタッフに対して厳しい口調で指示し，不満を言っていた。スタッフや周りの患者たちは，"また始まった"という態度であった。スタッフから筆者に，"ちょっと先生，話聴いてやってください"という申し出があり，Aさんとかかわりを持つこととなった。筆者はベッドサイドに行き，Aさんに対して，臨床心理士であることなどの自己紹介を行った。Aさんは，まつ毛がなく，目脂がいっぱいついており，目を開けられないために終始目を閉じていた。Aさんが痛がっていたのは手で，右手も左手も掌から指先まで腫れて，左手は変形し，さらにうっ血していて皮膚がどす黒くなっていた。筆者が自己紹介したとき，Aさんは警戒心を持ちながらもチラッと目を開けて確かめ，気にしている様子だが，こちらが何を言っても返事もしない感じであった。筆者が〈私はね，医者でも看護師でもないんですよ。こうしてね，話をしたり，ちょっとからだを動かして楽になってもらうようなことをしています〉と言うと，「先生じゃないの？　あら，若い先生」と不思議そうに目を開けるがすぐに閉じる。「私はねえ，もう手が痛いんですよ。もう死んだほうがましです。それでも死ねないものですね」と語りだした。

2. 自分のこと

Aさんは，現在暮らしている漁師町のC市で育ち，若い時から苦労して，旅館などの女中仕事をして四国，九州を転々としてきたとのこと。Aさんは，几帳面かつきれい好きで，なんでもきちんとしないと気が済まない性格だという。自分でできることはなんでもするため，透析で動けない自分のあり様が悔しいようである。5年間のかかわりあいの中でAさんは，スタッフに要求が通らずにもめたり，隣のベッドの患者と大喧嘩になり，その患者は他の透析日に変更したりしたことがあった。筆者がベッドサイドに行くと，腫れた手や目が「痛い」「どうしようもない」「もう死んだほうがいい」と痛みとともに孤独感と苦しみを訴えることが多かった。筆者がAさんの訴えを〈そう思うこともありますよねえ〉と聞き入ることが多かった。するとAさんはきまって幼い頃の話や女中として働いていた昔話を語るようになった。一人息子は立派に社会人として頑張っていたが，若くして亡くなったこと。他県にいる孫2人は成人に近く，祖母であるAさんに電話で優しい声をかけてくれることなどが語られた。透析中は，他患者とも対話をせず，スタッフの声かけにも最低限の反応しかせず，ますますひとりの世界にこもるようになった。それでもAさんは，食事は自分でかかさずお弁当を作ってきており，痛みに対しても，肘置きや毛糸の手袋などを持参して自分なりの工夫をしてきた。スタッフは，そうしたAさんに対して，きちんとしたところがあり，不満を言ったり口は悪いが，どこか憎めず，いい人であるという印象を持っていたようであった。

3. Aさんの腎がん発覚後のかかわり

筆者とのかかわりが4年が過ぎたころ，Aさんに腎がんが見つかった。治療のためには，C市から1時間半ほど離れたところにある大きな病院で手術を受ける必要があり，手術を受ければ治るかもしれない（完治の可能性は50％ほど）とのことであった。

X-1年10月16日（腎がん発覚直後の面接にて，Aさんの体験を重視したかかわり）

Aさんの左手指は，赤黒くなり腫れあがっていた。Aさんは，筆者に会うなり「指先まで腫れたんですよ。どうしようもない。どうしたらいいですか？」と訴えてきた。これまでAさんとベッドサイドで取り組んできた動作法を導入し，掌を開いたり，閉じたりする（グーパー）動作課題を共に行った。するとAさんは，「がんができて，もうどうしたら……ねえ」「左の腎臓にがんができてる。大学病院でいい先生がいるから手術しなさいと言われるけど，『したくない』と言っている。あとのことを考えるとしんどいし，手術はしたくない。したほうがいいのかなと思うけど，怖いし，もう遠くには行かない。大学病院は今まで行ったこともない。行きたくない」〈手術したほうがいいとも思うけど，怖い思いもある。行きたくない気持ちもあるけど，行かないとという気持ちもあるんですね〉「手術しないでどうなるだろうか。したほうがいいだろうけど，したくない。迷う。迷うし，どうしたらいいかわからない」〈したほうがいいとはわかってるんやねえ。でもって迷うねえ〉「手指なんかももう見たくない。手指も手術しなさいと言われてたけど，こんなになった。変形したし，手術がどうなるかわからない。早く死にたいけど……」「早く死んでしまいたいけど，どうなるんやろうねえ。三途の川ってどんなとこかねえ。どうやって渡るんかなあ？ 船かなあ？ どうなんかなあ？ 49日に渡れると聞くけど，どうなんかねえ」と手術はしないと決めているけど迷いがあって，どうしたらいいかわからない気持ちを筆者に吐き出した。

この時点でAさんは，スタッフには，手術

はしないと決然と言ったという。Aさんとしてはスタッフに迷いを伝えると手術を説得されるのがわかっており，それを避けたことがうかがえた。迷う自分を見せることができなかったAさんのしんどさが伝わり，よくがんばったね，一人で大変だったね，という気持ちで接した。その後，「私が死ぬ時は先生に知らせるかねえ」とお別れともとれる話題となった。

X-1年11月13日（Aさんの重要な決断を支持するかかわり）

　手指が変形して赤黒く腫れ，痛々しい。「痛いです」〈どのあたりですか？〉「手が痛い」筆者が手に触れると指先は冷えて冷たく，親指の付け根は温かかった。掌を開いたり閉じたりする（グーパー）動作課題を共に行う。グーパーの動作をゆっくりと筆者の掌で包み込むように援助していくと，徐々にAさんが自分で動かすようになり，ぎこちない動きからスムーズな動きになってきた。完全に手が温かくはならないが，指先にも血が通ってきた感じが出てきた。動作課題遂行中もAさんは，腎がんの手術を大学病院で受けるように説得されているが嫌だと語った。Aさんは，これまでも都会から離れた現在の病院と近隣の病院しか行ったことがなく，大病院には行かないことにしようと思うとのことであった。筆者はこれまでも孤独に耐えよく頑張ったAさんを想い，その判断を〈そうねえ。大病院には行かないようにしたんですねえ。これまでも本当にようがんばったもんねえ〉と支持した。このときスタッフは，20年以上透析室でつきあってきたなかで，Aさんのがんばりを身近に見てきて，Aさんの気持ちもわかるし，"よくがんばってきたもんねえ""もうがんばらんでもいいかもねえ"という思いがあったが，同時に，医療従事者として手術で回復の可能性があればAさんにがんばってもらいたいし，生きてほしいという両方の思いで揺れていたようであった。スタッフは，Aさんに対して手術を受けるようにあの手この手を使って説得にあたっていた。筆者は，スタッフにAさんの思いを伝えると同時に，スタッフの気持ちも理解できると伝えていた。

X年1月15日（Aさんらしい体験世界の共有）

　看護師より，Aさんの調子が悪いと筆者が呼ばれ，ベッドサイドへ行くと，Aさんは意外と元気で自身の両親の話題を語り始めた。母親は9人きょうだいの末っ子で，祖父が早く亡くなって家族はとても大変だったという。Aさんは5人きょうだい，姉2人，Aさん，弟2人。昔は，野菜をかついで売りに行っていたことなど，苦労話を語った。〈Aさんはこれまでもそうやってがんばってきたんですね。本当によくがんばってきましたねえ〉とAさんのこれまでの生きてきた道のりを尊敬し，これからのAさんの生き方を支持したいという気持ちが湧いてきた。その後，Aさんは，ふっと左手指が痛いと語った。左手は今までになく浮腫がひどく，まるで水が入ったビニール手袋の様であった。筆者はAさんの左手を両手で包み込むようにして，手のひらのグーパーの動作課題を導入して，丁寧にゆっくり手のひら，手の甲をほぐしていった。15分くらいしたらスーッと腫れが引いてきた。Aさんは，動作課題中，左手指を動かしながらもずっと話をしていた。筆者は，動作課題をしながら，ひとつひとつの話題を聴いていった。Aさんは，筆者に手をゆだねながらも自分で動かそうとしたり，気持ちよさそうにしたりして，安心している様子がうかがえた。すると「ありがとうございます。私の話なんて聞きたくなかったでしょう。ありがとうね。長いこと私の話を聞いてくれて」と言う。筆者は，動作のやりとりの中に，自分で

がんばって決断する厳しさを持ちつつ，身を他者にゆだね，自分のこれまでの生き方を整理しながら自分の人生を引き受けていこうとするAさんらしさを感じることができた。

X年2月19日（Aさんの意識レベルが低下した状態でのかかわり）

　看護師より，Aさんの状態が急変し，入院したが，食事もほとんど取らないし，目も開けない，言葉もかわさないと説明を受けた。透析治療を受けているが，なされるがままで反応はほとんどないという。筆者がベッドサイドに行くと，顔が小さくなり，言葉かけにも少し耳をそばだてるような感じで目は開けようとしなかった。〈Aさん，服巻ですよ。ようがんばってこられましたね。少し楽になるようなからだの動きをまたやりましょうね〉と声をかけ，ベッド上のAさんのからだに触れ，手のひらのグーパー，肘の曲げ伸ばし，腕上げ，膝を曲げての左右への腰ひねりというダイナミックなからだの動きを伴う動作課題を行った。Aさんは，意識レベルは不明瞭であったが，動作の中で応じ，筆者が〈そうそう。そうやってねえ。少しでも楽にしていきましょうね〉と言う声掛けが届いているような反応であった。するとAさんは，小さな声でなにかささやいており，口元に耳を近づけると「ありがとう」「ありがとう」と唱えるようにささやいていた。〈こちらこそありがとう。女中時代の話やご家族の話や子どもさん，お孫さんの話など，いろいろと教えていただきました。ありがとうございます〉「ありがとう……」とお互いに言い，その日の病室をあとにした。

X年3月5日（Aさんのこれまでの生き方を共有する）

　看護師の看護計画には「見守り状態」と書かれていた。筆者は入院中の病室を訪問し，〈服巻です。来ると約束してたもんね〉と声をかけると，Aさんはうんうんとうなずいた。「先生，ありがとうございます」〈透析室でいつもやっていたからだを動かすやつ，やってみようか？〉と言うと，Aさんはうんうんとうなずいた。動作法の腕上げ課題を実施すると，筆者の誘導に応じてゆっくりと腕を上げてきた。意識は鮮明ではないが，動作でのコミュニケーションは可能であり，疎通性があった。「いつもありがとうございます」〈こちらこそ，ありがとうございます〉〈昔約束したの覚えてる？　向こうの世界に行ったら教えてくれると言ってたよね〉「うん」〈覚えてる？〉「覚えてる」〈どうやって知らせてくれるの？〉「……」〈でも教えてくれるんだよね〉「うん。うん」〈また来ようかな〉「うん。ありがとうね」〈また夕方，来るからね〉と筆者は病室から退室した。

　夕方，再訪室すると，Aさんは，筆者に「腹が痛い」とぼそぼそと不明瞭に話しかけてきた。筆者は，ベッド上で，動作法の腕上げ課題，膝曲げでの左右の動き課題をすると，Aさんはすぐに応じて動きも軽やかであった。このときAさんは，スタッフの声掛けには弱い反応だけで意志の疎通がほとんどできず，まるでこころを閉ざしているようであった。

X年3月12日（意識混濁状態での試行錯誤のかかわり）

　看護師より，Aさんの状態は酸素吸入が必要であり，低空飛行とのこと。会話してもわかっているのかどうか，意識混濁もあるようだった。呼び名に対する反応はわずかにあったという。Aさんは，筆者がベッドサイドにいると看護師の血圧測定時に目を覚ました。筆者はAさんの状態の悪化に直面し，この状況でいろいろとさせられることから自分なりに身を守っているのではないかという思いが湧いてきた。Aさんが，外からの刺激を閉ざ

し，もうそっとしておいてくれと言っているようにも見えた。そこにはひとりで生きてきたAさんの強さ，厳しさ，こうした選択ができるちょっとした身勝手さとユーモアさがあり，いかにもAさんらしいものを感じた。後にスタッフも，"最後までAさんらしかったねえ""Aさんは憎まれ口も叩くけど，自分のことは自分できちんとするし，なんだか憎めないかわいいところもあったねえ"と述懐していた。

透析中，筆者が〈私です〉と言うと，Aさんは目脂がこびりついているまぶたをゆっくりと開き，「ありがとう」と言う。筆者が〈こちらこそありがとう〉と応えると「ん？ なに？ なんでありがとう？」〈この前もいっぱい話してくれてありがとう〉「うん。はい」とはっきり応えた。急にAさんは，「腰が痛いんですよ」と筆者に訴え，筆者もいつものごとく〈どこのあたり？〉と腰に触れると「右下のほうが」と自分の手で示した。一緒に腰の痛い部分に触れながら「右下のところが痛くて」〈ここ？〉「いや，違う。右下のここのところ」と言葉を交わした。Aさんは，口唇，舌ともに乾ききって，口の周りは乾燥して切れてしまい血が固まっていた。入れ歯がなく，話そうとするが発音が不明瞭で聞き取れなかった。鼻にある酸素吸入器を気にして触れながら，外そうとする。「どうしてこうなったかな？」〈どうしてこうなったかねえ。これはね。付けといたほうがいいって〉「なんで？」〈酸素が入ってくるんだって〉「そう」〈かゆいのかな？〉「かゆくはないんだけど……」〈付けといたほうがいいみたい〉「そう……」「……ね？」〈ん？ もう一度〉と意識混濁のなかでも筆者と会話しようとした。スタッフは，この数日，Aさんの意識レベルは低下し，ほとんど会話にならなかったといい，スタッフはこの筆者との様子をとても驚いていた。その後は，布団カバーを「これ洗った？」「洗ってないよ」〈そっか。Aさんはきれい好きだったもんねえ。自分でなんでもきちんとされてきたしねえ〉「洗ってないんよねえ」と意味不明の会話となった。その後ももぐもぐと話すが聞き取れなかった。筆者はベッドサイドから離れることができず，透析終了まで付き添う。「痛い。終わったね？」「やっと終わった」と笑顔になる。筆者は笑顔を久しぶりに見たので〈久しぶりに見たよ。笑顔，ありがとう〉と握手すると，Aさんもしっかりと筆者の手を握り返してきた。Aさんは，透析終了後，入院病棟へ移動するとのことで〈ご苦労様でした〉と言うと，「はい。先生もご苦労様でした」〈お昼ごはん食べに行ってきます〉「ごはんねえ」〈はい。行ってきます〉「どこに？」〈お昼ごはんです〉「はい。はい。どうぞ」とお別れした。

X年3月23日

Aさんは，永眠された。筆者は，予想はしていたが，寂しさを感じた。Aさんは最後までAさんらしく，なんだか憎めない人で，本当にお疲れ様でしたという思いで冥福を祈った。

Ⅲ　まとめ

終末期医療は，死という人生の終焉に向かうための医療とも考えられる。患者の苦痛を軽減し，精神的な平安を与えるのは，患者が人生のなかで必ず迎えなければならない終焉に向かうなかで，本人らしく，そして少しでもよりよい日々を送れるようにするための医療・看護であるともいえるのではないだろうか。

一般的に，終末期医療は，これまでの患者の治療経過のなかで「諦め」のような印象がある。しかし，Aさんとの出会いにあるように，筆者は，Aさんのこれまで生きてきた証，生き方を伝え聞き，それを終末期に表現される姿に感動し，それ

を筆者に伝えてもらい，筆者自身のなかにしっかり残り，根付き，かかわったスタッフに伝え，彼らの胸にAさんの生き方を残した形になった。

筆者は，透析室および緩和ケア病棟において多くの方の終末期に接させていただいた。そのなかで筆者は，終末期においてひとは，そのひと自身の生き方や生きてきた証を死にゆく過程に凝縮して表現し，伝え残す作業をするのではないか，また残される家族などには，その作業から彼らの生き方，生きた証を伝承していく役割があるのではないだろうかと思うようになった。終末期医療においては，患者のひととしての生きてきた証が表現され，人生の経過のなかでの延長線上に終末期があると考える。そして，そのひとの生き方が他者（家族）に伝え，開かれる。つまり終末期だからこそ，終わりを見るのでなく今までの生き様を大切にすることが支援者には求められる。患者が「今，ここで」生きている意味を見出していくことに「諦め」ではなく「明らめ」としての意味合いを強く感じることが，終末期医療における他に代えがたい特徴ではないだろうか。

文　献

新村 出＝編（2006）広辞苑　第五版．岩波書店．
矢永由里子，小池眞規子＝編（2013）がんとエイズの心理臨床――医療にいかすこころのケア．創元社．

実践領域に学ぶ
臨床心理ケーススタディ

教育
実践に学ぶスクールカースト・不登校・ひきこもり問題

徳田仁子 *Kimiko Tokuda* 　　京都光華女子大学

I　はじめに

　今の子どもたちが学校で生き抜くために必要なことは，教室内の「場の空気」を読みとりつつ，自分の「立ち位置」（相対的位置）を測りながら，場の中で安定したポジションを確保することにあると言われている。クラス内は階層化され，ほぼ1年間各人の相対的地位は固定されることも多い。本稿では，このスクールカーストと呼ばれる現象に着目し，不登校やひきこもりとの関連について考察してみたい。

II　場（集団）の空気

　本間（2008）は，教室における子ども集団の秩序は，集団を構成するメンバーの多様な主観によって間主観的に構成される「空気」が構築・維持しているとし，これを「羅城門的現実」と指摘している。「空気を読みとる」とは，面と向かって言われなくても相手の意向をきちんと読みとり，相手の意向に沿った態度や配慮を行うことである。それはもともと「気遣い」「気配り」と呼ばれる姿勢の中にあるもので，子どもたちは校内で過剰な「気遣い」や「気配り」のもと，空気を読みとることによって，お互いに摩擦を避け，相手の中に踏み込まず，対立点が表面に出ないようにして，「滑らかで優しい関係」（大平，1995）の維持に務めている。空気の読みとりが難しいのは，しばしば対象が「個人」ではなく，個人が解け合った「集団」であるという点にある。教室のように同調圧力の強い空間では，集団意志（場の空気）に添えないと「KY（空気が読めない）」と指摘され，秩序を乱すものとして嘲笑・蔑視の対象となってしまう。集団内では，摩擦を起こしそうな対立点や齟齬の在処や，さらには嘲笑や蔑視の所以などは顕在化しないように隠されているため，外からはその実態がなかなか見えてこない。

　一方，教室を包み込んでいるのは同調圧力だけではない。休憩時間に拡がる遊びの空間には「冗談を言い合う関係」（冗談関係）が大きな位置を占めている。冗談関係には，からかわれても腹を立てたり深刻に受け取ってはならないという不文律がある。そこで成立している関係がじゃれ合ったり冗談を言い合ったりする遊びの関係であることを双方が了解している限りにおいては，真の意味で「からかわれても怒らない」関係が成立する。しかし，もし一方が冗談関係のつもりでも他方がそうでなければ，そこにあるのは遊びではなく悪意のこもった企てとなる。こうした一方的な冗談関係の成立は教室内の階層化ときわめて密接な関係にあると考えられる。

Ⅲ　スクールカーストを考える

1．スクールカーストとは何か

　スクールカーストとは，森口（2006）によれば，クラス内スティタスを示す言葉で，上から「一軍・二軍・三軍」「A，B，C」などと呼ばれ，自己主張力，共感力，同調力の三次元で構成されるコミュニケーション能力を主因として形成される。一方，鈴木（2012）は，スクールカーストとは「同学年の児童生徒の間で共有されている『地位の差』」であるとし，上位と下位とを隔てるのは人間関係をうまく作りあげる力やコミュニケーション力であり，学校行事や修学旅行など上位と下位が強制的に一緒にいるような場面で，上位は下位に過度な干渉を行うことによってさらに権力を強くするなど，学生生活への適応に大きな影響を及ぼすと述べている。

　筆者の周囲の学生たち数名に聞いてみると，中学では明確ではないが高校になると階層性が顕著になるという。「上位」には活発で押しが強く服装やヘアスタイルなど流行に敏感，社交的で教師とも近い存在の生徒が属す一方，「下位」には人との交流に消極的で活発ではない生徒が属す。「上位」グループにはクラスのノリ（空気）を作る結束力や影響力があり，周囲の感情を気にせず，思い通りに振る舞うことができる。たとえば「上位」は「下位」を見下す態度をとる（たとえば「陰キャラ」「オタク」などの蔑視を含む呼び方をするなど）が，「下位」は「上位」に対して「からかわれても怒らない」ことで葛藤が表面化しないようにしている。他方「中位」に属するものは目立った特徴がないのでからかいの対象にはなりにくく，日常生活を無難に過ごしている。

　このように立場の異なる階層では，暗に「地位」に見合った振る舞いが要求されているが，上位と下位との格差を表す指標のひとつが「からかい」に対する態度であるとすれば，これは周囲にも見えやすく，注目すべき点ではないかと考える。

2．『桐島，部活やめるってよ』に学ぶスクールカーストの意味

　スクールカーストがかなり普遍的なものだとすると，そのただ中にいる高校生たちは実際にどのような体験をしているのだろうか。朝井リョウが19歳で書いた小説（以下，小説「桐島」と略）を題材とした吉田大八監督の映画「桐島，部活やめるってよ」（以下，映画「桐島」と略）では，カースト「上位」の［桐島］が「活躍中であった部活をやめたらしい」という噂が生徒たちに伝わるものの彼が姿を現さず連絡も取れないことから，校内のバランスが崩れていく。カーストの雰囲気がとてもリアルに描かれており実態を知る手がかりとなる。

　「映画部」に所属する（カースト下位の）［前田］（小説の中の登場人物の名前）によれば「高校は生徒がランク付けされる場」といい，なぜか全員の意見は一致しており，自分のポジションはクラスに入った瞬間にわかるという。そしてその上で「察しなければならないのだ」（p.91）という（小説「桐島」より）。

　クラスの同じ空間にいながら「上位」は「下位」の生徒を眼中にないかのように扱う。たとえば，体育でサッカーをやる時間では，「上位」にはボールが回るが「下位」には回らないなど明らかな差異があり，目立つ上位は活躍してますます人気を集めることになる。

　「上」と「下」のカーストの存在について，［前田］は心の中で「なんでだろうなんでだろうなんて言いながら，僕は全部自分で決めて自分で勝手に立場をわきまえている」といい，「僕らは気づかない振りをするのが得意だ。気づくということは，自分の位置を確かめることだからだ」（p.96）と述べる（小説「桐島」より）。

映画「桐島」における「冗談関係」に着目してみると，同じカースト内では遊びの関係の中でからかい合いが相互に行われているが，「上位」と「下位」の混在する局面では「上位」のからかいが「下位」の意識の前をただ通過する。たとえば以下は「上位」の女子4人が「下位」の男子2人の冗談に噴き出すシーンである。

　　［前田］が自分の席でトイレに行った親友を待っていると，親友が「オーマタ！」（お待たせ）と言いながら教室に入ってきて，立ち上がった［前田］と一緒に廊下に出ていく。2人が教室を出る間際，「上位」4人の女子のひとりが「オーマタ！」とまねて，他の3人が爆笑する。［前田］と親友は彼女たちの笑いの中にある攻撃性には気づかないふりをして，自分たちの話に没頭しながら外に出ていく。［前田］は彼女たちのひとりが中学時代には好みの映画の感想を分かち合うような特別な存在であったことが気になりながらも，自分の気持ちにも気づかないふりをしている（映画「桐島」より）。

　赤坂（1991）は，昨今の学校や教室という共同体の中から可視的差異が消滅した結果，子どもたちが模倣願望に囚われ，限りなく分身化していると指摘している。また，小浜（1995）は，今の子どもたちの関係意識やまなざしは，周囲の人の性格や身体に癒着してしまい，そこにおける融和や反発，差異の確認や否定といったことを微細に追求していくような循環的な過程に入り込んでしまう必然性があるとしている。しかも，中井（1978）の指摘しているように「思春期の世界は，個別的に生きねばならぬ予感と予兆に充ちた世界」でもある。しかし，自分が何者でこれから何者になりうるのかといった自己同一性はまだ確実なものではなく，内外の衝迫によって踊り場のない階段を駆け上がるように，自己同一性の確立を強いられている。

　カーストが「人気やモテ」「コミュニケーション技能」といった関係性を扱う技術によって決定されるということは，他者との関係維持が彼らの安全保障感に直接つながっていることの現れでもある。そういう意味では，カーストは，教室という均質な空間内で，自己感覚が融解してしまうような分身化へのささやかな抵抗として，微細な差異の流転や反転に常に鋭敏な反応を示した結果できあがった，一種の秩序維持－安定装置のようなものとも考えられる。もし，誰かがカーストにそぐわない振る舞い方をし，カーストを乱すようなことがあると安全保障感を脅かされた周囲は苛立ってくる。そしてカーストの内部と外部の境界に，攻撃性の的になるような生け贄（スケープゴート）が生まれてしまう。カーストから逸脱したその存在が異質でかつ奇異なものとして逸脱性を帯びるとき，生徒間の秩序のヒエラルキーは，外から見ると「微細な差異」であるが，内からは「とてつもなく大きな差異」であり，カーストは乗りこえられない壁のような強固なものとして感じられるのではなかろうか。

Ⅳ　実践領域に現れるスクールカースト問題

　いじめの問題が表面化するたびに明らかになるように，現場の教師にとって子ども集団の実態を把握することはなかなか難しい。スクールカーストにまつわる問題としては，「上位」から「下位」への卑下や蔑視，各階層横方向の同調圧力，そして「上位」から「下位」への転落，などが挙げられるが，こうした問題の存在は，教師や保護者の視野から巧妙に隠蔽されている。スクールカウンセラーが子ども集団の問題に直接介入することもなかなか難しいが，「学校現場に入る」という利点を生かし，授業参観や休憩時間の巡回などを通して，子ども集団の空気に直接触れることが問題の早期発見のひとつの鍵になることもある。狭義の

一対一のカウンセリングだけではなく、母親面接や教師コンサルテーションなどの情報を総合して、子どもを取り巻く個と集団の関係の実態を立体的に把握することができると、学年団や生徒指導チームの生徒指導上のアドバイスに生かすこともできよう。こうした実践を積み上げることによって、子どもの関係世界の実態に接近することができると、より適切で有益な現実的援助の道が開けてくるように思われる。

以下、筆者がスクールカウンセラー（以下SCと略）として出会った事例について、プライバシー尊重のため細部を改変して報告する。

1．衝動的なA君のクラス内の位置

A君は以前から、喧嘩や衝動的行為が多いと問題になっていた。SCが授業参観に行った時、教壇前の席のA君は後を向いて廊下側席のB君に話しかけていたが、B君がからかい口調で応じたため言い合いになり、なかなか小テストに取り組めなかった。少し収まった頃、すでにテストを終えた一番後の席のC君が「BがAに教えてやれや〜」と指令を出し、B君がふざけ口調で応じ周囲の生徒が笑ったことから、A君は苛立って机を蹴り、結局、教師に注意を受けることになった。B君は級長でもありクラス全体の「ノリ（空気）」を作るような表のリーダーであったが、C君は巧妙に遊びの中に悪ふざけを隠している、いわば裏のリーダーであった。中2で3人がそれぞれ別のクラスになるとA君の喧嘩や衝動的行動は減少したが、体調不良を訴えることも増えクラス内で孤立していることが窺えた。同時期より、A君が特別支援担当教員に個別指導を受けることによって少しずつ学習に意欲的になると、中3では情動を言語化して伝えたり自分の行為を振り返って内省的に捉えたりすることもできるようになった。「中1の俺は人に近づきすぎてたな。けどあのクラスが良かった」と懐かしがった。この事例から、注意集中困難や衝動性の問題は、その個人だけの問題ではなく集団内の関係によって煽動され先鋭化する場合もあることが窺えた。

2．二重のひきこもりを必要としたDさん

Dさんは成績も良く整った顔立ちの転校生で、しばらくは注目を浴びていたが、そのうち孤立し、やがて不登校になった。別室登校しはじめたもののこわばった表情をして「この学校はうるさすぎる」と言い、他の生徒と一線を画すように別室の真ん中に衝立を立て、その中で学習したり時事問題の本を読んだりしていた。別室には多い時で数名の生徒が来ていて、課題学習のほか、絵を描いたりお喋りすることが多くなっていた。Dさんはそういった賑わいに対して日誌に「バカ話につき合うのはもう疲れた」と書いていた。何かもやもやとした内面にある怒りが一気に噴き出しそうな不安から、別室と衝立という二重のひきこもりを必要としているように見受けられた。SCは養護教員の協力を得ながら支持的姿勢で彼女を支え続けた。高校入学後は一気に固さがほぐれて、今時の高校生になっていった。

3．不登校のE君「これで最後だから行って来る」

E君は真面目で成績も良く大人しい生徒だが、クラスの生徒数人に忌避されたことがきっかけで不登校になった。母親によれば、以前良く一緒に行動していたクラスの友人に突然「嫌い」と言われたこともあるらしく、これが二度目の傷つき体験である。今回は謝罪の手紙をもらったが登校できず、ひきこもってテレビや音楽中心の生活とのことであった。その後、父母が彼の居室を個室として整備したり、担任が定期的な家庭訪問の中で淡々と学習指導を続けたりしてからは、個人面談時だけ登校できるようになった。中3になって別の友人に地域行事に誘われたE君は「これで最後だから行って来る」と出かけた。母親は「友だちは受験勉強しなければならないので自分のこと

もう気にしなくていいと言うために行ったのだと思う」と涙した。その後SCは「本当にやりたいことが高校で見つかるのか大学で見つかるのかはわからないけれど、選択肢が増えるよう応援しています」と手紙を書いた。しばらくしてE君が本屋にでかけるようになり、「やってみたいことがやっと見つかった」と母に話したことから、SCは高校選択に関して教科担任の指導を受けることを提案する手紙を母親に託した。放課後指導を受けるために何度か登校してからは進学に前向きに取り組み始めた。その後、SCは卒業式でE君に初めて会ったが、彼は終始穏やかな微笑を浮かべていた。家族に安定して見守られていることがD君の何よりの支えになっていることが窺えた。

V　考察

IVで挙げた3例は、いずれも友人関係における上下関係や差異の生成過程について深く考えさせられる事例である。印象深く思われたのは、友人関係における「冗談関係」の成立や「からかわれても怒らない」態度が、階層の生成に関係しているのではないかという点である。A君は冗談やからかいを受け流すことができず、まともに反応してしまうので問題が拡大してしまっていた。Dさんは登校しながらひきこもるという態度によって、「バカ話」＝「冗談関係の世界」からの撤退を主張していた。E君の撤退（不登校）には、冗談関係の相手としてしか自分を見ていなかった友人関係に対する抗議と訣別の意味があったのではなかろうか。

カースト「上位」が「下位」に示す態度で最も特徴的なのは、日常的なからかいまたは一方的な無視である。ふたりの冗談関係に真の相互性が存在していない時は、一方のからかいに敵意が含まれ悪意のある企てであるにもかかわらず「からかわれても怒らない」関係を維持し、ダブルバインド状況に耐えることが求められる。反対に、真の冗談関係が成立している親友同士の会話では、相互性を重んじながら相手の世界に踏み込み感情に触れることができ、時には「冗談きついなあ〜」とやり返すこともできる。そのためには、自分の冗談を相手がどのように感じているかと思いやる余裕のある感覚と、どちらもが自己を主張できる程度の自我の強さも必要である。

思春期の子どもたちが直面している自己と他者の問題については、他者にどう受け入れられるか（外的認容感）と、自分の好きなことに取り組むなど内面的な充実感を感じられているか（内的充実感）という2つの軸で捉えることが有用である。カースト「上位」は、小説・映画「桐島」の野球部ユーレイ部員［菊池］のように何をやってもそつなくこなし外的認容感が高いが、内面の空虚感が強く内的充実感が感じられていないこともある。一方、映画部の［前田］たちのように、たとえ「下位」で外的認容感が低くても「心から好きなものがある」ことで内的充実感が高い生徒もいる。

　当初、カーストの上位と下位は同じクラスにいながらほとんど交流がないが、［前田］たち映画部が校内のさまざまな場所で撮影を始め、さらに「上位」が［桐島］を探し始めることによって、これまで2つの階層が混沌の中に対決し始める（映画「桐島」より）。

　最上位グループの［菊池］は、何でもできるのだが熱中するものが何にもなくて空虚感を感じていた。ところが、レンズの蓋を落とした［前田］に蓋を渡そうとして、レンズを覗く［前田］の表情の中に「どこか広い世界へと続く扉が開く様に光を放つ」のを見る。【ひかりが振り返って、俺を照らした】と感じた時［菊池］は「自分がやりたいことを全力でやっているときは、たぶん誰でも、こんな顔をしているのだろう」と思う。そして、自分を振り返って、「一番怖かった。本気でやって何もできない自分を知ることが」

（p.209）と述懐する（小説「桐島」より）。

　不登校・ひきこもりの子どもたちも，自分が全力を傾けられること，すなわち内的充実感の向上を求めてもがいている。彼らは，相対的な関係性の中に融解しそうになる自己を奪還するために，学校世界から撤退することによって最前線で闘っているのではないかとすら思えてくる。カウンセラーとしては子どもが登校していてもしていなくても，それぞれの子どもの内的充実感のありかをそっと見つめつつ，環境を整え，必要な時にそっと手をさしのべることができるよう傍らに居続けたいと願っている。

文　献

赤坂憲雄（1995）排除の現象学．筑摩書房．
朝井リョウ（2012）桐島，部活やめるってよ．集英社．
本間友巳（2008）いじめ臨床とは ── その理解と意義．In：本間友巳＝編：いじめ臨床．ナカニシヤ出版．
小浜逸郎（1995）学校の現象学のために．大和書房．
森口　朗（2007）いじめの構造．新潮社．
中井久夫（1978）思春期患者とその治療者．In：中井久夫，山中康裕＝編：思春期の精神病理と治療．岩崎学術出版社．
大平　健（1995）やさしさの精神病理．岩波書店．
鈴木　翔（2012）教室内カースト．光文社．

実践領域に学ぶ
臨床心理ケーススタディ

| 教 育 |

学級コンサルテーション

伊藤亜矢子 *Ayako Ito*　　お茶の水女子大学

I　はじめに

　子どもたちにとって学級の影響は大きい。学級の状況が悪化すれば，不登校や退学，怪我や事故も増える。毎日長時間を過ごす学級の人間関係は，子どもたちのメンタルヘルスや行動に直結する。しかし一方で学校にいる大人は，子どもの家庭環境こそ変えられないが，学級環境には直接働きかけることができる。たとえば思春期の子どもたちには，大人が直接個人にアプローチするよりも，学級を居心地よくするなどの間接的な環境調整が有効な場合も多い。そこで筆者は，心理職が教師と協働して学級環境に働きかけるツールとして学級風土質問紙（Classroom Climate Inventory：CCI）を作成し，コンサルテーションを試みてきた（伊藤，2003）。本稿ではその事例から，学級コンサルテーションについて考える。

II　学級風土質問紙（CCI）の概略

　CCIは，中学生版約60項目，小学生版約30項目で，「この学級は……」など学級についての質問に子どもたちが回答する。項目内容や集計に必要なデータは，中学生版が伊藤・松井（2001），小学生版が伊藤（2009a）に公開されている。各下位尺度・項目の学級平均値を算出し，それらの布置と，尺度得点を標準得点化して図示したプロフィール図から学級の特徴を描く。中学生版では，行事などへの取り組みを問う〈学級活動への関与〉，子ども同士の個々の親しさを問う〈学級内の親しさ〉，学級としてのもめごとの有無を問う〈学級内の不和〉，学級への愛着や楽しさを問う〈学級への満足感〉の5尺度が，学級の人間関係を問う内容になる。これらに加え，集団の目標志向性を問う〈学習への志向性〉，組織の維持や変化の側面として学級の秩序を問う〈規律正しさ〉，意思決定の平等さを問う〈学級内の公平さ〉がある。図1・2に事例のグラフを示した（尺度名は略記，事例は複数事例を再構成したものである）。標準得点の0.0のラインは全国平均値を示し，標準得点は，全国平均値と学級平均値の差を全国データの標準偏差で除したもので，全国データの分布に比して当該学級の値がどの程度かが示される。さらに，当該学級の標準偏差を勘案した上で，各学級の値と全国平均値を比較しながら学級の特徴を解釈していく（伊藤，2005，2006）。

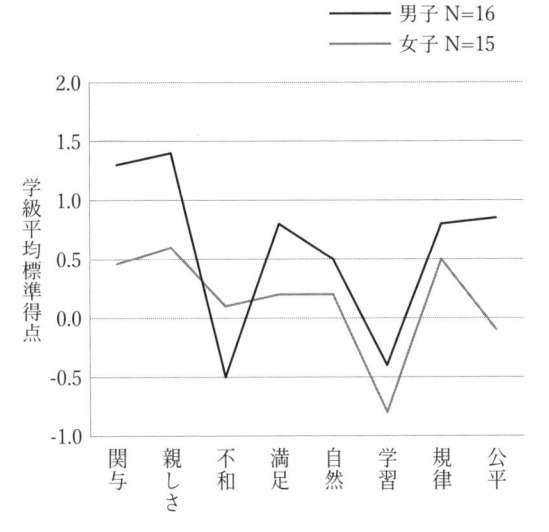

図1　A中学A学級の男女別学級風土

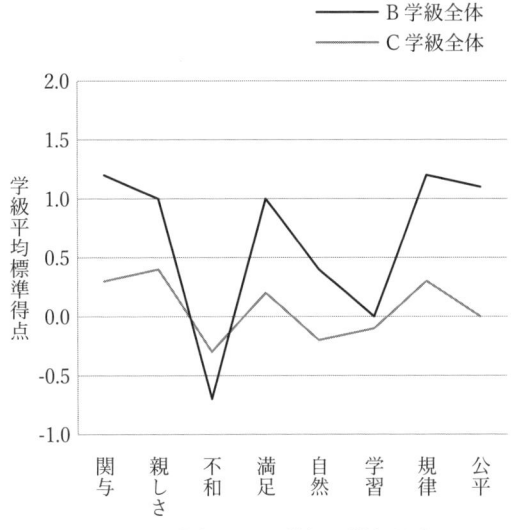

図2　A中学B・C学級の学級風土

Ⅲ　事例

1．コンサルテーションに至るまで

A中学校は中規模都市近郊の学年3学級の比較的落ち着いた学校。2学年担任のA先生は20代後半の男性で，担任は3学級目。A学級は元気よく盛り上がるとA先生は感じている。ベテランの男性学年主任B先生は，潜伏する女子の不満が学級を危うくするとみて助言するが，A先生は納得できずにいる。隣のC学級では，学級がつまらないという声を保護者から聞いたベテランの女性担任C先生が密かに悩み始めていた。そこでいつもと違う観点から学級を見直す必要を感じたB先生が，校内研修としてCCIコンサルテーションを依頼した。

2．学級風土質問紙の結果

A学級の結果（図1）は，男女差が特徴的だった。〈関与〉〈親しさ〉〈満足感〉など，いずれも男子のほうが肯定的である。〈不和〉も低く，〈自然な自己開示〉〈規律〉なども高い男子では，〈学習〉こそ低いが，大過なくお互い関わり合う楽しい風土が形成されていることが窺われる。比べて女子は，〈関与〉や〈親しさ〉などは平均以上だが男子より低く，〈不和〉に見られる生徒間のもめごとなど学級に満足していない要素が感じられた。

他方，学年主任B先生のB学級（図2）では，学級全体に〈関与〉〈親しさ〉〈満足感〉が高く，〈不和〉も低くて安定した風土が感じられた。ただ〈自然な自己開示〉の値が〈関与〉などに比してあまり高くない。一方，ベテランC先生のC学級（図2）では，いずれの尺度も平均に近く，大きな問題もなく穏やかだが，互いの関わりや満足感はさほど高くない風土が窺われた。

3．コンサルテーション

コンサルテーションは学年会で行い，最初に学級名のないグラフを示して先生方にどれがどの学級かを考えていただいた。ベテランC先生が「一番まとまりがあるのはB学級なので，図2の〈関与〉が高いグラフがB学級。そうなると，C学級はおとなしめだから，少し意外だけれど図2のもう一方かな」と言われた。A先生は「こんなにクラス差あるんですね」と驚いていた。次に，若手A先生が受け持つA学級から，B・C学級の順に，

上記の結果を説明しながら、先生方の感じる学級像とCCI結果との一致不一致やその理由を考えていただいた。

A先生は、図1の男女差に注目し、「確かに行事でも中心は男子ですね。女子も楽しそうで盛り上がっていると思っていたけれど……」「男子は女子にも声をかけるし、女子も協力的だけどな……」と学級の様子に考えを巡らせた。するとベテランC先生が、「全国平均より高い値だし、実際女子も楽しそうだけれど、A先生と話すのは男子が多いよね」と言われた。「確かに男子は何かと話しかけてきますね。女子も話しかけに来るけど……来る子は決まっているかな」とA先生。「○さんや△さんたちね」とC先生。「そう。となると、女子にはもう少し広くこちらから声をかけたほうがいいかな」「気が合うからつい男子とのコミュニケーションが多くなって」とA先生が応じた。

さらにA学級の結果に関して〈自然な自己開示〉の下位項目を見ると、先生への自己開示に関わる「自分たちの気持ちを素直に先生に見せる」などの値は、確かに男子で高いが、女子の値も低くはなく、女子から先生を拒絶する雰囲気はないようだった。しかし生徒間の自己開示に関わる「個人的な問題を安心して話せる」などの値は女子で低く、むしろ女子同士の関係に微妙な葛藤があるようだった。また、「グループ同士の対立はない」という〈不和〉の下位項目でも女子の値は低めで、標準偏差が比較的大きく、グループ間の対立を感じている子とそうでない子など、女子間で意見が不一致のようだった。

具体的な項目や値をあげてこれらの点をコンサルタントから伝えると、A先生は「言われてみると、男子は屈託なく皆でふざけるけれど、女子がグループを超えて話しているのを見かけませんね」「女子は〈不和〉全体が男子より高いし、僕が何か気づいていないのかな。状況を見てみます」と言われた。C先生も「そうね、私も授業の時に様子を見てみますね」と言われた。

続けてA先生が「B学級は〈不和〉も低くて〈満足感〉も高い。男女差もないし、B先生さすがですね」と言う。すると学年主任B先生は、「いや〈関与〉や〈親しさ〉が高いのは良いけれど、それに比べて〈自然な自己開示〉は低いでしょ。気になるなあ。このクラスは実際〈規律〉が高くて真面目だけれど、自分たちで意見を言ってぶつかり合うことが少なくて」と言われた。「なるほどB学級は優等生が多いけれど、中心になって動く子はあまりいませんね」とC先生。「〈公平さ〉の高さも、意思決定が平等というより、リーダーがいないから、結果的に公平なだけ」「前から思っていたけれど、B学級は、各自が意見表明して自分たちで問題解決することが課題だな」とB先生が鋭い分析を続けた。C先生も「そういう点はC学級も同じ。〈自然な自己開示〉も高くないし、B学級ほど〈関与〉も高くない。行事はこなすけれど、意見を言い合って自分たちで動くのはまだまだ」「機会あるごとに少しずつ発言を促さないと」と言われた。A先生も「そういえばどのクラスも〈学習〉は平均かそれ以下ですね。これももう少し声かけしたほうがいいかな」と続けた。

このような話し合いが続き、コンサルタントは、適宜関連するデータを示し、先生方の発言を明確化しながら、今後の方策についても話し合った。A先生は、行事や学級づくりに女子の意見を取り入れる配慮をし、個人面談で女子から学級について意見を聴くことにした。B・C学級でも、意見を言い合えるよう、各自が考えをまとめてグループで話し合う機会を増やす、学年をあげて日々の学活で学習への意識づけに声かけするなどを決めた。

帰りがけに廊下で、学年主任のB先生が、「A先生が女子について気づいてくれて良かったです。A先生には、男子と一緒に盛り上がれる一部の女子しか目に入らず、これまで話がかみ合わなくて。データがあるとそれを基に話ができて良いですね」と言われた。

4. フォローアップ

フォローアップのために約4カ月後，再度CCIコンサルテーションを行った。女子への関わりを強めたA学級では，前回よりも男女の差が縮まった。B・C学級でも，〈自然な自己開示〉が上昇した。終了後C先生は，1回目の結果が予想より〈関与〉や〈満足感〉が低くて実は少しショックだったこと，C先生自身の捉え方と子どもたちの実感が違っていたことに気づき，保護者から聞いた学級のつまらなさも，クラス全体の自己開示の低さや堅さが原因と思い当たったことを語られ，「長年教師をしてきましたが，大きな経験でした」と言われた。

Ⅳ　考察

コンサルテーションでは，先生方の日常的な見立てに照らしてデータの意味を考え，それが先生方の間で共有されることによって，日々の苦労が共有され，共通認識を持ったチームでの指導が促進される。B先生が「データがあるとそれを基に話し合える」と言われたように，CCIは「同じ土俵」で学級を検討する仕掛けでもある。B先生に女子の不安定要素を指摘され納得できなかったA先生も，データから状況を捉え直し，C先生も加わってチームでの対応が促進された。相次ぐトラブルを超えようと試行錯誤している学級，教師をよそに積極的な子がリードして学級生活を楽しんでいる学級。それぞれの学級の物語が，データを巡る話し合いで明らかになり，今後の課題や指導の手掛かりが明確になれば成功である。

ただ，その作業は，学級経営についての工夫や省察のレパートリーを，先生方がどれだけ持っておられるかにも左右される。B先生のように日頃から学級理解が深く，データも鋭く読み解く先生には，その専門性の高さを毎回実感する。もちろん，自分の学級経営の効果を確かめたいA先生のような中堅，ふとこれまでにない学級の動きに不安を感じ自分を振り返りたいC先生のようなタイプの先生方もおられる。多様な先生方の思考と発言で，学級を多角的に捉えることができる。

コンサルタントの役割は，先生方の発言を明確化し，話題と関連するデータを示し，臨床の観点から考えられる背景要因をお話しして，先生方の話し合いをファシリテートすることにある。

そのためコンサルテーションでは，結果提示の順番や表現にも気を使う。不用意に先生方を傷つけず，なるべく先生方から意見が出やすいように，若手の先生を最初にするか中程にするか，意外な課題が露わになった先生にどう結果を伝えるかなど，データから策を練る。「成績表」をもらった子のように自分の学級だけに関心が集中しないよう，相互に生産的な会話が広がるよう，あえて最初に無記名のグラフをお見せしてどの学級かを考えていただくことが多い。それによって，先生方の学級把握の現況を知ることもできる。先生方の学級理解に，ほどよい驚きや焦点の明確化が生じるよう，状況を見立てながら対話を進める。

学級理解が深まり共有されて，今後の課題が明確になれば，先生方にはすでに多くのチャンスがもたらされる。日々の学活での声かけや，学級日誌へのコメント，廊下での会話。いくらでも関係づくりや関係変化のチャンスがある。先生方が継続的に粘り強く働きかけてくださった時，魔法のように驚くほど学級は変化していく。多くの先生方の学級を見る目は鋭く，指導の技も巧みである。数十名の，背景も理解力も好みも違う子どもたちを前に奮闘する先生方のご負担の大きさは想像を超えるが，反対にそれは，先生方の強みである。数十名それぞれと関係づくりができた時，先生方は学級を動かす数十のパスを持っていることになる。一日にして学級が変化する魔法はないが，小さな積み重ねが学級を大きく変える魔法はある。チャンスが多すぎるからこそ，それが日常に埋没したり，情報が多すぎるからこそ学級のイメージを捉えきれずにA・C先生のような生徒との食い

違いが生じたりする。しかしB先生のように、表面的には問題のない学級の「発達課題」を、データと現実をすり合わせながら鋭く見抜き、的確な働きかけをする先生も多い。データやコンサルテーションを基に、学級を捉え直して、関わりを変えてくださることで学級がより支援的な環境になる可能性は大きい。

とはいえ、質問紙は両刃の剣。C先生が実はショックだったと後から言われたように、普段感覚的に捉えている風土が可視化された時のインパクトは大きく、急な気づきが、教師の傷つきや思いがけないこだわりとなって負の影響に繋がる危険もある。データの布置を統合して学級像を描くだけでなく、先生方ご自身や先生方の視点を理解し、安全にプロセスを進めることの必要性は、心理面接と同様である。

V おわりに

CCIを用いた学級コンサルテーションについて述べてきたが、質問紙を用いなくても、学級観察の際に感じる全体の雰囲気や目立つ生徒の特徴、生徒たちの発言・動向や休み時間の様子、学級の生徒からの相談内容、掲示物等から得られる特徴、いじめアンケートといった既存のデータなど、学校は情報にあふれている。それらを重ねることで、学級の特徴や背後にある物語を心理職の視点で見出すことも可能であると思う（伊藤，2009b）。

学級のイメージや物語を共有することで、先生方の指導の焦点がいっそう明確になり、学級を理解してくれる人として心理職との協働が進む効果も大きい。学級が変われば子どもも変わる。特別支援教育の点からも、学級や授業の構造化や安定化で、問題行動が収束することが少なくない。CCIのデータや、あるいは心理職の目から見た学級像というデータは、先生方が立ち止まり、学級像を確認する契機になる。学級崩壊（伊藤，2011）や教師の力量形成（安藤，2012；大西，2013）の点でも、CCIを用いたコンサルテーションや、学級を見立てる心理職の多様な関わりには、まだまだ可能性があると思う。学級は専門外と尻込みしたり、学級を見ても個々の子に焦点を当てがちだったりするかもしれないが、教師の持つパワーと、学級の変化可能性を信じて、先生方と学級について豊かな話し合いを持つことは、先生方のエンパワーメントとなり、子ども支援に直結すると思う。

文　献

安藤徹（2012）学級アセスメントを活用した教師支援の形成 ── 継続的フィードバック面接による支援方法の検討. 心理臨床学研究 29-6；750-761.

伊藤亜矢子（2003）スクールカウンセリングにおける学級風土アセスメントの利用 ── 学級風土質問紙を用いたコンサルテーションの試み. 心理臨床学研究 21-2；179-190.

伊藤亜矢子（2005）学校現場と臨床心理学とのコラボレーションを目指して ── 学級風土コンサルテーションの試みから. In：鹿毛雅治＝編：教育心理学の新しいかたち. 誠信書房, pp.132-153.

伊藤亜矢子（2006）「質」を語る「量」的データ. 発達 105；41-47.

伊藤亜矢子（2009a）小学生用短縮版学級風土質問紙の作成と活用. コミュニティ心理学研究 12-2；155-169.

伊藤亜矢子（2009b）学級アセスメントの具体的な進め方. 児童心理 63-6；78-82.

伊藤亜矢子（2011）スクールカウンセラーは学級崩壊にどう関われるか. 教育と医学（2011年7月号）；42-48.

伊藤亜矢子，松井仁（2001）学級風土質問紙の作成. 教育心理学研究 49；449-457.

大西彩子（2013）軽度発達障害と学級風土. 吉田俊和, 元吉忠寛, 三島浩路＝編：学校で役立つ社会心理学. ナカニシヤ出版, pp.95-101.

教 育

特別支援教育①
── 発達障害の子ども・青年支援

村田昌俊 *Masatoshi Murata*　　上川町立上川中学校教頭

I　はじめに

　特別支援教育が始まり6年が経過した。従来から特殊教育を受けていた子どもたちの教育に加え，通常学級に在籍する学習障害（LD）など発達障害の児童生徒も含め，一人ひとりの教育的ニーズに対応した丁寧な教育を行うという目的をもって取り組み始めた。小中学校を中心に始まった特別支援教育も少しずつ，幼稚園・高校における取り組みも少しずつ充実してきた。そのようななか，2012年7月，中央教育審議会初等中等教育分科会特別支援教育に関する特別委員会が，報告書「共生社会の形成に向けたインクルーシブ教育システム構築のための特別支援教育の推進」をまとめた。国の諮問機関が「インクルーシブ教育の構築」という方向性を示したことにより，我が国の障害者施策の方向性と呼応し，障害の有無や個々の違いを認識し合い，さまざまな人々が生き生きと暮らすインクルーシブ社会の基盤づくりに向け進んでいくことを期待したい。

　筆者は現在，思春期という多感な時期を過ごす中学生に関わる学校現場で教育活動に従事する教職員という立場と，自閉症の青年を育てる保護者という2つの立場にあり，双方の思いを知るなかで，自分なりの立ち位置を定め，公務と地域での自助活動を続けている。

　本稿では，発達障害者への支援の方向性や特別支援教育の現状と課題を確認しつつ，我が国がめざす「インクルーシブ教育システムの構築」に向けて，今後の特別支援教育の在り方について考えたい。

II　現在特別支援教育は

1. 特別支援教育を利用する子どもの増加をどのように受けとめていくのか

　特別支援教育が始まる前後に示された答申やその後の法改正によって，通常学級における「教育上特別な支援を必要とする幼児，児童及び生徒」への適切な対応が規定され，小中学校に在籍する発達障害の児童生徒への支援を行うことが明確となった。このことによって学校現場には，「LD」「ADHD」「アスペルガー症候群」などの発達障害の用語や障害特性などが急激に広がり，同時に校内支援体制の充実や他機関との連携，個別の支援計画に基づいた支援なども始まった。

　学校ではここ数年の間に，特別支援学校や特別支援学級への在籍者が大幅に増加した。特に増加が顕著なのは，自閉症・情緒障害学級，知的障害学級の在籍者であり，通級による指導を受けてい

る児童生徒数も約2倍に増加している。

このような現象を私たちはどのように受けとめていく必要があるのか。特別支援教育やその前後に示された発達障害者支援法，障害者基本法などの影響を含めた一連の流れを理解した上で省察するべきであろう。特に発達障害者支援法が制定された前後から進められている発達支援システムや子育て支援の充実，関係機関によって進められた早期からの相談支援体制の充実や，発達障害という術語のブームとも言えるような急激な浸透により，保護者はたとえ「特別」という修飾語がついていたとしても，「支援の必要性」や「支援を受けることのメリット」から特別支援教育を選択することが増えた。保護者にとって，これまでよりも「特別な支援を受ける」ことへの抵抗は軽減し，特別支援教育を受けるメリットを選択し始めたのかもしれない。もとより特別支援教育が「一人ひとりを大切にする教育」をめざしていること，「丁寧な配慮に基づいた指導によって子どもの成長発達を促進する」という特別支援教育の理念や目的から考えると，多様なニーズをもつ子どもたちにとって，学ぶ場面の選択肢が増えたことは重要なことであった。これを受けとめ，連続的で多様な支援体制を準備しておくことが重要である。学校教育に従事する者としての視点からインクルーシブ教育を捉えた場合，単純に子どもたちが同じ場で同じ内容を一緒に学ぶという体制だけが存在することよりも，発達の過程にある子どもたちがその状態に応じて支援体制を選択できる状況を用意していくことが大切であると考える。

しかしながら，実際の学校現場をふりかえってみると，特別支援教育の実践には依然として地域・学校間で温度差もあり，「丁寧な教育，じっくり育てる教育」とは言い難い事例も耳に入ってくる。いくつかの課題となる事例を挙げ，修正する方法を探りたい。

①発達障害であることや診断名が一人歩きし，「アスペルガーの○○くん」「ADHDの○○くんだから仕方ないわねえ」ということばだけが残り，子どもの支援が置き去りになってしまっていること。
②通常学級に在籍する発達障害の児童生徒への丁寧な教育相談が行われないまま時間が経過してしまい，高校年代や成人した後に壁にぶつかり，当事者の自己肯定感情が低下し，保護者の悩みや不安が大きくなってしまうこと。
③保護者が特別支援学級を選択し，転籍したにもかかわらず，教師による子ども理解に基づいた適切な指導が行われず，彼らのもっている資質や能力を育てる丁寧な教育的サービスが受けられないこと。
④発達障害の子どもや青年の支援において，教育者として考慮すべき当事者・家族の心の問題や人権への配慮を欠くような侵襲的な介入を行い，障害特性の修正や補償的な教育にばかり力を入れてしまい，本人と支援者の相互の関係性に基づいた支援機会に恵まれないこと。
⑤発達障害の児童生徒や家族に対して，本人や家族の思いを十分に把握しないまま，「高等養護学校に進学し，療育手帳さえ取得すれば必ず就職できる」「将来は福祉的な就労のほうが良い」などという安易な進路指導を行うこと。

これらの事例は希なものであると信じたい。本人や保護者に寄り添い，誠実な教育実践を行っている多くの教職員が日々実践を深めている一方で，このような関わりを耳にすることはまことに残念である。特別支援教育や発達障害支援がめざす本来の方向性を今一度確認し，生きづらさを抱えながらも健気に生きようとしている子どもや青年たちの成長を見守りつつ，家族とともに伴走していく教育実践を取り戻していきたい。

Ⅲ　2つの事例を通して発達障害の子ども・青年支援を考える

1. Aさん —— 中学生時代から社会参加を目標にシフトチェンジした事例

　Aさんは中学1年時に高機能自閉症と診断された27歳の男性である。家族は、幼少期から多動で、落ち着きのなかった我が子のことを心配しながらも、Aさんの屈託のない明るさと笑顔に支えられながら二人三脚で子育てに取り組んだ。小学校時代は周囲の理解と援助を受けながら、通常学級の学習と週に2回の情緒通級を併用しながら楽しく学校生活を送っていた。中学校では通常学級で学習することになったAさんは、中学1年時には授業や部活動への参加状況も安定し、学校生活にスムーズに適応し始めたように見えた。しかし、3学期に入った頃から、同級生のからかいやいじめが始まり、これまで学校をほとんど休んだことがなかったAさんは食欲不振、不眠、自傷行為などが始まり、学校に行けない状態となってしまった。両親はそのことを契機として、医療・福祉などの支援者との相談を密にし、二次障害となる瀬戸際となった子どもの心身の回復に努めることに専念した。その後、Aさんは周囲の支援により少しずつ回復し、中学2年生になり、両親はAさんと相談の上、通常学級から情緒障害学級に籍を移し心身の成長と安定に努めた。Aさんは、その後、時折よみがえる記憶の断片からのフラッシュバックに苦しみながらも、余暇活動やストレス解消のために水泳やランニングなどを行い、心と身体のバランスを取り戻し、学校に戻ることができた。中学校卒業後は本人の希望もあり、高等養護学校に入学し、寮生活で3年間を過ごした。職業訓練校に進学した後に、就労に向けた準備を始めた。就労開始時には職業適応訓練制度やトライアル雇用制度を活用し、食料製造業の会社に勤務した。その後もAさんは家庭を離れてグループホームで生活するなど、決して順風満帆とは言えないが、グループホーム施設長や職場の上司など支援者に恵まれ、27歳を迎えた現在もAさんなりに余暇活動を楽しみながら元気に働いている。

2. Bさん —— 高校年代となって医療・福祉的支援を活用し始めた事例

　Bさんは小学5年生の時、ADHDの診断を受けた25歳の男性である。幼少期から運動面では不器用な面や落ち着きがない面があったが、生来真面目であったことや、得意な教科では学年相応の学力が備わっていたこともあり、家族が学習支援を行うことで、苦手な教科も何とか補いながら授業に何とか付いていくことができていた。休み時間などに時折友人と揉めて癇癪を起こしたり、ややふさぎ込んだりして学校を休んだことはあったが、担任の先生や友人に助けられながら中学校を無事卒業した。高校は商業科に進学し、成績は低調であったがほとんど欠席をせずに坦々と学校生活を送っていた。高校2年生の夏を迎え、職場でのインターンシップを体験したり、卒業後の進路について考え始めた頃から心身のバランスを崩し、不眠や抑うつ状態が始まり医療機関を受診した。その後もしばらく抑うつ状態が続き服薬とカウンセリングを続けた（診断名はアスペルガー症候群と変更となる）。高校3年生には何とか進級したが、その後は欠席が続き、家庭に閉じこもった状態となり、昼夜逆転生活に陥った。この頃になるとBさん自身もすっかり自信喪失となり、これまで支え続けた家族も有効な手立てを見いだせない状態となってしまった。しばらくして、家族は医師の紹介で発達障害者支援センターへの相談を始めることになった。その後は医療的なケアを継続するとともに、支援センターで実施している青年グループ活動に参加しながら、生活リズムの立て直しと就労に向けたトレーニングを段階的に進めている。

3. 発達障害支援の可能性

Aさんは中学1年生までは通常学級に在籍していたが，中学1年生の頃に大きな躓きを経験した後，家族はAさんの成長目標としてAさんのペースでゆっくり成長させる道すじを選んだ。ここで家族は専門家や支援者から，自閉症の人たちの感覚面の過敏さや独特な思考方法や精神的な脆弱さ，また，障害のことを聞き，Aさんをありのまま受けとめることを優先させた。その後はAさんの成長目標を心身の健康とし，生活・余暇・就労を意識した方向にシフトチェンジした。自閉症であることを家族とともに本人が受けとめ，自閉症であることの特徴を生かすことや「本人らしく生きること」，「困った時には信頼できる人に助けを求められる」ことを目標に生活を組み立てている。

Bさんは生活能力や学習能力の面で，若干の凹凸や頑なさはあったが，資質的には決して通常学級の中で生活することが困難な子どもではなかった。実際，高校年代前半まで特に大きなトラブルや困難性が表面化しなかった。Bさんのように発達障害の特徴が単に学校適応レベルや学習面の問題だけではなく，支援者が見落としてしまうような小さな躓きの累積が生きるエネルギーを低下させてしまうようなことがある。十分に通常学級の教育でやっていける「軽度」と思われる発達障害の子どもであったとしても，その子どもに向けられる理解や支援が少なければ，青年期において二次障害や負のスパイラルに陥っていく可能性もある。幸いにもBさんは保護者の理解や支援者の支えにより元気を回復している。家族が抱え込むことなく，本人とともに生き抜く道はいつも残っている。

やはり発達障害は裾野の広い概念であり，必要とされる支援も広範囲となり，一見すると何が障害なのかがわかりづらく，発達障害であることを家族や当事者が認識することも難しい。たとえ発達障害があるとわかっても，家族や本人が障害を受けとめることに時間を要するなど発達障害特有の課題がある。通常学級で学び，あまり大きな課題が表面化せずに成長している場合には，青年期以降に直面する課題などはイメージすることさえ難しい。

発達障害のある子どもを育てる家族にとって最も重要なことは，子どもの成長過程において安定した人間関係のなかで社会的承認を得ながら自尊感情を失わさせず，二次障害にならないように青年期を迎えさせることである。それぞれの特徴があり脆弱さと才能を兼ね備えた彼らにとって，定型発達の人たちの文化や枠組みのなかではやや生きづらく，それに適応させることばかりに努めていると，やがて自尊感情が損なわれることもあるのではないだろうか。

発達障害の子どもや青年たち個々の状態像や資質能力には幅があり，それらを十把一絡げに束ねて語ることはできない。一人一人の特性理解を図り，本人にライフスキルを身につけさせつつも，彼ら自身が生活を楽しみ，不器用ながらも生き生きと周囲の人たちと関わり合うことをめざし，じっくりと彼らを育てていく「時間」「居場所」「関係性」を準備したい。やがて訪れる成人期に地域生活や就労の場へと参加することを見据え，家族・教職員・地域支援者がスクラムを組んで，本人と伴走していける繋がりを大切にしていきたい。

Ⅲ インクルーシブ社会で生きるための教育

1. インクルーシブ教育の構築に向けた営みのなかで特別支援教育の質を上げる

筆者は特別支援教育が始まる頃，発達障害の状態像や認知特性などを多くの人が理解すれば，学校現場や地域社会のなかで，理解に基づいた支援や優しいまなざしが生まれると思い込んでいた。しかし，今，特別支援教育の進展によって知られるようになった発達障害の知識や術語が，かえっ

て発達障害の子どもたちを疎外するために使われていることは、たいへん残念なことであると思っている。術語や知識の広がりだけで理解者や適切な支援者が生まれると見積もった自分の甘さを、忸怩たる思いで受けとめなければならない思う。

しかしながら、特別支援教育が始められた6年間のなかで得られた成果も多い。少なくとも特別支援教育が、通常学級を含むすべての教師の課題になったことは間違いない。また、一般社会のなかにも、さまざまな生きづらさを抱えた人々が生きているということが明らかになった。これまであまり関心を持たなかった人々にも、障害のある子どもやさまざまな困難を抱えて学校生活を送っている子どもたちがいるとわかってもらえたことは間違いない。特別支援教育は、障害の有無や中間領域に生きる発達障害の子どもや青年たち個々の違いを認識しつつ、そこに生きる人々が生き生きと生活できる共生社会の実現につながることを信じたい。そのためには学校教育に携わる者たちが医療や福祉などの専門機関で働く人々に働きかけ、ケース会議や共同研究などの機会を積み重ね、それぞれの経験知に基づいた交流によって知恵を出し合い、子ども一人ひとりの状態に応じた支援をテーラーメードで作り上げようとするよう、支援の質を向上させることに努める必要があると考えている。

2. この時代を生き抜く力を育てる

グローバル社会を生きていくことは、若者にとっても働き盛りの大人にとっても困難なことが多い。便利さや快適さを追求するなかで私たちは、得てきたものと同時に、知らないうちに失ってきたことも多い。このような社会、この時代を、子ども・若者・年老いた者、健康を損なった人・障害のある人・元気な人が互いに理解し合い共に生きていこうとしている。「これだけ格差が広がった社会のなかでそんなことは無理じゃない?」「経済や効率優先主義、成果主義の世の中と共生社会は両立なんかできないよ」とさまざまな意見が聞こえてきそうだ。ふだん私たち人間は、個人として自分の力だけを使って生きているように思い込んでいる。しかし、実のところは自分の身の回りに張り巡られた繋がりのなかで多くの人びとや法制度に守られながらようやく生きているのかもしれない。発達障害の人々を外側から見ると、あまり困ったようには見えないのだが、本人たちはこの定型発達の人々が作った社会のなかで、自分の能力を総動員しながら、何とか自分の居場所を作ろうとしている。しかし、自ら繋がりを作ることをあまり得意としない彼らは、知らぬ間に周囲に張り巡られたネットワークからこぼれ落ちていくことがある。彼らが人と人の繋がりのなかで自分らしく生き、働き、楽しみながら暮らしていくためには、早い時期から就労や社会を見通した取り組みを始めることと、本人自身が少しずつ仲間と思える人々との関わりを愛しいと感じられる出会いを保証することが大切であると考える。未だ見ぬインクルーシブ教育に向け、子どもや青年たちと共に考えていきたい。

文　献

文部科学省中央審議会初等中等教育分科会特別支援教育の在り方に関する特別委員会(2012)共生社会の形成に向けたインクルーシブ教育システム構築のための特別支援教育の推進(報告).

馬殿禮子(2011)発達障害児への対応を巡って——生きづらさからの脱却を目指して. In：村山正治・森岡正芳=編：臨床心理学増刊第3号. 金剛出版, pp.89-93.

浜田寿美男(2012)子どもが巣立つということ——この時代の難しさのなかで. ジャパンマシニスト社.

品川裕香(2009)大人になるまで・大人になってから——厳しい教育・社会の現状とその打開策. こころの科学145；79-84.

実践領域に学ぶ
臨床心理ケーススタディ

[教育]

特別支援教育②
—— 聴覚障害児教育と心理支援

河﨑佳子 *Yoshiko Kawasaki*　神戸大学大学院人間発達環境学研究科
若狭妙子 *Taeko Wakasa*　京都文教大学大学院臨床心理学研究科

I　はじめに

　筆者らは長年，聴覚障害児・者に対する心理支援に携わってきた。その過程で，聴覚障害教育（ろう教育）の課題にも触れ，深く考えさせられた。聴覚障害児の心理発達は，教育目標と方法論をめぐる問題——具体的には，日本語習得のための口話偏重や手話否定，インテグレーション志向など——に大きく左右され，学校での対人関係や家族関係に深刻な影響を及ぼした。本稿では，障害児をめぐる支援と教育について，聴覚障害児の心理発達の視点から論じる。まず，インテグレーション教育の中で育った重度難聴者らの体験を取り上げ，事例に基づき考察する。次に，聴覚障害をもちながらも「きこえる」存在として育てられがちな軽・中等度難聴児の心的体験について，本人の語りを紹介する。さらに，近年増えつつある人工内耳装用児への心理支援について，事例を通して検討したい[注1]。

II　重度難聴者の
インテグレーション体験——事例A

　Aがカウンセリングを希望してセラピストに連絡をくれたのは，大学を休学して2年が過ぎた頃だった。インターネットで得た情報がきっかけだったという。
　1980年代に生まれたAは，1歳台で重度の聴覚障害と診断され，幼児教室での口話訓練を経て地域の公立小学校に入学した。手話に触れることを否定し，残存聴力を活用した口話訓練が絶対だった時代，国語を含む教科指導を口話だけで行う方針がろう教育の主流だった。両親の期待を背負って学習に励んだAは，高校受験では県内有数の進学校に合格し，難関大学を目指していた。だが，2年生に進級した頃から無気力になり，成績も落ちた。目標レベルを落とすことでどうにか大学には合格したものの，間もなく授業を欠席するようになった。事実を知った親から叱責された時，Aは生まれてはじめて親に逆らい，自室にこもって動かなくなった。母親は大学の相談室を訪ねて心理士と面接したが，本人は梃子でも動かず，打つ手を失った。Aはパソコンに向かう日々のなかで「聴覚障害」関連の情報にアクセスするようになり，「ふと気持ちが動いて」セラピストに連絡した。

注1）紹介する事例は，筆者の体験をもとに筆者が創作したもので，実在の人物ではない。描き出したい本質的な事柄だけを取りだし，その他については個人のプライバシーを保護することに配慮している。

かつて、Aは「口話訓練の成功児」だった。恵まれた知的能力と勘の良さで優れた日本語を習得し、対面の会話にはほぼ困らない口話力だった。だが、集団での会話や雑音の多い状況では、「まったくわからない」状態になる。学校の授業は理解できないことが前提で、教師の説明をあてにしたことはなく、母親や家庭教師の援助を得てほぼ自力で学習した。手話は知らず、むしろ自分には関係のないものだと蔑んできた。物心ついた時から親の指示に従い、「きこえる人に負けない」ことが使命だった。

小学生の頃から、無視されること、置いていかれること、笑われることは、当たり前の毎日だった。今思えば、A自身の心の中にも、周りを見下すことでかろうじて自尊心を保とうとしている面があったかもしれないという。中学時代も慢性的ないじめにあっていたが、そのことについて誰にも話したことはなかった。自分がいることは「聴者の足手まといなのだ」と感じ、かかわらないこと、邪魔にならないことが重要と悟って、存在を消すように努め、本ばかり読んでいた。そして周りとの隔たりが広がっていった……。楽しそうに話してよく笑うクラスメートの姿は、紗のかかった色のない映像のようだった。教師との関係も同じだった。小学校の頃は、熱心に話しかけ、授業のプリントを用意してくれた先生もいたが、きこえない体験を想像することは難しかったと思う。中学以降は先生の名前すら憶えていない。「誰でも同じ」で、個人的な思い出はない。人間関係だけでなく、行事なども含めて、思い出と呼べるような記憶がないのだ。最近はスクールカウンセラーがいたりするので、訴えやすくなったかもしれない。でも、「健聴者にはどうせわからない」と思っているので、カウンセラーの方から声をかけてくれなければ、なかなか気持ちは向かわないだろう。改めて思うのは、当時もっとも辛かったのは、そんな自分の体験など理解しようともせず、ただ「勉強しなさい」「がんばりなさい」と繰り返す親の態度だった。「健聴者に負けないように……」と言われたが、実は、親の方が「健常児をもつ親に負けたくなかった」のだろう。

手話を取り入れた最近の教育、手話で子育てしている親や家族のこと、さらには「日本手話」[注2]を自らの言語として堂々と生きる人たちの情報に接すると、そんな事実を否定したい気持ちになり、セラピストに対しても怒りを覚えた。今さら無理だという諦めや、うらやましさに苦しんだ。人生への後悔を怖れて、直面化を避けていた自分に向き合うには時間がかかったが、面接開始当初「闇の中にいる」と語ったAは、「健聴社会・健聴家族の中に生まれ、育つ体験のいかなるか」を語り、考え、整理しながら、次第に将来の自分に関心を向けていった。

臨床活動を通して、Aのような体験をして育った聴覚障害者が大勢いることを知った。それらの事例は、見切り発車を許す安易なインクルージョン志向を捨て、聴覚障害がもたらす一次的、二次的な課題を丁寧に見直して、その固有の必要性に応える特別支援を検討しなければならないことを教えてくれた。聴覚障害がコミュニケーションの障害といわれるのは、健聴児にとっての自然獲得言語であるコミュニケーション手段（音声言語）が、聴覚障害者の場合は健聴者と同等には機能しない点にある。それは他の障害との決定的な違いでもあり、特別支援教育という旗印の下で特殊教育が一本化され、ろう学校が統合閉鎖されていく動きを懸念する理由もそこにある。「障害をもつ子どもを地域の学校が受け入れる」というだけのインテグレーションが聴覚障害児の心理発達にもたらした影響を共有すれば、聴覚障害教育の特殊性と専門性について再評価が求められる。親に対す

注2）日本手話は日本のろう者が昔から使ってきた自然言語で、日本語とは単語も文法も異なる別の言語である。自然言語であるために、その中にいれば子どもは自然に日本手話を身につけることができる。一方、（日本語）対応手話は、音声言語と手話を同時に使うコミュニケーション方法で、日本語の語順に手話単語や指文字を合わせて付けて表現する。

る早期支援としての幅広い情報提供，親子関係を培うためのコミュニケーション支援，聴覚障害児の生活言語の保障，本稿でのちに若狭が語る「全部わかる」学級運営などの観点は必須だろう。コミュニケーションと情報の保障された環境で，きこえない子どもたちが同じ障害をもつ仲間や先輩と交流する機会を保ちながら，健聴児と聴覚障害児が学び合って成長する。そのプロセスを探る努力のなかで，真に求められるインクルージョンの姿が明らかになることを願いたい。

III 軽・中等度難聴とインテグレーション

　聴覚障害児のなかでもインテグレーションにより近いのは，軽・中等度難聴児である。軽・中等度難聴という障害の見えにくさは，健聴者とほぼ同様に「話せる」点と，案外「きこえる」点にある。そして，親や専門家も，子どもたちの発話ときこえている部分を確認して，「大丈夫」と判断しがちであるが，実際には，彼らは多くの困難と苦悩を抱えて生活してきた。

　ここでは，「全くきこえないわけではないが，健聴者と同じようにはきこえない」子どもたちが，特別なケアや配慮のない環境でどのような心理的体験をしてきたかを明らかにしたい。まず，中等度難聴であり臨床心理士でもある若狭が，自らの生い立ちを一事例として綴る。それは，筆者らが臨床家として出会ってきた多くの難聴者たちの報告と重なる体験である。

軽・中等度難聴者としての「私」（若狭妙子）

　現在の私は中等度難聴であるが，幼児期は非常に軽い難聴だった。そのため，母は私を「少しきこえにくいのかな？」と思うことはあったらしいが，祖父母にも可愛がられるなか，普通に育てていた。だが，3，4歳になると，母は「あれ？」と思うことが増えた。呼んでも答えない，用事を頼んだのにやっていない。子ども同士の会話が理解できないのか，遊びの輪にうまく入れない様子が見られた。しかし，周囲に相談しても，「歌も歌えるし，おしゃべりもしているのだから，きこえているわよ」となだめられた。

　小学校入学前，不安をはっきりさせたいと思った母が私を「ことばときこえの教室」へ連れて行ったところ，軽度難聴とわかった。そこで，週に一度難聴学級へ通い，補聴器装用のサポートを受けながら，地域の普通学校へ通うこととなった。小学1年生になった私は，親から「あなたは耳がきこえにくいのよ」と言われても，ショックはなかった。ありのままに育ててもらったためか，ありのままの自分が好きだった。使い始めた補聴器のきこえをうるさいと嫌がっていたが，学校では，補聴器を珍しがる同級生たちに，私は自慢げに補聴器を手に広げて見せていた。一方，「きこえにくいってどういうことだろう？」と膨らんできた疑問を，難聴学級の先生との間でいきいきと展開することは難しかった。難聴学級の先生から「大人になったら良くなるかもしれないよ」と言われたり，聴力検査で「きこえているから大丈夫ですよ」と聞くうちに，私は「耳を治すために補聴器をするのだろう」「難聴学級に通うのは，きこえるようになるためなのだろう」と思うようになった。

　小2，小3と学年が上がるにつれ，情報が入らないことによるすれ違いを，どう理解してよいのかわからなくなった。自分の耳そのものを障害と思っていなかったのだが，「わかっていない」「違うでしょ，よく聞いて」と言われ，笑われたり，「天然だね」という評価が返ってきたりした。いつも注意されるのは私で，いつしか「きこえない私が悪いのだ」と思うようになった。

　友達とのおしゃべりに入れない悔しさをごまかすために，一生懸命相槌をうち，みんなが笑うとおかしい振りをした。一人になると，友達も自分自身もごまかしている罪悪感でいっぱいになり，「私は嘘をついている」と，身体をかきむしっては自分を責めた。

授業中もいつも緊張していた。人の発言がきこえないため、発言がかぶっては笑われた。ディスカッションや多数決のときも、今何を話し合ってどんな意見が出ているのか、全くわからないまま挙手をして、理由をきかれては恥ずかしい思いをした。教科学習の内容を必死で目で追った。黒板から授業内容を推測して、家で教科書を読み込んだ。国語の音読も、自分の担当する文を知るために、文章の句読点の数と自分までの席数を照らし合わせて待っていた。のちになって気づいたことだが、健聴の級友たちが安心して学習し、登場人物の心情に思いを巡らしたり、先生の話からさらに連想を膨らませたり、どんどん賢くなっていくのに、きこえない私は、そういうところばかりに心のエネルギーを使い果たして疲労困憊していた。それでも失敗を繰り返しては、「よく聞いていなかった私が悪い。もっともっとよく聞かないと」と思っていた。それは、一人だけの、終わりのない努力の連続だった。

一方、難聴学級は、同じ仲間がいて「私もきこえなくて良い」という安心感があった。でも、好きといえる場所ではなかった。一番残念なのは、難聴児同士が最も話が通じなかったことである。耳のきこえない者同士、どうしたら会話が成り立つのかわからなかった。相手も私の話を「うんうん」とごまかしながら聞いていたし、簡単な話しかできなかった。「難聴の人ってつまらない。このまま大人になりたくない」と思っていた。

成人してから、かつての難聴学級のメンバーで集まったとき、ほとんどが手話（対応手話）を個人的に身につけていた。とても流暢といえるものではないが、それでもなくてはならない大切なコミュニケーション手段で、話が通じることが嬉しかった。「この人、こんな人だったんだ」という驚きは、まるで初対面の体験のようだった。なぜ私たちに子どもの頃から手話がなかったのか、なんてもったいないことをしたのだろう、という疑問と後悔が湧いた。

私に手話を覚えるきっかけをくれたのは、同じ大学のろう学生である。はじめは、自分に必要とは思わず、彼女と仲良くなりたくて覚え始めたが、こんなにも双方の話が通じるのかと、ものすごく衝撃だった。

このときまで、人の話は集中するからきこえるものと思っていた。毎日が「英語のヒアリングテスト」のようだった。だが、会話ってこんなに楽しいのだと、20歳になって知ったのである。講義の内容も、手話通訳が付くと全部わかる。私もみんなと同じタイミングで笑える。すごく感動し、嬉しくて仕方がなかったが、だんだんそれが辛くなった。「きこえる人は、ずっとこんなはっきりと輪郭のある世界を生きてきたのだ。みんな、息をするように、授業中の話も、友達の会話も聞いていたのだ。それに比べて、私はなんて曖昧でぼんやりした世界に居たのだろう。私の20年間は何だったのか?!」。手話通訳を見ていると、涙が出てきた。やり直すことのできない人生の時間……。

次から次へと湧き出る怒り、混乱、落ち込みに、耳を傾けつづけてくれる友人がいた。そして、聴覚障害の心理臨床を学ぶ勉強会は、きこえるメンバーときこえないメンバーが、率直に体験の違いや疑問を尋ね合う場所であった。こうした仲間に恵まれたことが、苦しくても立ち直ろうとするきっかけをくれたと思う。

それから10年が経った。母親になった私は、「日本手話を獲得できなかった」事実に直面している。対応手話では、結局のところ中途半端にしか通じない。今、きこえる息子を前にして、この子と完全に通じ合える日本手話があればどんなに良かっただろうかと思う。これからの難聴児には、本人のためにも、そして将来生まれてくる子どものためにも、自由自在に操れる完全言語としての日本手話を身につける機会を保障してもらいたい。そう強く願う。それはまた、きこえない子どもたちの集団が大きくなり、聴覚障害児をめぐる特別支援教育が活気づく原動力になるのではないか。

IV 人工内耳とインテグレーション
── 事例B

新生児聴覚スクリーニング検査[注3]の普及、人工内耳の改良に伴って、幼児期に人工内耳手術を受ける聴覚障害児が増加している。人工内耳は、重度難聴児に軽・中等度難聴のきこえをもたらし、音声言語の習得がずっと容易になる。しかし、彼らは健聴児になるわけではない。たとえ音声言語獲得を可能とする聴力が得られても、騒音下や反響のある場所、複数の会話では聴き取り能力が落ちる。そうした体験が子どもたちの成長に及ぼす影響を理解するために、軽・中等度難聴者からの学びを生かし、「特別」と呼ぶにふさわしい支援を提供することが期待される。その示唆となる事例を紹介したい。

中学1年生のBは、先天性の重度難聴である。ろう学校幼稚部を経て、小学校からインテグレーション教育を受けることになった。4歳の誕生日直前に受けた人工内耳手術による聴力効果は平均的で、母親は「確かに、よく音を聴くようになり、発話もぐっと増えた」という。ただし、健聴児の会話の輪には入っていけず、授業内容の理解は難しかった。勉強については父親がまめに支援してきた。低学年からスポーツチームに入り、活発で明るい性格のBは順調に育っていると思われていた。

Bの様子が変化したのは6年生になってからで、ぼんやりしている姿が目立ち、独り言や独り笑いが見られた。中学生になると、その傾向がさらに強まって、学校での表情が険しくなった。家でも、突然不機嫌になったり、笑い出したりするが、訳を尋ねても応じない。父親との勉強を避けるようになり、母親にはべったりで、幼い子のように甘えるかと思えば、苛立って物を投げつけることもあった。

Bが幼かった頃、テレビの手話講座をきっかけに手話を学んだ母親は、Bに向かって話す時には、ある程度の対応手話を使っていた。ただし、本人が手話をすることはまったくなかった。Bは「聴覚障害者である」という事実から、できるだけ遠ざかっていたかった。だから、自ら手話をするのを嫌い、外出先では母親の手話も拒んだ。

初回面接の日、Bは母親の背に隠れて、セラピストを見ようとしなかった。だが、セラピストが手話を付けながら語りかけると、徐々にセラピストの様子を盗み見るようになった。セラピストはそれまでの経験から、聴覚障害児がインテグレーション教育や聴者家族の中でどのような体験をし、困惑したり、不安になったりしてきたかについて、具体的な例を挙げながら、Bにも同じような体験があったのではないかと問いかけた。そのやりとりをきっかけに、Bは来談を承諾し、高校1年生半ばまでの3年間、毎週カウンセリングに通ってきた。日常生活の報告から始まり、徐々に幼少期からの体験を辿り、家族への思い、きこえない自分をどう感じてきたかを話してくれた。その内容は、先に若狭が語った「軽・中等度難聴者としての経験」に重なる点が多かった。

やがて、進路を話題にする時期がきて、自分で選んだ高校に進学した。その過程で「同じ障害をもつ人に会いたい」と考えたBは、セラピストの提案で、聴覚障害学生の集まりに両親と共に出かけていった。その会合で得た「情報保障」に関する知識が、希望校を選択する際にとても重要な条件となった。

高校進学後しばらくして、自分の障害についてクラスメートに説明できたこと、部活で友だちができたこと、ノートテイク支援が始まって安心できたことを報告したBは、「やっていけそうに思う」と面接終結を申し出た。

注3) 新生児スクリーニング検査は、出生後2～5日に産科で行われる検査で、眠っている赤ちゃんに35～40dBの音を聞かせ、その反応を調べる。その結果「再検査」が必要となった場合には、生後3～4ヵ月で精密検査を受ける。

V　おわりに

　健聴である筆者（河﨑）は，手話学習をきっかけに，聴覚障害者施設やろう学校での支援，親や家族とのかかわりを続けてきた。事例Aのように，自ら心理療法を求めて来談する聴覚障害者も少なくない。重度難聴であれ，軽・中等度難聴であれ，健聴者とは「きこえの異なる」人々との出会いは，まさに目から鱗の日々であった。健聴の私にとっての「当然」や「常識」を根底から覆される発見は，浜田（1999）のいう「本源的な自己中心性」を具体的に痛感する体験となった。「生身の身体を抱えている私たちは，どんなに脱中心化を徹底しようとしても，自分のこの身体の内側からこの人生を生きているという事実を抜け出すことはできない……いくら脱中心化しても，自分の身体の位置からこの世を生きる以外にないという自己中心性は，どこまでいっても残る。身体をもつということは，そもそもそういうことなのである」（浜田，1999）。そうした気づきは，聴覚障害のみならず，他の障害をもつ子どもたち，さらには健常児の心理発達を支援する上でも，多大な示唆を与えてくれた。そんな学びの一端を記す機会を得たことを光栄に思う。

文　献

浜田寿美男（1999）「私」とは何か．講談社．
河﨑佳子（1999）聴こえる親と聴こえない子．In：村瀬嘉代子＝編：聴覚障害者の心理臨床．日本評論社，pp.121-146．
河﨑佳子（2004）きこえない子の心・ことば・家族．明石書店．
河﨑佳子（2005）新生児聴覚スクリーニングと家族支援．こころの臨床アラカルト 24-4；445-448．
河﨑佳子（2008）きこえない子どもたちと家族．In：村瀬嘉代子，河﨑佳子＝編著：聴覚障害者の心理臨床②．日本評論社，pp.141-159．
若狭妙子，河﨑佳子（2008）軽・中等度難聴者の心理．In：村瀬嘉代子，河﨑佳子＝編著：聴覚障害者の心理臨床②．日本評論社，pp.141-159．

実践領域に学ぶ
臨床心理ケーススタディ

教育
大学学生相談

西村優紀美 *Yukimi Nishimura* 富山大学
斎藤清二 *Seiji Saito* 富山大学

I　はじめに

　大学における学生支援は，近年大きくその様相を変えている。大学生がキャンパスライフにおいて遭遇するトラブルや困難は，極めて多様化しており，従来からの古典的な学生相談という概念だけでは十分に対応できない。その典型的な例の一つとして，大学における発達障害学生支援の問題がある。

　発達障害のある大学生がキャンパスライフにおいて抱える問題は多岐にわたる。彼らの多くは社会的コミュニケーション上の困難を抱えているが，そのために起こってくる問題は，入学直後の大学生活への適応の問題，ゼミ活動や実習，あるいは卒論指導といった修学そのものに関わる問題，キャリア教育，就職活動，就労定着などの社会参入に関する問題など，極めて多様である。また支援者は，専門職としてのカウンセラーに限定されるわけではなく，学務担当の事務職員，広い意味でのコーディネーター職員，教員などの幅広い多職種の有機的な連携が必要とされる。このような，多様で複雑であいまいなところが多い支援活動を有効に組織化し，日々の活動を行いつつ改善していくためには，単なる"古典的な学生相談理論の現場への当てはめ"という戦略はほとんど役にたたない。

　しかし一方で，発達障害大学生に対する支援において，さまざまなニーズを持つ学生の人間的成熟を援助する心理教育的アプローチが中核的な役割を果たすことも事実である。吉武（2010）は，「学生相談は大学教育の一翼であり，教職員と連携して学生の心理的成長・発達（人間的成熟）を援助し，大学および社会への適応を支援するものである」と言い，いつの時代にもある学生期（学年進行に伴うステージ）の悩みに関わる相談，学生期のアイデンティティをテーマとした不安定な心理的状態を支えるものとして，学生相談は重要な役割を担っていると述べている。現実的には，旧来の学生相談の有用な側面を取り入れつつ，有効に機能する総合的な学生支援システムを構築していくことが，発達障害のある学生だけではなく，困難を抱える全ての学生の支援にとって重要であると思われる。

II　大学生支援における事例研究の意義

　事例研究（case study）とは何かという問いに答えることは難しい。Stake（2000/2006）によれば，事例研究は，質的探求を行うためのもっとも一般的な方法の一つであるが，それは必ずしも一つの独立した研究法を示唆しているわけではなく，むしろ，何が研究されるべきかという，対象の選択

であるとも言える。何をもって事例とするかには，非常に多様な定義のしかたがありうる。心理臨床的な事例研究において，事例とは一人（または複数）のクライエントとされることが多いが，むしろクライエントと治療者と周囲の環境を含む一つの相互交流システムであるとして境界づけるほうがより適切であると思われる。いずれにせよ，事例は必ず「固有性」を持っており，「境界のあるシステム」であると考えられる。

Greenhalgh（2006/2008）は，物語研究法としての事例研究を，患者やクライエントといった個人を対象とするものに限定せず，むしろ，ある一つの社会システムを事例として想定し，「そのシステムにおける関係性とプロセスを描きだすために十分な詳細を明らかにし，ある特定のできごとがそのように展開するのはなぜかについての洞察を提供するもの」として説明している。そして，組織改善活動という文脈における事例研究を，「研究者が一つの組織の改革の主導過程を詳細な物語の形式で記述すること」と定義している。

実際のところ，発達障害大学生支援システムは，「支援対象集団（発達障害大学生）の把握とアクセス確保のための理論・方法論が未整備である」，「支援実践のためのリソースを確保する方法論と手段が未整備である」という"あいまいで未解決"な問題を抱えている。筆者らは，このような問題を解消しつつ漸進的に有効なシステムを構築・運営するために，「知識経営（knowledge management）」と「物語的アプローチ（narrative approach）」という2つの実践科学モデルを導入した（吉永・斎藤，2010）。実際にこのシステムを構築・運営するにあたって，個々の支援対象学生と支援者の相互交流を一つの事例として境界設定した複数の研究は有用であったが，同時に大学における支援システムそのものを一つの事例と考える組織事例研究（organizational case study）も，システムの改善，発展に重要な役割を果たしている。本稿では，富山大学における発達障害大学生支援を一つの大きな事例と考え，その重要な一部分を占める小集団活動実践について，事例研究としての観点から描写し，考察したい。

Ⅲ 事例としての富山大学における発達障害大学生支援

2007年，富山大学は発達障害のある学生を支援するための学生支援システムを構築し，活動を開始した。その拠点を，アクセシビリティ・コミュニケーション支援室（以下，HACS）に置き，支援コーディネーター（以下，コーディネーター）を実働部隊とする支援が開始された（斎藤・西村・吉永，2010）。HACSでは，社会的コミュニケーションに困難をもつ発達障害大学生を対象としたコミュニケーション支援を行うとともに，心理教育的サポートを行っている。その多くは個別面談であるが，修学上の問題が減少するにつれ，自分自身の特性やコミュニケーションそのものを扱う面談に変化していく。

過去にコミュニケーション上の困りごとが多かった学生にとって，「自分自身のコミュニケーションという問題への直面化」は大きな精神的負担を伴う。ある学生は個人面談において，「人とうまく関われないという事実をどう扱ったらよいかという問題は，いつもこの辺に（頭のある一部を指して）にあるテーマなんです。思い出すたびに，ちゃんと考えられない自分に絶望します。一人で考えるのは怖いけど，考えることを手伝ってくれるとできるような気がします。一緒に考えていくことを手伝ってもらえますか？」と語った。支援室では個別面談の中で，さまざまな修学上の問題を話題にとりあげる。対話を通じて，学生の内にある漠然とした不全感は軽減し，頑張っただけの結果を得ることができるようになっていく。現実的な達成感を基盤に，次のステップに踏み出す勇気を得て，支援者という安心できる他者との関係の中で，あえて自分の課題に向き合いたいと思う学生の決意が尊重される。

学生は個別面談の中でコーディネーターとの対話を通して，自分自身を拘束してきた「基盤としてのナラティブ」（斎藤・岸本，2003）に気付き，自己理解が深まっていくように見える。「基盤としてのナラティブ」とは，一般的に我々がこのように考えがちだとか，すぐそういう考えに陥ってしまうというような，思考の癖，考え方の根幹をなすものである。「基盤としてのナラティブ」が意識化されることにより，過去の体験が再構成され，知識となって蓄えられ，未来へのイメージが思い描けるようになっていく。苦しい過去の体験が言語化されることにより，訳の分からない混沌のような体験が，対象化され，理解可能な体験に再構成されていく。そして学生の多くは，「同世代の仲間と会話できるようになりたい」，「同じ悩みを持つ人だったら緊張しないと思う」と言語化するようになる。支援者との一対一の関係を超えて，複数の対等な関係の中に一歩踏み出す準備ができる。HACSではこのような学生の願いを実現し，社会化に向けて一歩踏み出すための場を提供するために，小集団によるコミュニケーション活動の場「ランチ・ラボ」を開催している（水野・西村，2013）。本稿では，①小集団活動において，参加者が語る「基盤としてのナラティブ」を参加者全員で眺め，それぞれの参加者のナラティブに耳を傾け，②それぞれの「基盤としてのナラティブ」にある共通点や相違点，関連性を見つけながら，それらを包摂する統合的なナラティブに語り直していく「メタ・ナラティブの生成」のプロセスを描き出すことを試みる。

IV　小集団活動「ランチ・ラボ」

1. 活動の目的と意義

　「ランチ・ラボ」は支援室を利用している学生を対象とした小集団活動の場であり，「同年代の仲間とのコミュニケーションの場がほしい」と願う学生が安心して参加できる場として機能することが目指される。また，自分の考えや意見を尊重して聞いてもらう体験をするとともに，他者の考えに耳を傾ける体験を通して，考え方の多様性を受け入れる態度を養うことができる場でもある。なお，人との関わりに不安や緊張が強い学生を無理に参加させることはせず，あくまでも学生本人の意思を尊重した活動であり，活動後には個別面談で振り返りを行い，学生の不安や疑問を解消していくように配慮されている。

2. 活動の概要

① 実施日：週1回，昼休み時間帯の90分間。
② 活動内容：会食，ラボトーク，メタナラティブの作成
③ 参加者：学生5名，卒業生2名，コーディネーター4名（平成24（2011）年度）
④ 活動場所：HACS活動室

3. 活動の流れ

① 各自準備した昼食を食べながら雑談する。
② ラボトークを開始する（テーマを書いたカードを準備）。
③ 一人がカードをめくり，各自がテーマについて考えたことを付箋に書く。
④ 自分の考えを言い，付箋をシートに貼る。
⑤ 一人の話が終わったら，他の参加者は質問や感想，意見をシェアする。
⑥ 参加者全員が順に話をする。
⑦ テーマを変えて，③〜⑥を数回繰り返す。
⑧ シートを見ながら全員で振り返り，メタナラティブを作成し，シェアする。
⑨ メタナラティブの作成（個別）。

4. 小グループ活動を行う上での配慮

参加学生が主体的に参加できるよう，学生の希望や要望を随時，テーマに取り入れる。また，会話に苦手意識が強い学生が安心感をもって話せるように，個人面談の中で語られるそれぞれの学生の興味をテーマに盛り込む。回数を重ねるにしたがって，学生が自分自身の特性や傾向に目を向けるようなテーマが盛り込まれる。コーディネーターは学生同士の交流を促進するために，学生の発話を拾い，他の学生に話題をつないでいくよう心がける。同時にコーディネーターも一人の参加者として語る場面を作り，他者の発言に対して積極的に質問や意見を言ったり相槌をうったりして，学生にとって「話す・聞くモデル」となるように心がける。

5. テーマ

内容別に5つの段階を設け，参加者の状態や時期等に応じて選択した。以下に実際にとりあげられたテーマの例を示す。

① 気軽に話せること：「好きな食べ物は？」「GWの出来事は？」「夢の話」
② 日頃の自分を振り返る必要があるもの：「自由な時間は何をしますか？」「リフレッシュ法は？」「大学での勉強法は？」「言われて嬉しかったことは？」
③ 自己開示する必要があるもの：「自分にとって心地よい場所は？」「五感の中で一番大切なものは？」「恥ずかしかった失敗談」「自分で自分を褒めたいときは？」
④ 判断を伴うもの：「嫌な人と顔を合わせてしまったら？」「急いでいるときにアンケートを頼まれたら？」
⑤ 就活の面接に役に立つもの：「自己PRを一言で」「あなたにとって働くとはどんなことですか？」「10年後の自分はどうなっていると思いますか？」

6.「ランチ・ラボ」の実際

セッションの内容は参加者の了解を得てICレコーダーに録音され，逐語録が作成される。以下に，その一部を紹介する（図1）（アルファベットは学生，「コ」はコーディネーターを表す）。

テーマ：自分で自分をほめたいとき
A：（カードを引く）自分で自分を褒めたいときは，どんなときですか？
B：はぁー。
E：何があるかな？
A：難しい質問ですね。
コ1：つい最近のことを書こう。
A：どうしようかな？　え〜，そんなことあったかな？
B：うーん。褒めたいときか……
（それぞれが考えて，付箋に書く）
コ1：はい。じゃあ，自分で自分を褒めたいときはどんなときですか？　まず，じゃあ，カードを引いたAさんからお願いします。
A：はい。えっと，自分で自分を褒めたいときは，つい自分にとって難しいと思ったり，嫌だと思ったりしたことをやり遂げたとき。
コ1：いいですね。
B：あー，納得できますね。
A：私，結構，嫌なことはやらないって性格なんで……
B：なるほど。
A：結構それでごまかしてきている（笑）。人生それでごまかしてきたところがあって，それでも，どうしても難しいことや，嫌なことをやらないといけないから，それは避けて通れないこともありますから，それを乗り越えたら，もう，褒めてあげたいと思いますね。
B：素晴らしいですね。
（一同口々に，同意したり賞賛したりする）
コ1：次，私です。私は儀式が嫌い，苦手です。今週，ある学校の入学式に出席して，60分耐えたことを褒めてやりたい。

実践領域に学ぶ
臨床心理ケーススタディ

```
                  ┌─────────────────────────┐          ┌──────────────────┐
                  │私は「〇〇式」が苦手です。雰囲気│          │自分にとって難しいと│
                  │が嫌なのです。今週の月曜日にある│          │思ったりいやだと思う│
                  │学校の入学式に出席して60分耐え │          │ことをやり遂げたとき│
                  │ました。自分で頑張った自分を褒め│          └──────────────────┘
                  │てあげました。                │
                  └─────────────────────────┘
┌──────────────┐                     ┌──────────────┐              ┌──────────────┐
│自分の作った料理や│                     │自分で自分を   │              │嫌な仕事を頑張って│
│お手伝いがうまく │──────────────→│褒めたいときは │ ←────────│やって無事やり終え│
│いったとき    │                     │どんなときですか？│              │たとき        │
└──────────────┘                     └──────────────┘              └──────────────┘
                  ┌──────────────────┐    ┌──────────────────┐
                  │めざまし時計がなる前│    │サイコロを振って両方│
                  │に目が覚めたとき  │    │6が出たときとか   │
                  └──────────────────┘    └──────────────────┘
```

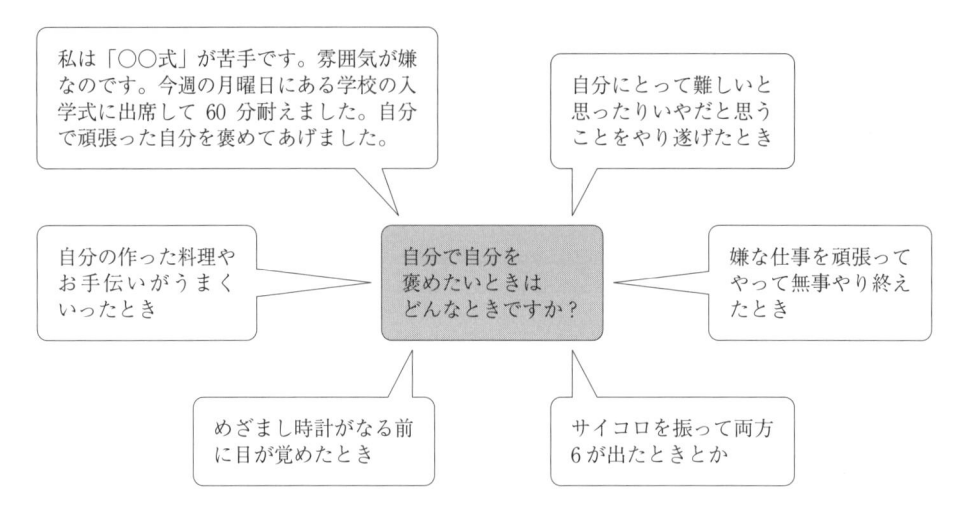

図1　テーマ・トーク「自分で自分を褒めたいとき」

B：そういえば……あの，僕は，教職を取ってますけど，入学式とか，そういう大事な式で居眠りするんですよ。

コ1：あー，同じですね。私もすぐ眠るんです。きっと，自分で意識をシャットダウンするんだと思います。

B：あー，なるほど。

コ1：「起立」っていうときに，どこで立っていいやらみたいな風になっちゃう（笑）。

A：私，「全員」とか「卒業生」とか「在校生」とか間違えて立ったことは何度ある。

コ2：私も3年前，それやりまして（笑）。

A：小学校のとき，よくやらかしたから。

E：式は嫌いでしたね，私も小学生の頃とか私はよく脱走して捕まってた（笑）。

コ1：脱走したいよね。

A：あー，わかる，わかる。わかります，それ。

コ1：式，嫌いな人は？（全員手を挙げる）

コ2：好きな人いるんですかね？

E：なんか，花束もらうのが好きな人とかいますよね。

B：まあ，僕はあの，小中高と儀式に出ていましたけど，ただただ，ウトウトしてしたら終わっていました。

これまで失敗体験や予想外に叱られた体験が印象に残っている学生，また，自分への評価が厳しい学生が多く，「これぐらいのことで自分を褒めてもいいのか？」という迷いもあるようだった。過去のネガティブな体験に埋もれている「頑張っている自分」を思い出し，肯定的な自分というイメージに敷き直す作業がここでは行われている。揺れる気持ちを見事に言い表し，みんなの前で言語化したのが卒業生のAだった。「嫌なことはやらないタイプ」と自己開示したうえで，「それでもやらなくてはいけないときがあり，それをやれたときは自分を褒める」というAの表現は，隠しておきたいような弱い部分を正直に伝えながら，ちょっと頑張った自分を程よい満足感をもって表現している。コーディネーターとの一対一の面談で語られていたことを同世代の仲間の中で自己開示でき，しかも，「やらなくてはいけないって頑張るところがすごい」と参加者から賞賛を得たことは，ネガティブな体験に隠れていた肯定的な自己像を再認識するきっかけとなった。

7. メタナラティブの作成

　一般的に，発達障害のある人たちは他者への関心がないとか，自分のやり方に固執しがちともいわれているが，筆者らの一人は，はたしてそれは

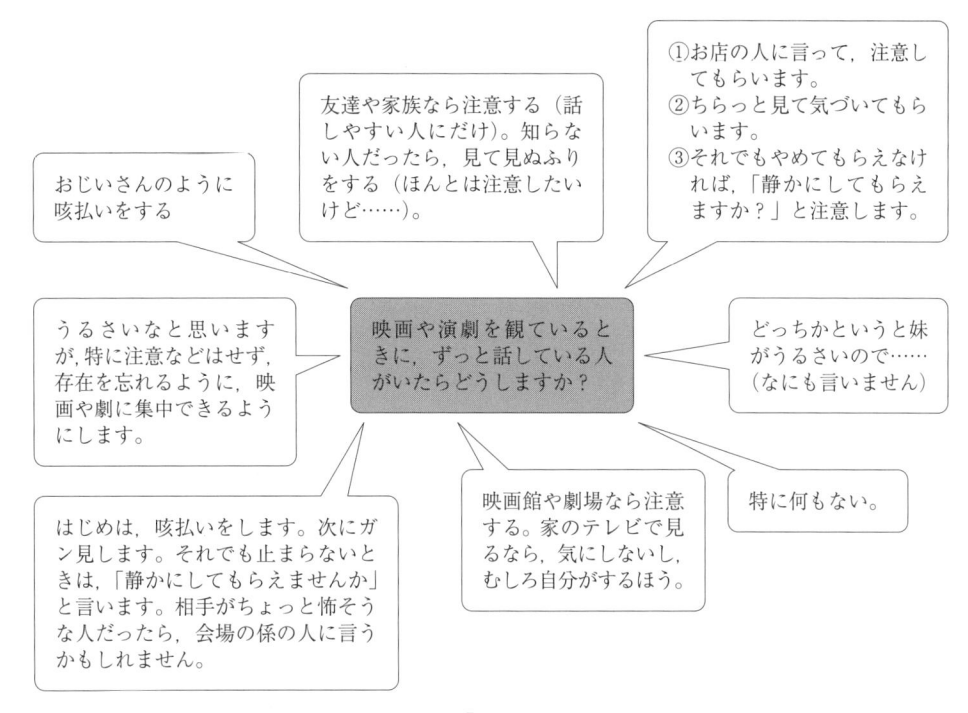

図2 テーマ・トーク「こんなときどうしますか？」

中央の問い：映画や演劇を観ているときに、ずっと話している人がいたらどうしますか？

- おじいさんのように咳払いをする
- 友達や家族なら注意する（話しやすい人にだけ）。知らない人だったら、見て見ぬふりをする（ほんとは注意したいけど……）。
- ①お店の人に言って、注意してもらいます。②ちらっと見て気づいてもらいます。③それでもやめてもらえなければ、「静かにしてもらえますか？」と注意します。
- うるさいなと思いますが、特に注意などはせず、存在を忘れるように、映画や劇に集中できるようにします。
- どっちかというと妹がうるさいので……（なにも言いません）
- 特に何もない。
- 映画館や劇場なら注意する。家のテレビで見るなら、気にしないし、むしろ自分がするほう。
- はじめは、咳払いをします。次にガン見します。それでも止まらないときは、「静かにしてもらえませんか」と言います。相手がちょっと怖そうな人だったら、会場の係の人に言うかもしれません。

彼らの固定化された特性（障害）なのだろうかという疑問を感じていた（西村，2010）。豊かなコミュニケーションの場を提供することでコミュニケーション上の問題を解消していくという理念のもとに彼らを支援していると、そのようなコミュニケーションの問題はほとんど見られなくなる。彼らは小集団活動を継続する中で、同じような感覚を共有することができるようになる。言い換えると、それぞれの基盤とするナラティブをお互いに尊重する場面が見られるようになる。さらには、他者の考えに触発されて、自分の考えを修正したり、書き足したりする姿も見られるようになる。筆者らは、参加者一人ひとりの「私の物語」を融合させ、みんなの意見を盛り込んだ「私たちの物語」を創造することができるのではないかと考え、メタナラティブの作成に取り組んだ。ここでいうメタナラティブとは、多様なナラティブから唯一の答えを出すということではなく、その場で共有されている意見や考え方を見出してストーリー化し、一次元高い、包括的で一貫性のあるナラティブを作ることである。

卒業生のAは、本活動にスタート当初から参加してきた。現在も就職活動中であるが、学生の頃に比べると自分の考えをまとめて話したり、他の参加者の考えにコメントを述べたりすることができるようになった。Aは、「みんなの意見を聞いても動揺しなくなったんです。ゆっくり考えれば頭に浮かんできます。ちょっと自信がなくても、一応、言ってみようかなと思っています」と語った。言語的表現のたどたどしさはあるが、自分の考えを表明してみたいというAの精神的な成熟を感じることができた。このようなAに対して、「ランチ・ラボ」の終了後に、「ラボトークで作成したシートを見ながら、全体を一つのストーリーにしてみませんか？」と誘った。

以下は、ラボトークで各自が書いた意見（図2）とAが作成したメタナラティブである。

メタナラティブ

「映画や演劇を観ているときに、ずっと話してい

る人がいたらどうしますか？」というテーマに関しては、注意する派と何もしない派に分かれました。注意する人は、咳払いをしたり相手をちらっと見たり、お店の人に言ってみてだめだったら直接注意をしたりしています。何もしない人は、気になってはいるけれど、映画や演劇に集中することにしているようです。迷惑だと思っている人のほうが多いようですが、注意する人もしない人も、それぞれのやり方で映画や演劇を楽しもうと努力しているようです。

V 考察

筆者らは発達障害のある人へのコミュニケーション支援とは、「良質で豊かなコミュニケーションの"場"をマネジメントすること」にあると考えている。ここでいう"場"とは、単なる物理的な空間を意味するのではなく、野中ら（2010）の言う、「共有された動的文脈（shared context in motion）」のことである。そのような"場"において、彼らは良いモデルを敷き写し、自分自身に染み込ませていくことが可能になる。小集団活動では一人ひとりの発言が他者との関係の中で価値のある「私の物語」として尊重され、参加者はテーマを媒介とした人とのつながりの感覚を経験できる。たとえば、「似たような考えが多かったですね」とコメントする学生や、「他の人の話を聞いて思い出したことがありました」と過去の体験を語る学生、「状況によっては、○○さんと同じことをするときもあります」と、最初の考えにこだわることなく、考えの幅を拡げる学生もいる。

小集団活動は、一人ひとりの「基盤としてのナラティブ」が融合し、すべてを包括する「私たちのナラティブ」が創造されていく場として機能する。Aは、「なるほど。みんな違う考えだと思っていたけど、まとめてみると誰もが同じように工夫しているんですね。一人で考えているとおかしいんじゃないかって思うけど、意外にそれで良かったりするんですね」と語った。そのような経験を経てこそ、一般的な社会通念や社会化されたストーリーをも意識化することが可能となり、それは社会参入を助けとなり、つかみ所のない不安におびえることからの解放へとつながるのではないだろうか。本稿の冒頭で述べたように、「学生の心理的な成熟を援助するための学生相談」の有効性は、発達障害大学生の支援においても例外ではないことを強調しておきたい。

謝　辞

本稿の共同研究者である水野薫氏、桶谷文哲氏、日下部貴史氏、松原美砂氏に心より感謝いたします。

文　献

Greenhalgh T (2006) What Seems to Be the Trouble? : Stories in Illness and Healthcare. Oxford : Radcliffe Publishing Ltd. (斎藤清二＝訳 (2008) グリーンハル教授の物語医療学講座. 三輪書店)

水野薫, 西村優紀美 (2013) 発達障がい大学生への小集団による心理教育的アプローチ —— ナラティブの共有とメタ・ナラティブの生成. 学園の臨床研究 12 ; 19-27.

西村優紀美 (2010) 心理教育的アプローチ. In：斎藤清二, 西村優紀美, 吉永崇史：発達障害大学生支援への挑戦 —— ナラティブ・アプローチとナレッジ・マネジメント. 金剛出版, pp.140-201.

野中郁次郎, 遠山亮子, 平田透 (2010) 流れを経営する —— 持続的イノベーション企業の動態理論. 東洋経済新報社.

斎藤清二, 岸本寛史 (2003) ナラティブ・ベイスト・メディスンの実践. 金剛出版.

斎藤清二, 西村優紀美, 吉永崇史 (2010) 発達障害大学生支援への挑戦 —— ナラティブ・アプローチとナレッジ・マネジメント. 金剛出版.

Stake RE (2000) Case study. In : Denzin NK & Lincoln YS (Eds.) (2000) Handbook of Qualitative Research. Second Edition. New York : Sage Publications. (平山満義＝監訳 (2006) 質的研究ハンドブック 第2巻 —— 質的研究の設計と戦略. 北大路書房, pp.101-120.)

吉永崇史, 斎藤清二 (2010) システム構築と運営のためのナレッジ・マネジメント. In：斎藤清二, 西村優紀美, 吉永崇史：発達障害大学生支援への挑戦 —— ナラティブ・アプローチとナレッジ・マネジメント. 金剛出版, pp.68-108.

吉武清實 (2010) 学生相談の近年の傾向と課題. 大学と学生 84 ; 6-12.

産　業

うつ病予防とうつ病リワーク
―― プリベンション・ポストベンション

高橋美保 *Miho Takahashi*　　東京大学大学院教育学研究科臨床心理学コース

I　職場のメンタルヘルス問題の実情と課題

　職場のメンタルヘルス問題に対して政府はさまざまな施策を行っており，それに呼応して企業内でもメンタルヘルス対策が推進されている。平成23年労働災害防止対策等重点調査（2012，厚生労働省）によれば，「メンタルヘルスケアに取り組んでいる事業所の割合」は全体では43.6%だがその割合は規模が大きくなるほど高く，5,000人以上の規模をもつ事業所では100%に達している。

　しかし一方で，「過去1年間にメンタルヘルス不調を抱えた労働者」の割合も事業規模が大きくなるほど増加していると感じられており，5,000人以上の規模をもつ事業所では41.5%が増加していると回答している。また，5,000人以上の事業所規模の4分の1超が「過去1年間にメンタルヘルス不調により連続1カ月以上休業または退職した労働者」が増加していると認識している。つまり，国や企業による対策はなされているものの，実際には職場のメンタルヘルス問題にはまだまだ改善の余地があるといえよう。

　このような企業のメンタルヘルス対策の一環として，企業内外の心理職による心理的援助も行われている。しかし，上述の現状を鑑みると，心理職の心理的援助の在り方についても真摯に検討する必要があると考えられる。本稿では，これまで働く人の心理的援助に企業内外で関わってきた筆者自身の臨床体験をもとに，産業領域の心理的援助のコアが何なのか，そしてそのコアを基軸としてどのような援助が有効かを考えてみたい。

　なお，職場のメンタルヘルス不調にはさまざまな精神疾患が関係しているが，なかでもうつは精神疾患による休職の7割を占めるという報告もある（丹下・横山，2007）。近年では，新型うつなどうつの様態も多様化しているが，従来職場のうつの典型とされてきた単極性のメランコリー親和型のうつは，昨今かなり周知されてきているにもかかわらず，現場では依然，一定量出現している。また，近年では，一度復職しながらも再休職を繰り返す事例も多くなっている。したがって，本稿では，古くて新しい問題として単極性のうつの事例を提示し，その心理的援助の在り方について検討する。

　実際の援助の幅は，クライエントの所属企業の特異性（企業規模や業種，企業内のメンタルヘルス体制の整備状況など）や，心理職の立場や勤務形態（企業内外，常勤・非常勤）などによって変わってくるが，ここでは，外部相談機関における事例を扱う。なお，プライバシーへの配慮から，ここで紹介する事例は筆者がこれまで働く人のメンタルヘルス支援で関わった多くの事例を織り交ぜて

構成したモデル事例であることをお断りしておく。

II 事例呈示

事例：Aさん（37歳，男性）
職業：大手メーカーに勤務（生産管理部門の主任）。
家族構成：妻（35歳，パート），長男（7歳，小学2年生）の3人家族。
生育歴：地方の公立の小中学校を卒業，地元の進学高校に進学。第1希望の大学の工学部に現役で入学。その後大学院に進学し，修士課程修了後は，専門を活かそうと某大手メーカーに就職。プライベートでは27歳の時に学生時代から付き合っていた女性と結婚し，長男をもうける。妻は出産と同時に勤めていた会社を辞め，長男が小学校に入ってからパートで事務の仕事をするようになった。
既往歴：特になし。
現病歴：入社後，設計部門に配属された。担当した仕事は自分の専門とは違ったが，職場の上司からの期待も高く自分でもそれに応えるべく頑張った。真面目で勤務態度が高く評価され，同期の中でも比較的早く主任に昇格した。しかし，次第に仕事の責任と負担が重くなり，残業が続くようになった。その頃，子どもも生まれて妻が家に入ったことで生活が変わり，一家の大黒柱としての責任を感じるようになった。眠りが浅くなり，微熱や嘔吐などを繰り返すようになったが，仕事はなんとか続けていた。しかしある時，会社のビルが見えると動悸がして自分でも変だと感じて，会社が契約している外部EAPの電話相談に相談した。心療内科の受診を勧められたが，その時は受診したいと思えなかった。業務内容さえ変わればよくなると考え，異動を申し出たところ，比較的早くに生産管理部門への異動が実現した。

業務内容および勤務先も変わったことにより，異動当初は一時体調は安定した。しかし，新しい職場の仕事にやりがいを感じられず，次第にパフォーマンスも低下してきた。1年ほど前に部内異動をしたところ，同期が上司となり複雑な心境となった。また，部内異動後の業務はこれまでと違って外部との交渉が多くなり，心理的に強い負担を感じ始めた。ここ3カ月ほどは不眠，微熱などの体調不良が強く出現するようになり，職場でも仕事が手につかなくなった。心配した上司から企業内の産業保健スタッフに相談するよう勧められたが，企業内のカウンセリングルームや企業契約のEAPには行きたくないと思い，自分でインターネットで探して外部の相談機関に来談した。
経過：以降4期に分けて，経過の概要を示す。

1. 第1期：第1～4回（X年3～4月）「医療につなぎ休職へ」

来談時，礼節は保たれているものの憔悴し切った様子が窺われた。筆者は現在の心身の健康状態，業務遂行能力などをアセスメントし，医療への受診を勧めたが，精神科受診に対する抵抗が示された。「今，精神科に行ったら会社人生は終わりだと思う。子どももまだこれから養育費がかかるので経済的にも仕事をしなくてはならない」と語ったため，筆者は〈そのためにも長期的に働けるよう，今はメンテナンスが必要〉と応じた。結局筆者が紹介したクリニックを受診し，うつの診断で薬物療法を開始した。しかし，「医師から休職も一つの手であると言われた。休みたい気持ちもあるが，休職したらこれで終わりという感が否めない。でも，今の状態をこれ以上続けることもできない」と逡巡する。CPの勧めで産業医にも相談し，休職することを決断した。

2. 第2期：第5～8回（X年5～7月）「休職中」

「日々何をしていいのかわからず，日中は眠くなるので寝て過ごす。家に居ても職場のメンバーや家族に対する罪悪感があって落ち着かない。妻は

理解してくれているが，パートでバタバタしているので時折けんかになる」と言う。筆者は〈クリニックに妻にも同行してもらい，医師から妻に説明してもらうように〉とアドバイスした。徐々に生活は安定したので規則正しい生活を送るよう指導した。次第に「好きなことをして過ごすことができるようになってきた。ご飯がおいしく感じられる」と語るようになる。医師に勧められてクリニックのリワークにも参加し，「いろんな人がいることを知った。リワークで認知行動療法をやって自分の認知の偏りに気付いた」と語られる。面接でも認知や行動のパターンを取り上げ，「自分はべき思考や全か無か思考がとても強く，他者評価に敏感。完璧にやろうとして頑張りすぎて，一人で仕事を抱えていた。仕事のパフォーマンスが上がらず追い込まれていっていたが，追いこんでいたのは自分だった」との気付きを得る。

3. 第3期：第10〜15回（X年8〜10月）「復職に向けて」

「そろそろ休職も3カ月を超える。今，復職しないと出られなくなるのではないかと思うが，完全に大丈夫とはいえない不安もある。この不安はいつかなくなるのだろうか」と悩むAさんに，〈その不安はうまくやりたいと思う人につきもの。休職することになるまでのことをきちんと振り返り，同じことが起きないように対策を考えましょう〉とアドバイスを送った。そして，ストレスのサインがどこから出るかを確認し，どのようにしたら気づき，対応ができるかを相談する。「体調的には，休み始めた頃よりは格段に良くなった。ただ，職場に戻った時の周りの人の反応が気になる」。これについては，職場の誰に対してAさん自身の思いをどう伝えればいいのかを相談する。〈今の自分ができるところから大丈夫な感覚を少しずつ積み重ねることが大事。散歩など自分らしくいられる時間も確保するように〉と伝える。その後，主治医と産業医から許可が出て，リハビリ出勤を開始することとなった。「周囲の目も気になったが何とかなった。手持ち無沙汰になると居心地の悪さを感じたが，今はこれが仕事だと思って乗り切った」と語り，リハビリを経て晴れて復職することになった。「業務は対外的な仕事をやらない裏方の仕事となり，ほっとした。今までは対外的な仕事はミスが許されないという気持ちが強かった」と言うAさんに，以前のサインには注意するよう伝える。

4. 第4期：第16〜18回（X年10〜12月）「フォローアップ」

その後の面接では仕事も体調も落ち着いていることが報告される。「自分は長男で親の期待が大きかった。器用で周りから期待されることが多く，それに応えてきた。でも，実は自分は何がやりたいのかわからなくなっていたのかもしれない。仕事がうまくいかなくなったときは，こんなはずはないと思って，残業でカバーしようとしたが，効率が上がらず空回りした」と振り返る。「上司でもある自分の同期を見ていると，自分と雲泥の差だと感じ情けなくなる。妻は気にしなくて言いというが給料は減る」と嘆く。〈達成感を求める時代に生き，そういった価値観を持つ企業や社会で生きているからこその悩みですね〉と返すと，「認知行動療法でいいように思うこともできる。でも，やっぱり気にしてしまうし，実際に給与は下がっている」〈それが現実。その中であなたはこれからどうやって生きていくか，という問題〉と返す。「復職後欠勤しないでやれてきた。情けない思いもあるが仕事をしていると気がまぎれるし，辞めないで続けられるなら今できることに集中しようと思う。子どもも小さいので，今は家族との時間も大事にしたい」と語られる。筆者が〈価値観そのものを変えるのではなく，別の価値観も併せ持つことも必要かもしれない〉と返すと「これから評価が上がったり，すごい出世をすることはないとは思うが，ゆっくりでも自分のペースで歩くこと

はできると思う。それに，今でも家族を養っており，人として恥ずかしい生き方をしているわけではない」と語られる。しばらく間をあけながら数回フォローアップ面接を実施し，安定を見届け終結とする。

III 職場のメンタルヘルス対策における心理的援助の役割

職場におけるメンタルヘルス対策は，健康不全を未然に防ぐための一次予防（プリベンション），健康不全の早期発見・早期対処を行う二次予防（インターベンション），職場復帰支援や再発・再燃の防止を行う三次予防（ポストベンション）から構成される。

事例では，うつのプリベンションについて，詳細を省略したが，実際にはAさんの上司は管理職研修を受け，Aさん自身もe-learningを受講していた。それによって本人も上司も不調に気づくことができた。本事例では研修がプリベンションとして一定の予防的機能を果たしたといえよう。うつへのインターベンションは，上司のアドバイスをきっかけに心理職につながった第1期から始まっていた。心理的援助としては，アセスメントをもとに医療につないだ。その際，休職に至る葛藤を扱うとともに生活の安定を図った。うつのポストベンションは，実際に復職する前，第2期の休職期間の途中から緩やかに始まる。そこでは焦燥感や罪悪感からではなく，自然とわいてくる健康的な復職の意欲を大事にした。復職に際しては，医学的に就労可能と認められることが要件だが，うつの再発再燃を予防するための自己理解，心理教育が肝要である。それは医学的復帰だけでなく，心理社会的復帰を目指すための準備でもある。それらの準備を整え，リハビリ出勤を経て復職につなげていった。

復職をゴールとすれば，メンタルヘルス対策は第3期までで十分かもしれない。しかし，筆者の臨床経験では，本当に心理職の役割が重要となるのは第4期のように感じている。事例の第2・3期には，認知行動療法や仕事の振り返りによって復職への心理社会的な準備を整えることができた。しかし，第4期の振り返りは，第2期の振り返りとも違う。復帰前にいかに適応的な認知を獲得したところで，職場に復職すれば極めて厳しい現実が待っている。Aさんが本当に辛かったのは認知的理解と実際の職場体験のズレが生じた第4期かもしれない。復職者が安定して仕事をしているかのように見える時こそ，当人の気持ちを理解し，その体験を人生に位置づけるやりとりが必要である。このようなやりとりがないと，Aさんは職場での遅れを挽回しようと躍起になり，容易に元のように頑張りすぎてしまう可能性がある。事実，うつ病の再発率は60％とも言われており（一般社団法人うつ病の予防・治療日本委員会，2008），再休職を予防するためには，復職後の職業生活を安定して継続できるような心理的援助が必要なのである。

IV 産業領域の心理的援助のコアとなるもの

Aさんに代表される産業領域における心理的援助で筆者が重要と感じているのは，以下の4つである。それは，①事実ベースの理解に基づく，正確でスピーディなアセスメント力，②必要なタイミングで必要な支援につなげるための協働，③その人なりの必然を理解するとともに，その人個人の価値観や経験を尊重すること，④その人の体験を会社や社会の価値観と照らし合わせて理解し，その体験を個人の価値観に再統合することである。いずれも職域にかかわらず重要と感じているが，なかでも職場のうつの援助においてコアとなるのは④であると考えている。

うつのプリベンションとして，うつの知識や情報を得ておくことは極めて重要である。しかし，

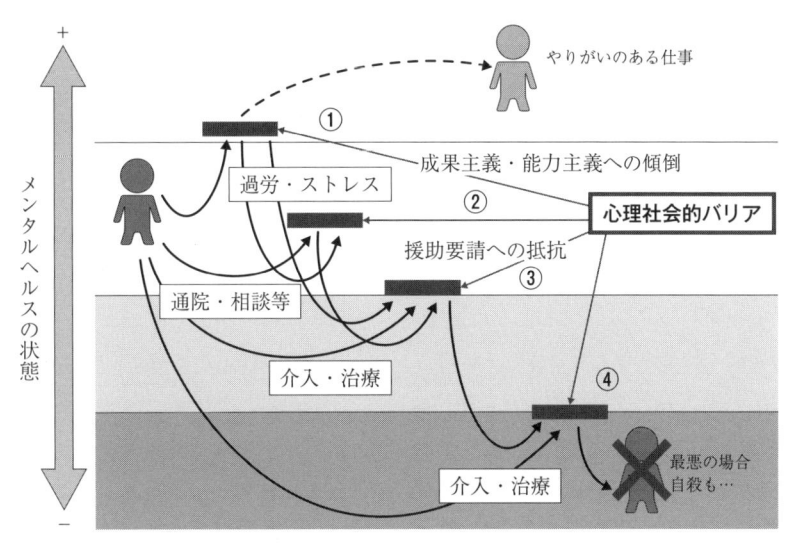

図1 職場のうつにまつわる心理社会的バリア

私たちはうつの知識を得れば得るほどそれを問題視する意識が高まり，自分には関係のないものと思いたくなる心性がある。つまり，知識の向上は必ずしも援助要請に直結するとも限らず，かえってスティグマを生む可能性すらある。その根底には個人や企業，社会が持つ価値観があり，それが目には見えない心理社会的バリアとなっていると考えられる。その概要を示したのが図1である。

例えば，Aさんは企業内の競争原理の中でやりがいを求めて必死に働いたが，次第に何のために働いているのかわからなくなり体調を崩すに至っている。企業は成果主義，能力主義という価値観を持つが，その企業体の中で働く個人も同様の価値観を持たざるを得ない。この価値観はおそらく私たちが幼少時から自覚的あるいは無自覚的に体得してきたものであり，特に単極性のうつの人はこの価値観に対する親和性が高いと考えられる。そんな彼らが会社でも自分の限界に挑戦をし続けるのはむしろ自然なことかもしれない。また，それによって成功している人がいるのも事実である。しかし，それではうまくいかない人，あるいは最初はうまくいっていたのに次第にうまくいかなくなってしまった人は過労・ストレスがたまり，なかにはメンタルヘルスが悪化する人もいる（図中矢印①）。

また，Aさんは比較的早い段階で自分の体調不良に気付いていたが，その時は心療内科を受診しなかった（図中矢印②）。また，相談機関に来談する際も会社を避けて外部の相談機関を選択するなど，会社に受診を知られることに対する強い拒否感が見られた。さらに，相談機関に来談した後も医療機関への受診に抵抗を示した（図中矢印③）。もし，Aさんの受診がもっと遅れていたとしたら，図中矢印④のようにさらに深刻な事態に陥っていたかもしれない。

このようにいずれの段階にも心理社会的バリアを想定することができる。そして，このような心理社会的バリアの根底には，日本人の心性・価値観があると考えられる。それは"働かざる者食うべからず"という労働の美徳，勤勉性を尊ぶ価値観，恥や世間体を気にする文化的特徴，企業文化に依存しがちなコミュニティ感覚などによって醸成されてきたものであろう。それによって，職場でうつに罹患した人は職業人・社会人としてのキャリアの挫折だけでなく，メンタルヘルス疾患者としての人間的価値下げという二重のスティグマにさらされるのである。

V　コアを活かした心理的援助とは

では，このような理解をどのように援助に活かすことができるだろうか。医学モデルに則れば，第1期から復職期である第3期までは理想的な治療プロセスがある程度思い描けるであろう。そして，心理的援助の多くは，このプロセスの進行をよりスムーズにしたり，あるいは思うように進まない時の促進的機能を持つと考えられる。その際，上述の心理社会的バリアは，クライエントの治療のプロセスを阻む要因となりうるものであり，バリアに対する理解を示しながらも，適応的なプロセスへの歩みを支えるかかわりが必要となる。

しかし，上述のように，産業領域の心理的援助で最も重要となるのは，復職後の第4期である。第1～3期で心理社会的バリアを超えて援助につながったとしても，クライエントは復職して職場に戻った時，再び自分自身や会社，社会の中にある心理社会的バリアにさらされる。そこで必要となるのは，その人が休職のプロセスの中で喪失した企業人として，社会人として，人としての自信やアイデンティティを，その人なりのペースで新たに獲得するための援助である。企業が従業員に望むのは職場で労働力として機能することであるが，労働者が本当に安定的に機能するためには，まずは人として社会に生きてよい自分であるという感覚を持つことが必要であり，その上でようやく働く人としての尊厳を持つことができるのである。

もちろん，復職後元通りに仕事ができる人もいる。しかし，事例のように，以前のようには仕事ができなくなった人にとっては，この機会に自分の働き方や生き方を再考することが必要となる。そのためには，長期的視点や多軸的視点を獲得し，うつにまつわる体験をその人の人生の連続性の中に位置づけることが肝要である。それはある種のパラダイムシフトともいえよう。休・復職者のなかには，休職体験をなかったことにして一刻も早く元に戻りたいと望む人が多い。しかし，このように考えてくると，復職支援は元に戻る援助というよりは，休職・復職という体験の中で新たな価値観を再統合して，もう一度人生のスタートを切るための援助ともいえる。それは理屈や小手先の認知の修正によって引き起こすものではなく，クライエントが戸惑いながらも歩み続けるプロセスの中で，その人なりのタイミングで成し遂げられる作業である。つまり，産業領域におけるうつの心理的援助のコアは，休職・復職体験を個人・企業・社会にある心理社会的バリアの中で理解し，個人の価値観の再統合を援助することではないだろうか。そう考えると，第4期は単なるポストベンションの続きではなく，今後起こりうるうつの再燃，再発に向けてのプリベンションとも位置づけられる。

そして，産業領域の心理的援助にはそういった循環を個人の中に生み出すだけでなく，組織や社会の中にも生み出していくことが求められる。産業領域の臨床心理士には，現代社会の価値観を理解し，そのなかでベストな支援をすると同時に，それを通して，もう一つ別の価値観を個人や企業・社会に示していくことが期待される。

文　献

一般社団法人うつ病の予防・治療日本委員会 (2008) うつ病診療の要点10.
厚生労働省 (2012) 平成23年労働災害防止対策等重点調査.
丹下智香子・横山和仁 (2007) 事業所におけるメンタルヘルス —— 事例の実態とケアの実施状況. 産業衛生学雑誌49-2；59-66.

産業

キャリアデザインとメンタルヘルス

山口智子 *Satoko Yamaguchi* 　日本福祉大学社会福祉学部

I　はじめに

　「一生懸命勉強して，いい学校に入り，いい会社に就職」——これが右肩上がりの経済成長期に，多くの人が思い描いたライフコースであった。しかし，現在，人々の価値観は多様化し，ライフコースも一様ではなくなった。また，雇用する側の企業も不況や国際競争の激化の影響で，派遣社員を活用するなど，雇用状況は大きく変化している。特に，若者の就職難や過重労働の問題は大きく，新規学卒者を採用し，社内で育て，定年まで雇用を保障する「日本型雇用」は揺らいでいる（熊沢，2006；児美川，2010）。ミドルやシニアもリストラなどにより安泰とは言えない状況である。このような変化のなかで，人々は生き方，働き方を選択できる自由を獲得すると同時に，選択を迫られ，不安，迷い，心身の不調が生じることもある。今やキャリアの問題は大学だけでなく，小中高の学校教育でも取り上げられているが，ここでは，働く人々のキャリアデザインと現在のメンタルヘルスの状況と筆者の企業での実践を紹介したい。

II　キャリアデザイン

1．キャリアデザインの必要性

　筆者が「キャリア」「キャリアデザイン」ということばを企業や大学で目にするようになったのは2000年前後であり，2004年には日本キャリアデザイン学会が設立され，今やキャリアに関する図書は数多く出版されている。日本キャリアデザイン学会の設立趣旨では，「キャリア」「キャリアデザイン」とは，キャリアを狭義の職業キャリアにとどめて考えず，個人の一生を通じてさまざまな人生を選択し，それらの結果あゆむライフコースを含めて広く考えるものであり，質の高い生き方の計画的な選択であるとされている（日本キャリアデザイン学会，2004）。金井（2002）は，働くことに重点を置き，キャリアを長期的な仕事生活のあり方に対して見出す意味付けやパターンとし，節目にはしっかりキャリアをデザインすることが大事であると指摘している。また，常に張りつめている必要はなく，節目と節目の間は，流れに身を任せる（ドリフトする）ことで出会いや偶然を生かせる可能性があると金井（2002）は指摘している。では，その節目はいつ，どこにあるのだろうか。

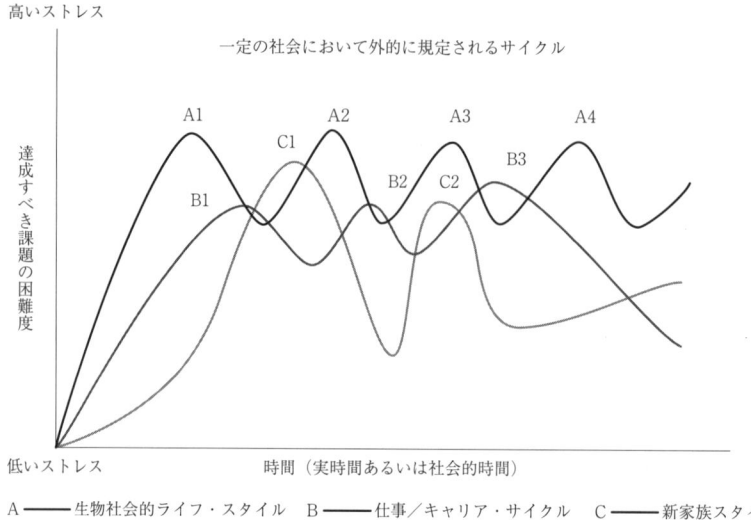

実践領域に学ぶ
臨床心理ケーススタディ

```
縦軸：達成すべき課題の困難度（高いストレス／低いストレス）
横軸：時間（実時間あるいは社会的時間）
一定の社会において外的に規定されるサイクル

A1, A2, A3, A4
B1, B2, B3
C1, C2

A ——— 生物社会的ライフ・スタイル    B ——— 仕事／キャリア・サイクル    C ——— 新家族スタイル
A1：青年期                      B1：キャリア／組織へのエントリー   C1：結婚，子供
A2：30代の危機                   B2：在職権の獲得                 C2：子供の成長
A3：中年の危機                   B3：引退
A4：老年の危機

主な仮説：個人の有効性は課題の全体的困難度が最高の場合に最低になるが，
困難度が高いほど，急速に成長するための大きな機会も生まれる。
```

図1　ライフ／キャリア／家族サイクルの相互作用モデル（Schein, 1978）

2. キャリアの節目
—— キャリア発達の理論から

　節目については，Schein（1978）のキャリア発達理論が参考になる。Schein（1978）は，個人のライフサイクルは生物社会的ライフサイクル，職業に関するキャリアサイクル，家族サイクルから構成され，互いに影響しながら発達していくとした。図1はこれらの相互作用モデルであり，年齢段階とストレス量の目安，領域の重なり具合を示している。困難度が高いときは個人のストレス量が高くなり，心身のバランスを崩す危険性が高いが，困難度が高いほど急速に成長する機会となる。金井（2002）はこれを「一皮むける体験」と言う。筆者は研修会で，この図を用いることがある。人がいかにさまざまな課題に対応しているかということ，それゆえに，他に親の介護ストレスなどが加われば，容易にバランスを崩す可能性があり，メンタルヘルスの問題は皆に起こりうること，危機には危険と可能性の両面があることをイメージしてもらうためである。

　図1のB1，B2，B3は節目である。B1にあたる就職活動や初職に就いて間もない時期は，「リアリティ・ショック」が問題になる。これは新入社員が就職する前に描いていたイメージと現実のギャップに気づくことによるショックである。具体的には，企業の規範や文化が自分に合わないと感じ「別の会社がよかった」と後悔する。学生時代には男女差別を感じたことがなかった女性が，男性社員と女性社員に期待されていることが異なると感じて，仕事に幻滅する。学生から職業人になることは大きな移行であり，ちょっとした失敗や職場に馴染めないと感じることで自信を失う場合もある。大卒後3年以内に離職する者が3割という背景は，このリアリティ・ショックが関連している。また，厳しい就職状況のなか，やっと就職したため，過酷な労働条件を強いられても，ギリギリまで頑張り，うつや過労死や過労自殺に至

る場合もある。B2は「中期キャリア危機」であり、キャリアを培ってきた者が35〜45歳頃に経験する心理的危機である。これは、人生の折り返しとして残された時間を意識するようになる時期でもある。部下の指導も期待され、責任が増えるだけでなく、組織のなかで自分の評価や昇進の見通しが明らかになり、転職や脱サラなど新たな選択を決断する場合もある。この時期にはキャリアデザインを見直し、必要に応じて修正するのである。B3は「退職前後の危機」であり、退職前後は職業人の役割を終える時期である。「高年齢者等の雇用の安定等に関する法律」の改正により、キャリアデザインは変更されることになるが、それによってどのような影響があるのかは今後の検討課題である。なお、キャリア発達にともなう不調や相談事例は、島田・中尾・森下（2006）を参照してほしい。

しく、私事都合の退職など統計に計上されていない場合があるためと考えられる。なお、休職のなかで、うつが原因となっているものは約7割であり、身体疾患による休職よりも精神疾患による休職が急増している。

自殺については、1998年、自殺者が年間3万人を超えて大きな社会問題となっているが、2009年の調査では、被雇用者9,159人、自営業・家族従事者3,202人で、勤労者全体では12,361人となり、自殺者全体の37.6％を占めている。原因・動機は健康問題、経済・生活問題、勤務問題であり、特に月100時間以上の長時間労働は大きなリスクである。自殺者の多くはうつ状態と思われるが、医療機関の受診は10％で、受診していない場合が多い（厚生労働省，2010a）。うつによる退職や失業は家庭生活に影響し、自殺にもつながる深刻な問題であり、うつの早期発見と早期治療は自殺予防の要でもある。

III　メンタルヘルスの現状とさまざまな対策

1. メンタルヘルスの状況

次に、働く人々のメンタルヘルスの現状を概説する。厚生労働省（2008）によると、働くことにストレスを感じているものは全体の58.0％であり、強い不安、悩み、ストレスを感じている事柄は、職場の人間関係（38.4％）、仕事の質（34.8％）、仕事の量（30.6％）、会社の将来性（22.7％）、仕事への適性（22.5％）などである。過去1年間にメンタルヘルス上の理由により連続1カ月以上休業または退職した労働者がいる事業所の割合は7.6％である。7.6％は予想よりも少ないだろうか。しかし、事業所の規模別に休職者／退職者がいた事業所の割合をみると、1,000人以上の規模では90％以上、300〜999人の規模では67.0％である。これは大企業に休職者／退職者が多いというよりも、中小零細企業では休職をとることが難

2. メンタルヘルス対策の指針と対策の実施状況

このような事態に対して、2000年に「事業場における労働者の心の健康づくりのための指針」、その改訂として、2006年に「労働者の心の健康の保持増進のための指針」が出された（厚生労働書，2006）。指針は、事業者が労働者の心の健康の保持増進を図るための対策をどのように実施すべきかを具体的に示したものである。その基本的な考え方は、事業者が「心の健康づくり計画」を策定すること、その計画に基づき4つのケアを推進することである（図2）。4つのケアとは、労働者自身の「セルフケア」（自分の健康は自分で守る）、管理監督者による「ラインによるケア」（目配りの勧め）、事業場内の健康管理担当者による「事業場内産業保健スタッフ等によるケア」、事業場外の専門家による「事業場外資源によるケア」である。2006年の改訂では、労働者の家族による気づきや支援の促進などが加えられた。指針の特

```
心の健康づくり計画の策定
   ↓
4つのケア
   セルフケア
   ・ストレスやメンタルヘルスに対する正
    しい知識
   ・ストレスへの気づき
   ・ストレスへの対処
   ラインによるケア
   ・職場環境等の把握と改善
   ・労働者からの相談対応
   ・職場復帰における支援　など
   事業場内産業保健スタッフ等によるケア
   ・具体的なメンタルヘルスケアの実施に
    関する企画立案
   ・個人の健康情報の取り扱い
   ・事業場外資源とのネットワークの形成
    やその窓口
   ・職場復帰における支援　など
   事業場外資源によるケア
   ・情報提供や助言を受けるなど、サービ
    スの活用
   ・ネットワークの形成
   ・職場復帰における支援　など
```

図2　4つのメンタルヘルスケア
（厚生労働省，2006）

表1　自殺予防の10箇条（厚生労働省，2010a）

（次のようなサインを数多く認める場合は、自殺の危険が迫っています。早い段階で専門家に受診させてください）
1. うつ病の症状に気をつける
2. 原因不明の身体の不調が長引く
3. 酒量が増す
4. 安全や健康が保てない
5. 仕事の負担が急に増える、大きな失敗をする、職を失う
6. 職場や家庭でサポートが得られない
7. 本人にとって価値あるものを失う
8. 重症の身体の病気にかかる
9. 自殺を口にする
10. 自殺未遂に及ぶ

徴は、心の健康対策の対象が統合失調症や躁うつ病などの精神疾患罹患者から従業員全体に拡大されたこと、メンタルヘルスの保持増進に重点が置かれ、教育や発達を促進するモデルが重視されたこと、ストレスへの気づきなどストレス理論が取り上げられたこと、事業者の役割が明言されたこと、などがあげられる。2007年度、心の健康対策に取り組んでいる事業所の割合は33.6%（2002年度23.5%）であり、従業員1,000人以上の規模では9割、100人以上の規模で6割を超えている。取り組み内容は、労働者からの相談対応の体制整備（59.3%）、労働者への教育研修・情報提供（49.3%）、管理監督者への教育研修・情報提供（34.5%）である。専門スタッフがいる事業所の割合は52.0%（前回49.6%）であり、そのうちカウンセラー等の配置は27.1%となっている。対策の効果は「効果がある」は67.0%で2002年度の61.3%より上昇している（厚生労働省，2008）。

自殺や復職では、「職場における自殺の予防と対応　改訂第5版」（厚生労働省，2010a）、「心の健康問題により休業した労働者の職場復帰支援の手引き　改訂版」（厚生労働省，2010b）が公表されている。特に、自殺予防は重要であり、自殺予防の10箇条を表1に示しておく。

Ⅳ　企業の相談室での実践
―― 事例から学んだこと

臨床心理士の産業領域の実践では、健康管理室など事業場内のスタッフか、病院やEAPなど事業場外のスタッフかという立場によって、期待される役割や実践は異なる。また、事業場内のスタッフの場合、職務内容は、一次予防（問題発生の予防）、二次予防（早期発見と早期対応）、三次予防（復職支援と再発予防）にかかわり、相談対応だけでなく、心理教育、広報活動、自殺などへの危機介入、上司・関係者へのコンサルテーション、組織への提言など多岐にわたる。また、健康管理室、人事、労働組合など所属によっても期待される役割や実践は異なる（島田・中尾・森下，2006）。実践では相談対応やコンサルテーションに多くの時間を使うが、自殺への危機介入

が最優先であり，リスクマネジメントの役割も大きい。ここでは，筆者の企業内の相談室での実践を紹介したい。なお，事例はいくつかの事例を組み合わせるなど大幅な修正を行っている。

1．キャリアの節目とメタファーの活用

「考えてみてください。残業せずに1,000万円の結果を出す人と，同じ結果を出すのに毎日4時間の残業をする人がいたら，どっちが評価されますか？」

これは，やる気がおきないと相談室に来談した営業職Aのことばである。Aは深夜まで取引先へのプレゼンテーション資料を作成しているが，残業は申告していない。Aの抑うつ感が強かったため，クリニックの受診を勧め，主治医も筆者も休職が必要と考えたが，Aは「昇進にかかわる大切なとき」と言い，結局，深夜残業や休日出勤をやめ，様子を見ることになった。しかし，筆者が残業を早く切り上げるよう話しても，Aの残業は続いた。筆者が，あるとき，ボクシングを例に「いいパンチを打ち，いい試合をするためには，3分頑張り，1分休憩」と言うと，Aは腑に落ちたのか，休息を意識的に取るようになり，うつ症状も徐々に改善し，その後，昇進した。

この事例を振り返ると，完璧主義で他者からの助言を好まないAにとって，「休養」は，出世競争からの離脱を指示することばであり，夫の遅い帰宅を批判する妻の言動とも重なっていたと思われる。ボクシングというメタファーは，いい仕事をして評価される挑戦であり，Aにとっての他社との戦いに重ねて解釈され，その緊迫感はAの心情と重なった。またこのメタファーは，身体の可能性と限界と休息の重要性という身体性をも包含している。筆者はAとこのボクシングのイメージを共有することで，指示的な助言者ではなくなり，面接は展開した。もしAが主治医や筆者の当初の勧めに従って休職したら，Aは昇進できなかっただろう。キャリアの節目を意識することの重要性とメタファーの有効性を，クライエントとの出会いから学ぶことができた事例である。

2．自殺念慮への対応と医師との連携

Bは「まだ会社に言いたいことはあるけど，遺書を残してビルから飛び降りる気持ちはなくなりましたよ」と落ち着いた声で話した。

Bは約30年間，深夜残業も単身赴任も厭わず，仕事を精力的にこなしてきたが，部下の異動で仕事量が急増し，抑うつ状態のため休職した。数カ月後に復職したが，上司の言動から抑うつ症状が悪化し再休職となった。Bは長引く不調をかつての長時間労働と上司の言動が原因と考えるようになった。休職して1年余り，会社や上司への不信感が強いため，復職は難しいと筆者は考えていたが，Bは症状の軽快と経済的な理由から復職を強く希望し，主治医は復職を認めた。産業医との復職面談では，集中力の欠如などの理由から復職は認められず，Bは会社への抗議のため，ビルから飛び降りることを考えるようになったのである。その後，産業医の勧めで，主治医が変わり，薬は抗うつ薬から感情調整薬になった。冒頭のことばは，それからしばらくしてのことばである。そして，この数カ月後，Bは復職した。この事例は数年前の事例である。

当時，筆者は目立つ躁的エピソードがなく，薬の影響をあまり考慮していなかったが，この事例の転機は主治医の交代と処方の変更によるところが大きい。うつ症状にはさまざまなものがある（阿部，2012）。短い診療時間では，うつ症状として抗うつ薬が出し続けられる場合があるが，面接で双極性障害などの可能性があれば，医師と連携していくことが重要である。また，筆者は復職面談の結果が復職可でも復職不可でも，Bは追い込まれた気持ちになり，自殺する危険性もあると考えて，あらかじめ家族同席の面接とした。仕事の失敗や復職を巡って自殺を考える人は，筆者が当初思っていた以上に多く，つねに自殺の危険性を意識しておくことが重要である。

V　おわりに

　事例A，Bで示したように，休職や復職をめぐる問題はキャリアデザインと密接に関係している。心身のバランスを崩して，休職に至るとキャリアデザインの変更を余儀なくされることもあるが，休職は働き方を見直し，キャリアデザインを修正する機会でもある。休職をキャリアデザインの修正の機会として，これまでの働き方を見直すことで，再休職を回避できる場合もあるだろう。また，抑うつ状態には双極性障害や発達障害の二次障害などさまざまなものがあり，的確な心理アセスメント，精神科医との連携が重要である。さらに，再休職率の高さを考えると，早期発見や早期対応のための心理教育や広報が重要であり，休職に至る前の段階で相談や医療機関へのリファー，環境調整などの対応ができることが望ましい。働く人が健やかに生き生きと働くことができることは，これからの超高齢化社会を豊かにする基盤である。

文　献

阿部隆明（2012）きまぐれで未熟な「新型うつ」——現代うつ病の精神病理．臨床心理学12-4；469-474．

金井壽宏（2002）働くひとのためのキャリア・デザイン．PHP選書．

児美川孝一郎（2010）若者はなぜ「就職」できなくなったのか？——生き抜くために知っておくべきこと．日本図書センター．

厚生労働省（2006）労働者の心の健康の保持増進のための指針について（http://www.mhlw.go.jp/houdou/2006/03/h0331-1.html［2013年5月15日閲覧］）

厚生労働省（2008）平成19年度労働者健康状況調査結果の概況（http://www.mhlw.go.jp/toukei/itiran/roudou/saigai/anzen/kenkou07/j4.html［2013年5月15日閲覧］）

厚生労働省（2010a）職場における自殺の予防と対応　改訂第5版（http://www.mhlw.go.jp/new-info/kobetu/roudou/gyousei/anzen/dl/101004-4.pdf［2013年5月15日閲覧］）

厚生労働省（2010b）心の健康問題により休業した労働者の職場復帰支援の手引き　改訂版（http://www.mhlw.go.jp/bunya/roudoukijun/anzeneisei28/dl/01.pdf［2013年5月15日閲覧］）

熊沢　誠（2006）若者が働くとき——「使い捨てられ」も「燃えつき」もせず．ミネルヴァ書房．

日本キャリアデザイン学会（2004）日本キャリアデザイン学会とは（http://www.career-design.org/what/01.html［2013年5月15日閲覧］）

Schein EH (1978) Career Dynamics : Matching Individual and Organization Needs. Addison Wesley.（二村敏子，三善勝代=訳（1991）キャリア・ダイナミクス．白桃社）

島田　修，中尾　忍，森下高治=編（2006）産業心理臨床入門．ナカニシヤ出版．

産業

組織コンサルテーション
── 場・構造・プロセス

廣川 進 *Susumu Hirokawa*　　大正大学

I　はじめに

　自衛隊で10年，戦車部隊の中隊長にまでなってから臨床心理士を取った藤原俊通氏によれば，カウンセラーの4つの機能とは，①カウンセリング（温かい信頼関係を構築し，問題解決過程を支援すること），②アセスメント（支援に必要な情報を収集すること），③コーディネーション（複数の支援者をチームにまとめる調整機能，ネットワークのつながりで支えること），④コンサルテーション（他の専門家に対して行う専門的助言）である。企業のフィールドでいえば，上司は職場マネジメントの，人事担当者は人事労務管理の専門家であるとする（藤原，2013）。

　では組織コンサルテーションとは何か。(A) 個別ケースの支援プロセスのなかで組織に働きかける場合がある。例えば復職支援で配慮すべき点を職場の上司に助言したり，復職後の配置，人事上の検討を人事も交えて行うことなどがあげられる。(B) もう1つは，組織が抱える問題，課題の整理と解決について，組織のそれぞれの専門家とともに検討し，心理学的な視点からのアドバイスを行う場合がある。例えば，職場のメンタルヘルスの低下，休職者の増加，リストラ・合併などに伴う社員のモラルダウンなどに対して，メンタルケアを行うことなどである。後者の役割をどこまで心理職が担うのか，また担えるのかという議論はあるだろうが，求められている役割ではある。さらに (A) の個別ケースを検討するなかで (B) の組織全体が抱える課題まで踏み込まざるをえない場合が少なくない。スクールカウンセラー導入に貢献された村山正治先生が大正大学大学院の授業で「国を診るのが優れた医者である」という趣旨のことを言われたことを思い出す。

　筆者は海上保安庁の惨事ストレス対策・非常勤アドバイザーとして10年間関わってきた。ヘリの墜落事故や自殺のポストベンション，震災後の職員への惨事ストレスケアなどを通じて個人と組織に関わってきた。主に担ってきたのは組織コンサルテーションといえるのではないかと思う。しかしこれらの事例は直接紹介できないので，最近，筆者が経験したいくつかのケースを設定を変えてまとめた。日本の職場で今起きている問題の縮図のようなケースである。

II　事例紹介

　あなたは相談室の非常勤相談員である。この相談室は公共的要素が強く，企業の経営，人事，労務，法務，健康管理などがテーマの案件が持ち込まれ，各専門の相談員が担当することになっている。

6月のある日,相談室に出社すると,X製作所から職場のメンタルヘルスについての相談ということで予約が入っていた。さっそくX製作所についてネットで情報を探す。従業員300人,特殊な技術の特許をもっていて,売上の多くは製品の輸出に負っている。円高の影響もあるのか,ここ数年,売上・利益が低迷している。ひとまずこんなところか。

汗をふきふき入ってきたのは50代後半かと思われるA氏だ。スーツもかなりくたびれているように見える。さっそく名刺を交換する。肩書きはX製作所の総務部長である。

〈さっそくですが,今日はどういったことで?〉
「うちの若い社員が,いきなり「うつ病」の診断書を持ってきまして,来週から1カ月休むというのです。詳しく事情を聞いたところ……」

その社員B(33歳)はこの4月に製造部から営業部に配属になったばかりだった。慣れない営業の仕事なのだが,入社10年も経っており,周りに聞くこともままならず,調子を崩してしまったのではないか,とA氏は言う。それにしても異動から2カ月か。

〈他に考えられる要因はありますか?〉
「実はですね,この営業部から退職者が相次いでいまして……」

1年前に営業本部長のC氏(38歳)が来てからのことらしい。今年の3月にも若手が2人辞めている。A氏によると,Bの話では朝会や会議の席上で怒鳴られることがしばしばあり,周りもどうすることもできなかったという。

〈C本部長が来た経緯は?〉
「当社は2年前に外資系メーカーY社に買収されてしまったんです。このところ経営的にも思わしくない状態が続き,創業者である社長(67歳)も苦渋の決断を迫られました」

国際的に通用する特許をもつX製作所の技術力に目をつけたY社が,株式を過半数以上取得して実質的な経営を行うことになった。しかし思うように利益は上がらず,昨年からC氏が経営陣に送り込まれてきた。C氏は早急に売上を伸ばす使命を負っているので,Y社から指示された3カ年の事業計画に基づき,X製作所の営業担当者に過剰なノルマを課してきた。ノルマを達成しない者は厳しく叱責してさえいた。A総務部長が営業部員何人かに話を聞いたところ,営業部に2人いる課長のうちD課長(45歳)はすでに昨年末から体調を崩して休職に入っている。もう一人のE課長(40歳)は,C営業本部長のやり方には疑問をもっているようだが,表立っては批判もできず傍観するのみである。

〈大きな変革にさらされて,社員も大変ですね〉
「営業部だけでなく,社員全体がギクシャクしてきています。とくに古参の社員は成果主義にはついていけない,といってこの歳ですぐには辞めるわけにもいかないということで,何やら無力感や虚無的なムードさえ漂ってきました。若いやる気のある社員の何人かはこれまでのぬるま湯では生き残れない,自分たちで何とかしなくては,と思っているようですが,多くは傍観者的な態度でして。それがC営業本部長には気に入らないので,ますます焦りや怒りが表れてしまうのかもしれませんね」

III 事例検討

ここまでA総務部長の話を聞きながら社員の関係を図にまとめた。来談から45分経った。残りあと約45分ある。さて,相談員であるあなたはどうするか。試みに3つ挙げた。

1. A総務部長の立場・心情を受容・共感・傾聴して労う

A総務部長は現在,さまざまな板挟みの位置に置かれて,とても苦しい状況にある。長く籍を置いていた製造業の大企業では産業医や看護師など

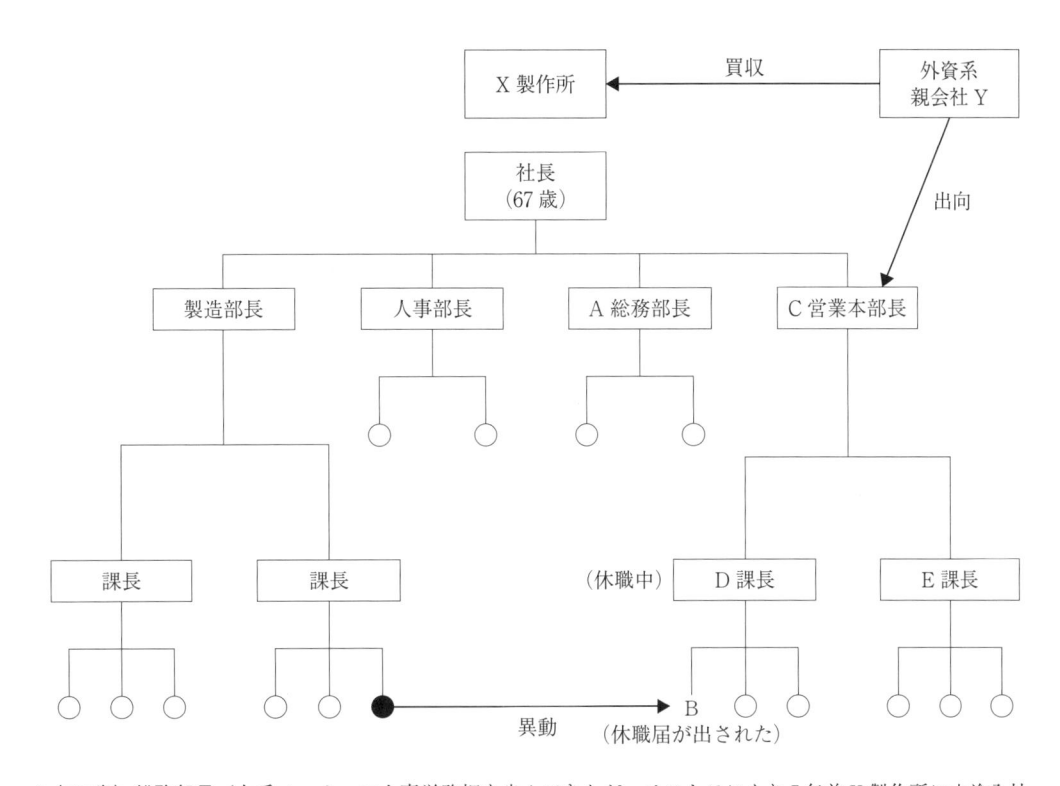

産業 組織コンサルテーション｜廣川 進

```
                        買収
            X製作所 ←――――――  外資系
                                親会社 Y
               │                    │
           社長(67歳)               │出向
     ┌────┬────┼────┬─────┐      │
   製造   人事  A総務   C営業    ←―┘
   部長   部長  部長    本部長
          ┌┴┐         ┌──┼──┐
          ○ ○      (休職中) D課長  E課長
   ┌──┴──┐              ┌┴┐    ┌┴┐
  課長    課長             ○ ○    ○ ○
  ┌┼┐  ┌┼●――異動――→ B
  ○○○ ○○              (休職届が出された)
```

A（56歳）総務部長／大手メーカーで人事労務畑を歩んできたが、リストラになり5年前X製作所に中途入社。温厚で面倒見のよさそうな印象。
B（33歳）営業部社員／私大理系大卒、技術系。X社入社10年目。この4月に製造部から営業部に異動。妻（31歳）専業主婦、長男（3歳）。
C（38歳）営業本部長／1年前に親会社Yから出向してきた。国立大経済学部卒業後、証券会社で数年勤務した後、海外の大学で経営学修士（MBA）を取って、外資系Y社に転職して5年目である。うわさでは2年前に妻子とは離婚しているとのこと。
D（45歳）課長／すでに昨年末から体調を崩して休職に入っている。
E（40歳）課長／C営業本部長のやり方には疑問をもっているようだが、表立っては批判もできず傍観するのみ。

登場人物関係図

の健康管理スタッフも常勤でいたので、休職者への対応は彼らと協働して行うことができた。しかし現在のX製作所には常勤の健康管理スタッフは誰もいない。産業医は月に1回来社することになっているが、多分に形式的である。B氏の対応を相談できる人が社内にいない。

またC営業本部長のパワハラ的な言動で部下が心身不調になり退職や休職を余儀なくされている営業部の状況を改善せねばという問題意識はもっているが、買収後の会社の状況下では具体的な方策が思いつかない。社長との信頼関係の程度を測ってはいるが、自分自身もリストラ経験者であ

り、行動を起こすことのリスクも十分承知しているだろう。社員のことを考えたらこのままではダメだという危機感、使命感を抱きながら、思い余って考えあぐねて来談されたのだろう。その点を労うことは必要であろう。

2. 休職者への対応策と
メンタルヘルスの改善策を検討する

次に、メンタルヘルスの専門家であって、経営や人事、組織の専門家ではないという立場上、うつ病で休職するB氏への対応と職場のメンタルヘ

ルスの問題に対して，会社側としてできる対策を検討しアドバイスする。

- まず，1カ月の休養を要するという診断書が出ているのだから，早急にB氏が傷病休暇を取れるように職場に働きかけることをまず行う。
- 1カ月か数カ月後，復職の目処がつきそうになったら，復職支援を行う。このケースのように異動後の適応の問題やパワハラの要素がある場合は，復帰後の部署が重要になる。本人の意思を尊重しながらC営業本部長とB氏の関係を見てきたE課長とも相談し，営業部内でC営業本部長の影響の極力及ばない仕事はないかを検討し，営業の仕事を教えてくれる仕組みの検討，さらに人事部とも連携してもとの部署に戻すことも検討したい。
- 休職，復職に関する会社の就業規則や健康管理規定などのルールが未整備であったら，社労士とも相談し，成文化する。
- 後述するパワハラのテーマまでここに含める見方もあろう。

3. 構造的要因を考える

B氏の休職の背景には複雑で構造的な要因が考えられる。問題を整理し，考えうる対応対策を思いつくかぎり2人で挙げていく。次に実行可能な対応対策を検討する。

[1] C営業本部長のパワハラ問題について

- 事実確認——E課長をはじめ営業部の社員（できれば全員）と面談をして事実関係を確認する。社員には記録をつけることを勧める。
- B氏への事実関係の確認と指導——これを誰が行うかは十分な配慮を要する。候補としてはC営業本部長と対等かそれ以上の立場から話せる人でなくては実効性が乏しい。人事部長あるいは総務部長，社長，親会社Y社の然るべき地位の人，などが候補として考えられる。

ここで十分に検討すべきは，社長がどの程度事態を問題と認識しているか，である。その点を見誤ると，社内の良識派が逆に，社長とY社の経営陣からはC営業本部長が推進しようとしている変革への抵抗勢力と見なされ，梯子を外されかねない。C営業本部長のマネジメントの実態を，事実と記録に基づき社長とY社の経営陣に把握させることはかなりの力業であろう。それを誰が行うのか。A総務部長を核にして，人事部長も理解者に引き入れ，E課長をバックアップしてマネジメントの実態の聞き取り調査を行うことができるかが大きなターニングポイントになる。その上で社長を説得できれば先が見えてくる。

パワハラの言動の記録，事実に基づき，まず人事部長か総務部長が注意，改善の申し入れを行い，改善が見られない場合はさらに社長が注意し，それでも変わらない場合にY社の経営陣と相談する，という流れが考えられるだろう。

その途中でC営業本部長が開き直り，Y社へ言い訳し，自分の正当性を訴えることも考えられる。これを回避するためにも，職場のストレス調査を実施する案も考えられる。一般精神健康調査（GHQ）や職業性ストレス簡易調査票などを使って，無記名で全社員に実施し，部署ごとの平均点を出す。営業部の数値が他部署よりも有意に高いような結果が出れば，それはC営業本部長のマネジメント能力に問題があることを裏づけるデータとなろう。

パワハラ研修会の開催なども必要だが，もっとも聞かせたい当事者が参加しないことも多い。

[2] 社員の士気の低下の問題

もともとX製作所は技術者叩き上げの社長が一代で築いて，少数の家族主義的経営で長年やってきた。外資系Y社に買収されて成果主義が導入され，とくに中高年の技術系社員は大きな変化になかなか適応できず，無力感や組織への不信感なども感じている。やる気のある若手社員との世代間のギャップもあるし，同じ世代の若手のなかでも適応の度合いは変わってくるだろう。B氏は当て

はまらないようだが，昨今増えている多様化するうつの症状が見られる若手もいるかもしれない。こうした変革期の社内コミュニケーションをどのように取るべきか。変革へ向けてのコンセンサスを確認してモチベーションを上げ，主体性を取り戻し，やらされている感覚を低減するために，部門ごと，階層ごとのミーティングや研修会に外部講師を入れて，ファシリテーターの役割を果たしてもらうことも考えられる。

Ⅳ　おわりに

以上見てきたように，異動を機に上司のパワハラ的言動からうつ病になり，休職に追いこまれたこのケースは，B氏の不適応の問題であり，C営業本部長のパワハラの問題でもある。しかしC営業本部長が加害者でB氏が被害者である，というような善悪二分法で決めつけることも，問題の本質を見誤り，解決が遠のく一因となりうるだろう。さらに見方を広げ構造的に見れば，グローバル化により進行している企業買収，合併などによる国内と国外の対立，あるいは社風のちがう2つの組織文化の衝突，葛藤のひとつの側面であるとも捉えられる。つまり，企業の変革とそれに伴う抵抗のプロセスの一側面でもあろう。まず個別のエピソードを聞きながら，通奏低音ともいうべき構造的な問題についても目を向け続けておきたい。

組織コンサルテーションで必要なことは「場の見立て」であると思う。「場」とは構造とプロセスからなる。時間と空間，組織の歴史的な変遷，そしてそこで働く生身の人間がどのような感情をいだき行動しているのか。登場人物ひとりひとりの性格と相互の関係性から組織内での部門間の力動まで，限られたエピソードをもとに想像し，相談者と共有していく。

- 登場人物の個人的性格 ── その場に登場する人物，事例の関係者をすべて挙げる。ひとりひとりの属性，パーソナリティ，この状況にあってどのような感情を抱いている可能性があるか。好悪，羨望，妬み，無力感，不信感，葛藤など。
- 登場人物の相互の力動 ── MBA取得者vs現場叩き上げ職人，本部長vs営業部員，社長vs社員，営業本部長vs総務部長など。
- 組織間の力動，葛藤 ── 外資系vs町工場，成果主義vs家族主義，親会社vs子会社，総務部vs営業部など。

こうした検討のプロセスのなかで，自ずと，問題，課題が整理され，特定の状況下で各人が取れる現実的な対応策が見えてくるのではないか。

来談されたA総務部長とは，後半の45分間で，前述のように問題の構造化，対応・対策案をひと通り列挙して検討した。ストレスマネジメント，パワハラ，リーダーシップなどについての社内研修会ならば講師を引き受けることもできると伝えたが，その後，連絡はなかった。A氏はその後，どこまでの対応をされたのだろうか。他にもっと適切な処方箋はなかったのだろうか。日本の企業が現在置かれている重層的な現実の一断面を前に，組織コンサルテーションを担う相談員の限界を感じながら，A氏の顔が浮かび苦い思いが残った。

文　献

藤原俊通（2013）組織で活かすカウンセリング──「つながり」で支える心理援助の技術．金剛出版．

実践領域に学ぶ
臨床心理ケーススタディ

司法・矯正
離婚する夫婦と子ども

伊藤直文 *Naofumi Ito*　　大正大学人間学部

I　はじめに

　しばしば「幸せになる」と表現されるにもかかわらず，生い立ちも性格も異なる男女が人生を共にする結婚には，多くの困難，試練が待ち受けている。A・グッゲンビュール・クレイグ (1982) は，「結婚というものはそもそも快適でも調和的でもなく，むしろそれは，個人が自分自身およびその伴侶と近づきになり，愛と拒絶をもって相手にぶつかり，自分自身と，世界，善，悪，高み，そして深さをしることを学ぶ個性化の場なのである」と述べ，結婚というものを「幸福」ではなく，「救済」への道筋だとした。他方で，結婚に際して，個々人が，それまでの人生で育んできた期待，渇望ややり残した宿題のようなものを持ち込み，それらが満たされることを意識的，無意識的に望むのも事実である。

　離婚は，すべてが完結してしまった結果であることも稀にはあるだろうが，大多数は，多くのものが裏切られ，果たされ得ないことを知った結果として生じる。だから，離婚においては，傷つき，失望，幻滅，自己嫌悪が，特有の愛憎に色づけられながら渦巻くことになる。Holmes & Rahe (1967) の社会的再適応評価尺度においても，離婚は「配偶者の死」に次ぐ高ストレスのライフイベントであることが示されている。そして，夫婦の「救済」や「個性化」はともかく，この激しい渦の中には子どもたちも巻き込まれることになるのである。

　離婚問題に関わる支援者には，複数の潮流が激しくぶつかり合う場所で潮目を読みながら，小舟を操るような作業が求められる。

　筆者は，国立病院の精神科，家庭裁判所，現在の大学付属外来相談機関のいずれの場でも夫婦の面接を経験しているが，本稿では，家事調停の事例を取り上げる。匿名性の確保のために，類似した複数の事例を合成しているが，本質を損なわないよう経過ややりとりは事実に即している。

II　事例

　夫婦とも41歳，11歳の長女と8歳の長男がいる。夫婦は夫の浮気がもとで，4年前に夫が出て行き別居している。夫は勤務先も辞め，以後3年余り居場所が不明だった。生活費の送金はあり，妻が2人の子を育ててきた。今回は，夫から離婚調停が申し立てられ，妻からは円満調整の申し立てがなされている。2回の調停期日で，夫は一貫して離婚を希望しており，夫には3年余り一緒に暮らす女性がいる。妻は当初，夫が戻ることを強く希望したが，戻らないなら子を夫側に引き取っ

てほしいとも主張した。妻は，その後の調停に2回連続で無断欠席，調停が暗礁に乗り上げてしまったため，家事審判官（裁判官）から筆者（当時家裁調査官）に「妻の出頭勧告」（調停への出席を促すこと）と「意向調査」の命令が下った。

1. 夫との面接

命令は，上記のようなものだったが，不出頭に至る経緯に複雑な背景が読み取れたため，裁判官の許可を得て，まず夫と面接した。夫によると，妻は地方出身で人付き合いが苦手なため，結婚当時から住んでいた社宅でも周囲になじめず，帰宅した夫に毎日愚痴や不満を言っていた。特に病気がちの下の子が生まれてからはエスカレートして，最初は一生懸命聞くように努めていた夫も疲れ，4年ほど前に別の女性と関係を持ってしまった。これは一時の浮気だったが，妻の知るところとなり，妻は夫を毎日責め続けた。夫は，責任も感じ，ずいぶん悩んだが，妻との生活には耐えられなくなって，数カ月後に家を出た。別居後しばらくして知り合った女性と暮らすようになり，協力して妻子に生活費を送り続けた。この間に2回ほど離婚を持ちかけたが，妻は拒絶した。半年ほど前に夫の居場所が妻に判明し，妻の申し出による子との面会も含め，何回かのやりとりがあった後，離婚調停を申し立てるように妻から要求されたという。しかし，いざ申し立てをしてみると，妻は反対に円満調整の調停を申し立て，あげく調停に出てこなくなってしまった。子どもたちには責任を感じているが，これだけ年数が経って家に戻ることはまったく考えられないし，戻ってこいという妻の主張も本気とは思えない。まして子を引き取れというのは，自分と今の妻への嫌がらせとしか思えず，これも本心とは思えない，と話す。夫の話は率直，具体的で，事態の経緯を左右しているのが妻側の感情であることが推察された。

2. 妻宅訪問

あらためて裁判官に相談し，妻と連絡を取るに当たって，子どもたちを引き取らせたいという妻の主張に沿って，「子の環境調査，意向調査」も命令に加えてもらった。その趣旨で妻に連絡を取ると，家庭訪問への承諾が得られた。

聞いていた子の帰宅時間より少し早く訪問し，妻と面接。妻は，「子どもたちはお父さんが大好きで，居所がわかってから2度ほど遊びに行かせたが，とても喜んでいた。私は今でも夫を愛しているし，戻ってくればいつでも迎え入れる気持ちだが，だめなら子どもたちは夫の方に行く方が幸せだと思う。夫のアパートの近所で聞いたところ夫の内妻はとても優しい良い女性だそうで，仲の良い理想の夫婦だということだった。私のような母親のところにいるよりずっと良いはずです」と静かだが思い詰めたような口調で語った。「自分は買い物に出かけるので，子どもの気持ちをゆっくり聞いてほしい。子どもには，裁判所の人に本当の気持ちを話しなさいと言ってあります」と言い，外出の支度を始めた。

住居は二間に台所のアパート。綺麗に片付き，女性らしい彩りも凝らされて，子どもとの生活を日々大切に過ごしている様子が窺える。箪笥の上には写真立てがいくつか飾られているが，父母と子の楽しそうな記念写真が複数あるのが目についた。

3. 子の面接

子ども2人が帰宅，母から聞かされていたこともあって，緊張の面持ちながら挨拶をし，母の出してくれたお菓子を食べながら話をした。母はまもなく出かけたが，母とのやりとりも自然で関係の良さが伝わってくる。姉は子どもらしい表情の中にもしっかりしたお姉さんらしさを感じさせる。弟は甘えん坊で，何かといっては姉の方を見てくすぐったそうな笑い顔をする。尋ねると，学校生活も順調で，楽しく過ごしている様子がわかる。

打ち解けた様子が見えてから，人物を「父」と「母」としてHTPPテスト（House-Tree-Person-Person Test）を描いてもらった。詳細は省くが，姉の父母像はそれぞれ漫画化されており，いずれも少々困ったような目が特徴的，母には角とたぬきのようなしっぽがある。弟の描いた父は表情が硬く，こめかみと口の形に緊張感がある。母には姉のまねをして角を描き，吹き出しの中に「こら」と書いているが，表情は穏やかである。弟は全体に幼い絵だが，父にはワイシャツの襟，ネクタイなどを書き込み，関心の高さを感じさせる。姉，弟とも父の特徴である頬の黒子を大きく書き込んでいる。母の絵の角について尋ねると，2人で笑い合いながら「お母さんは怖いよ」と話す。表情，話し方から，言葉とは裏腹に母への安定した愛着が受け取れた。筆筒の上の写真について聞くと，弟が父と一緒に写った写真を持ってきて，「○○に行ったときの写真」と話す。姉が「お父さんとはときどき会いたい」と言い，弟もにこにこして無邪気に頷いていた。

母が帰宅，2人は母のところに寄って行き，何を買ってきたのかなど話をしている。

見送りに出てきてくれた母に，子の様子がよくわかったと礼を言い，あらためて時間を取って話したいと伝えると承諾が得られた。

4. 妻との面接

当初は，訪問時と同じ主張をし，硬い表情。筆者から見る限り，子どもたちは父に対する愛着も持っているが，それ以上に母との生活に満足し安定していると見られること，母が子どもたちとの生活をとても大切に過ごしている様子が伝わってきたことを話し，この間の母の苦労をねぎらった。母は，一瞬和らいだ表情になったが，すぐに「でも片親より，両親が揃っている方が幸せだと思います」と目を据えて言い，「私は，いつでも夫を受け入れます」と語って，口をぎゅっと結んだ。筆者が黙っていると，「だめなら，あちらに行くのがいい。相手の女性は本当にやさしくて良い人なので……」と続けた。この間の生活状況，子どもたちの学校での様子などを尋ね，妻も答えてくれたが，全体に沈黙の多い，重い雰囲気の面接だった。

ただ，妻の様子から，胸に秘めたものを感じたので，是非もう一度会いたいと伝えた。

2回目の面接。前回よりもどこか悲しげな表情に見える。「お子さんたちは元気ですか」と声をかけると「はい」と答えるが，言葉が繋がらない。やがて，「私は，田舎者で人付き合いが下手。社宅の付き合いもどうしたらよいかわからず，夫に愚痴ばかり言っていた。弱かった下の子のこともあって，今考えると普通の状態ではなかった。夫が浮気をしたとき，完全におかしくなってしまい，毎日お酒を飲んでは夫を責め続け，会社にも訴えてしまった。それでも夫は謝り続けてくれたが，ある日出て行ってしまった」と語り，「私が夫を追い出してしまったのです，子どもたちの父親を」と泣き崩れた。夫が出て行き，しばらくは気が抜けたようになっていたが，その後，生活費が送られてくるようにもなり，気を取り直してとにかく子どもと生活してきた。夫を責め続けた日々を繰り返し思い出しては悔い，苦しんできたことを話し続けた。筆者は，ひたすら耳を傾けるだけだった。最後に，妻は「夫がいない生活は考えられません。帰ってきてほしい」と絞り出すように言い，話を終えた。

筆者は，関わり始めた当初，矛盾した主張をする妻の表情に凝り固まったような頑なさを感じ，妻に対するネガティブな感情（「これは手がつけられない」といった感情）を内心に感じていた。しかし，整った生活ぶりと子どもたちとの関係を見，話を聴くうち，「意地と後悔かもしれないが，こうした思いを支えに生きていくのもひとつの人生かもしれない。今しばらくはそってしておいてやりたい」といった心持ちになっていた。そこで，妻の最後の言葉に対しても，「そうですか」とだけ応じ，「お子さんの様子を知り，お母さんの意向も再確認できたので，調停に戻すことになります。しばらくすると再度調停の呼び出しが来ますが，ど

うするかはご自分でよくお考えになって下さい」とだけ話して面接を終えた。

5. その後

夫には電話で，子の良好な生活状況を簡単に伝え，調停に戻すことを伝えた。

審判官，調停委員会に対しては，家庭訪問と面接の概略を報告し，「もし妻が出席しても，説得的に関わらず，話を聴いてやってほしい」と所見を添えた。

次回調停期日後，審判官に呼ばれ，妻が出席し，子の親権者を母として離婚に応じ，養育料などの取り決めをして調停が成立したと聞かされた。

III 考察

上の事例は，調停事件としてはシンプルなものだが，離婚に際しての夫婦の心の動きや援助者に求められるものがよく示されていると思われる。以下に整理して述べる。

1. 中立性への配慮

夫婦が揃って相談に来るような場合は別として，夫婦間に紛争的な対立があるときには，援助者は双方との距離感に苦心する。夫が妻側の弁護士の名前を口にした際に「○○弁護士ですね」と相づちを打ったところ，その口調から弁護士が筆者の知り合いだと受け取り，妻側に有利に運ぶに違いないと担当交代を求められた経験がある。それほど離婚紛争中の当事者は敏感である。ときには，各々と会う回数，時間にも注意を払わなければならない。

ただし，こうした外形的中立性への配慮も必要ではあるが，本質的に重要なことは，それぞれを尊重する姿勢を維持し，それを的確に伝えることであろう。

2.「間」をつくる役割

夫婦の諍いでは，それぞれのもっとも「素」の（しかも否定的な）部分が表面化する。思い詰めて行動し，結果反発を受けるが，一歩引いて考えることができずに，意地のように同じ言動を繰り返してしまう。それは，しばしば相手ばかりでなく周囲からも同様の反応を引き出し，孤立感や被害感を強めてしまう。援助者は，そのような「前のめり」で「息の詰まる」状況に，ちょっとした「間」をつくり，一息入れる役割を果たす存在でありたい。意向，心情を汲みつつも少し異なる視点を持ち込んで，考えるきっかけをつくる。また，表れた変化の兆しは深追いせずに本人に任せることも肝要である。

3.「感情」の発見

子の意向，福祉への配慮は重要だが，残念ながら，大多数の夫婦紛争事例で，事態を硬直化させ，混乱させているのは，積もり積もった夫と妻の「感情」である。その理解と解消がなければ，「正しい」結論も持続しない。さまざまな臨床場面で，子どもが示す問題の背景に父母の諍いの残り火がくすぶっていることは実に多い。

主張を主張としてただ聞くのではなく，実際の行動，生活の実態，表情など多様な水準の事実を的確に見定め，突き合わせて，その間に矛盾がないかを探索する。多くの場合，矛盾のあるところに，鍵となる「感情」が隠されている。そんな部分を見つけたら，注意深くその周辺を探っていく。ただし，そんな「感情」の在りかが見つかっても，援助者の側から明確化を試みるのは多くの場合得策ではない。それらは，夫あるいは妻が自ら恥じ，だからこそあからさまに表現できないでいたものである。明確な言葉にされてしまうのはあまりに辛い。理解しつつ，そっと受け止めておく心持ちが大切であろう。

4. それぞれの「必然性」をなぞる

夫婦の争いの過程では,日頃のその人物の水準からは想像できないくらいの「愚かな」振る舞いが見られる。話を聴くうちに,正直な気持ちとして「なんて人だ」「愚かしい」「どうしようもないな」といった否定的な感情が浮かんできてしまうこともある。確かに客観的に見て,一方がはっきりと「悪い」こともある。しかし,離婚の心理調整では,援助者が一方を否定的に見ているうちは,当事者の自律的,自発的な解決の道は進まないように思う。一見「悪い」「愚かな」側についても,そのように主張し,振る舞う彼(彼女)なりの必然性が理解され,援助者の中に「こんな状況に置かれたら,こう振る舞っても『無理もないかもしれないな』」という心持ちがわき上がってきたときに,何故かケースは自ら動き始めるように思う。同じことは一見「正しい」側についても言える。援助者は「正しい」「まともな」側については,思考停止してしまう傾向がある。しかし夫婦紛争では,よく見ていくと,一見「正しく」見える側に「ずるさ」が隠れていることが実に多い。その上で,やはり「無理もないな」と思えるようなところまで理解を深める努力が必要である。

5. 生活を支える軸を尊重する

面接を通じて,それぞれの人が何を人生の「軸」として生きているかを知り,意識しておくことは,解決の方向を考える局面が到来したときに大きな意味を持つだろう。これはことさらにそれを語ってもらうということでなく,日々の生活を貫く思いを感じ取るということである。この事例で言えば,「自責」と「悔い」に苦しみながら生活してきた妻を支えていたのは何だったか。そう考えていくと,この妻に子を手放させるような解決はあり得ないことがわかるだろう。

近年,離婚への心理的抵抗感は急速に弱まっている。しかし,夫と妻が日々の生活を共にして深く関わり,親子という究極の絆を通じて結び合った関係を解消するのは,容易なことではない。その過程を適切に支援することが,将来の子の健全な成長に直結する重要性を持っていることを十分に自覚したい。

文　献

A・グッゲンビュール・クレイグ[樋口和彦,武田憲道＝訳](1982)結婚の深層.創元社.

Holmes YH & Rahe RH (1967) The social readjustment rating scale. J. Psychosom. Res. 11 ; 213-218.

伊藤直文(2012)よみとりの視点・伝える工夫. In：村瀬嘉代子,津川律子＝編：臨床心理学増刊第4号 ―― 事例で学ぶ臨床心理アセスメント入門. 金剛出版, pp.28-34.

佐竹洋人,中井久夫(1987)「意地」の心理. 創元社.

司法・矯正
少年審判

室城隆之 Takayuki Muroki　　岡山家庭裁判所

I　はじめに

　司法・矯正分野において、ケーススタディは、さまざまな事例に触れることで学びを深めたり、同じような事例を扱う時の道標としたりするうえで、非常に有益な方法である。しかし、司法・矯正分野のケーススタディは、公表されていないことが多い。これは、司法・矯正分野の心理臨床家の多くが公務員であるため、「職務上知ることのできた秘密」について守秘義務を負うからである。たとえば、国家公務員法は、国家公務員に対し、「職務上知ることのできた秘密」を外部に漏らす行為を禁止している（100条1項）。また、少年審判において、手続きは非公開とされており（少年法第22条2項）、記事等の掲載も禁止されている（少年法61条）ことも、ケーススタディが公表されない理由となっている。そこで、司法・矯正分野のケーススタディを公表する際には、臨床家の経験に基づいて事例のポイントを抽出した架空の創作事例を用いることがある。このような方法は、現実の事例によるケーススタディに比べると事例の個別性などの面で制約を受ける部分も少なくないが、司法・矯正分野の臨床家には少年や保護者のプライバシーを守る責務があることを考えれば、必要な方法であろうと考える。
　ここで登場する少年Aも、実際には存在しない架空の事例である。しかし、事例のポイントは、筆者の経験から抽出しているため、現実の事例に類似しており、司法・矯正分野の臨床家であれば、同じような事例に出会ったことがあるものと思われる。

II　事例——少年A・14歳・男子

1．Aの非行・家庭・生育歴

　Aは、中学3年の男子生徒である。ある日、授業中に他の男子生徒とトラブルになった際、止めに入った男性教師に腕をつかまれたことにカッとなって、その教師の顔面や腹部を殴り、加療約2週間のけがを負わせた。そのためAは、学校の通報によりかけつけた警察官に傷害事件で逮捕され、家庭裁判所に送致されて、少年鑑別所に収容された。
　Aの家庭では、Aが就学前に両親が離婚し、Aは父親に引き取られた。しかし、父親は会社員で帰りが遅く、Aは、実際には、同居していた父方祖母に育てられた。父方祖母は、真面目な性格で、Aの面倒をよく見ていたが、口うるさい面があったため、Aが反抗して口げんかになることも少なくなかった。また、父親は、日頃はAと関わることは少なかったが、Aが何か問題を起こすと

Aに対して怒り、手を上げることも多かった。そのため、Aは父親に反発して、家出することもあった。

Aは、小学校時代から落ち着きがなく、授業に集中できないところがあったため、学力は低かった。また、粗暴なところがあり、周りの生徒とトラブルを起こしやすかった。中学入学後も、学校には毎日行くが、教室に入らずに不良傾向のある友人や先輩らと校内を徘徊している状態であり、他の生徒とトラブルを起こして暴力を振るったり、教師が注意をすると反抗して粗暴な言動に及んだりすることも多かった。また放課後は、不良仲間とともに夜遊びや外泊を繰り返していた。

2. 家庭裁判所調査官の関わり

少年鑑別所に収容されたAは、思ったよりも素直で、面接に行った家庭裁判所調査官（以下「調査官」とする）の質問に、「自分の身勝手な行動で、親や先生に迷惑をかけた」「我慢する力が足りなかった」と述べていた。そして、今後は暴力を振るわないこと、学校の規則を守って学校に通うこと、夜遊びや外泊をしないことを、調査官に約束した。一方、父親は、学校内の出来事を警察に通報した学校の対応について不満を述べる一方で、これまでAの養育を父方祖母に任せすぎたことを反省し、今後はAとの関わりを増やしたいと述べていた。調査官は、Aの非行の原因を、①Aの落ち着きのなさ、集中力のなさを基盤とした学力不足による学校不適応、②相手の態度にカッとなって衝動的に行動してしまう衝動統制の悪さ、③父親や父方祖母の指導がAに理解されず、反抗的な態度を引き起こしていること、④父親からの暴力の学習、⑤家庭内で満たされない愛情欲求を不良交友関係に求めていること、と理解した。そのうえで、Aが初めて警察に逮捕され、少年鑑別所に収容された体験を通じて、これまでの自分の行いを反省し、変えようという意欲がうかがえるようになったこと、そして、父親もまたAとの関わりを増やしていくことを考えており、Aとの関係の改善が期待できることから、Aを少年院や児童自立支援施設に収容するのではなく、父親の下で生活させながら更生を図ることが適当と考えた。

そこで、調査官は、少年が通う中学校を訪問し、校長や学年主任、担任教師と面接を行った。しかし、学校側としては、Aがこれまで頻繁に学校内で問題行動を繰り返し、指導する教師に対しても従わずに粗暴な行動を取ってきたことや、父親も学校の対応に批判的で、協力関係が得られないことを理由に、Aを学校内で指導していくことには消極的であった。そのため、調査官は、今後もAが問題行動を繰り返した場合には、家庭裁判所が施設収容などの措置も取ることができるように、一定期間最終的な処分決定を保留して、調査官がAの様子を見たうえで最終処分を決定する「試験観察」を行うことを学校側に提案し、了解を得た。そして、試験観察中は、調査官が教師から学校でのAの様子を教えてもらい、それを踏まえてAを指導していくことと、父親が学校の指導に協力できるように父親と話し合っていくことを伝え、学校と家庭裁判所が連携していく体制を整えた。

3. 試験観察

調査官は、以上のような経過を裁判官に報告し、Aは審判で試験観察決定となった。そして調査官は、1週間に1回、家庭裁判所で、Aと父親に面接を行う形で試験観察を行うことを伝え、試験観察中の約束として、①決められた日時に家庭裁判所に出頭すること、②暴力を振るわないこと、③学校の規則を守って学校に通うこと、④夜遊び、外泊をしないこと、⑤感情のままに行動せず、周りに相談したり、よく考えてから行動すること、をAと話し合って決めた。また、A自身にその約束が守れたかどうかをチェックさせるため、日記とチェックシートを毎日記入するように指示した。さらに、学校での様子は、学校からも連絡を

もらうことを伝えた。一方、父親に対しては、Aとの関わりを増やすこととともに、Aに暴力を振るうのではなく、話をすることで指導してほしいと伝えた。

[1] 第1期（#1～#10）

Aは、試験観察になった当初は、きちんと学校に通い、授業にも出て、問題を起こすこともなかった。しかし、次第に中学校の教師から、Aが服装などの校則を守らず、教師が注意をすると反発して、反抗的な態度を取るようになったという報告がなされるようになり、「以前のAに戻ってしまった」とのことであった。そのため、調査官がAに確認すると、Aは「自分が頑張ろうとしていても、（学校の）先生は注意ばかりしてきて、『自分の立場を考えろ』と言ってくるので、腹が立つ」と述べた。そこで調査官は、Aに「Aが頑張ろうとしていることはわかっている。しかし、Aは、今までの行動のために周囲から信用されなくなっているので、周りの目は厳しい。自分では頑張っていても、今後も注意をされることはあると思う。その時に、今までのようにカッとなって暴力を振るってしまうのか、我慢して頑張り続けられるのかが重要である。頑張っているのであれば、周りに注意されても自暴自棄になったりせず、頑張り続けてほしい」と伝え、励ました。Aは、その後落ち着いた生活を送ることができるようになり、「先生には注意をされるが、自分がイライラしても仕方がないので、気にしないようにしている。そうすると、自分も楽になる。校則を守らなかった自分も、自分勝手だったと思う」と述べた。

その後も中学校の教師からは、Aが授業中に先生に注意され、反抗して教室から出て行ったとの報告があった。そのため、調査官がAに確認すると、「ちゃんと授業に出て、先生の話も聞いているのに、先生から『ちゃんと聞いていない』と言われて、腹が立った。そのまま教室にいると、先生を殴ってしまいそうだったので、自分を落ち着けるために外に出た」とのことであった。そのため、調査官は、Aが先生に暴力を振るわずに我慢したことをほめ、今後もそれを続けてほしいと伝えるとともに、「学校の先生もお父さんも、Aにもっと良くなってもらいたいと期待しているから注意をするのであり、Aを否定しているわけではない。だから、カッとする必要はない」と伝えた。その後、Aの父親からの報告によれば、「Aは、以前に比べて、自分の言いたいことを言うだけではなく、相手の言うことも聞くことができるようになった。また、私が注意をすると、その時には反抗しても、後で謝ってくるようになった」とのことであった。そして、Aの父親は、「今までは、私が頭ごなしに怒っていたので、Aはなぜ怒られているのかがわからなかったのだと思う。今は、私も説明するようになったので、Aもわかってくれるようになったのだと思う」と述べていた。

[2] 第2期（#11～#25）

しかし、その後Aは、次第に授業中におしゃべりをすることが多くなり、それを教師に注意されるとカッとなり、壁を蹴とばして教室から出て行くこともあった。調査官がAに確認すると、Aは「授業に出ていても、授業がわからず、つまらない」とのことであった。そのため、調査官がAに英語と数学の中学1、2年の復習問題をやらせてみると、Aは、ほとんどできない状態であり、Aの深刻な学力の遅れが判明した。そこで、調査官は、試験観察中、裁判所での面接の時間を利用して、一緒に英語と数学の勉強をすることをAに提案し、Aも同意したため、#20から調査官による学習支援を実施した。面接時間を利用し、英語と数学のワークブックを用いて、調査官が解説しながらAに問題を解かせる方法で、毎回約1時間の学習支援を行った。また、宿題として漢字のプリントを与え、面接時にテストを実施した。Aは、これに一生懸命に取り組み、その後学校で実施された学力テストで順位が上がったことが報告された。また、授業にも落ち着いて参加できるようになり、中学校の教師からは、Aが担任教師に自分

が勉強をしていることを嬉しそうに言ってきた，という報告もなされた。

しかし一方で，Aはその後も，学校で先生に注意され，反抗することを繰り返した。調査官がAに確認すると，「他の生徒も同じことをしているのに，自分ばかり怒られるので，腹が立ってしまう」とのことであった。そのため，調査官は，Aに「他の生徒がしていても，だから自分もやって良いというわけではない。『自分ばかり……』という不満があるのは理解できるが，まず自分が率先して良い行動をして，周りに良い影響を与えてほしい」と伝えた。また，Aの父親からは，Aが最近は父親に，自分はどうして怒られたのか，どうすれば良かったのかを聞いてくるようになった，という報告があった。

[3] 第3期（#26～#35）

その後，Aは落ち着いて授業に参加できることが多くなり，放課後も友だちと一緒に勉強をするようになった。先生に注意されてカッとなり，家に帰ってしまうなど，学校でのトラブルがなくなることはなかったが，それでも次第に少なくなっていった。そして，Aは高校を受験し，無事合格することができた。#35で試験観察を振り返り，Aは「以前は毎日が面白くなく，先生や父親からうるさく言われるのがうっとうしくて，反発していた。しかし，最近は，人の話を聞くことができるようになり，以前ほどカッとならなくなった。まだ，先生に注意されるとカッとなってしまうこともあるが，高校ではそういうことがないように注意して生活したい。調査官は，自分の悪いところだけではなく，良いところも見てくれるので，話しやすかった。勉強を教えてもらったことも助けになった」と述べた。また，Aの父親は，「Aは，以前に比べて素直に人の話を聞くことができるようになり，善悪の判断もできるようになってきた。これまでは，学校の先生がAにきちんと対応してくれないことへの不満があったが，試験観察中，調査官と相談しながら，学校の先生とも話をすることができ，先生に期待し過ぎず，自分ができることは自分でしようという考えになった」と述べた。その後の審判でAは保護観察となり，試験観察は終了した。

III 考察

1. 少年・保護者の話を聞き理解することの重要性

他の臨床分野と同様に，司法・矯正分野の非行臨床においても，少年や保護者の話をしっかり聞き，理解することが何よりも重要である。どんな非行少年にも，その非行を起こすに至った心情や背景がある。Aの場合，暴力の背景には「自分の言うことを聞いてもらえず，一方的に怒られる」ことへの不満が存在しており，それは父親や父方祖母に対する怒りであり，学校の教師にも転移していたものと考えられる。まず，このような少年の心情を理解し，受け止めることが重要である。そうでなければ，少年も，こちらの話を聞こうとはしないであろう。保護者に対しても同様で，保護者が抱えている心情や背景をきちんと聞き，理解することが，保護者と協力していく基盤となる。

2. 心理教育的な働きかけの必要性

しかし，非行少年の場合，心理的なサポートだけでは，更生することができない場合も多い。なぜなら，少年たちには学習面の遅れやソーシャル・スキルの未熟さが存在し，それが非行に影響を与えていることが少なくないからである。そのため，非行臨床においては，多くの場合，心理的なサポートだけではなく，具体的なソーシャル・スキルや学習面の支援が必要である。Aの場合も，調査官が学習支援を行ったり，暴力を振るわないためのスキルを教えたりしたことが，役に立ったと考えられる。

3. 保護者との協力関係の重要性

非行臨床においては，援助者が保護者と協力し合える関係になることが，少年の更生の決め手になることが少なくない。放任的だった親が，少年の非行をきっかけとして少年に積極的に関わるようになったことで，少年が更生できた事例を，これまでにたくさん見てきた。Aの場合も，父親がそれまでの一方的，暴力的な叱責をやめ，Aの気持ちを聞くようになったことが，Aの更生を助けたものと考えられる。そのためには，援助者が保護者の心情を受け止め，保護者と話し合い，少年に対する関わり方のモデルを示すことが大切である。

4. 学校を支え，保護者と学校の関係を調整することの大切さ

同時に，学校との間でも，協力し合える関係を持つことが大切となる。多くの場合，学校は，その少年がいることで大変な苦労をしてきている。学校の立場からすれば，他の生徒や保護者への配慮もあるため，非行を起こす少年に対して厳しい態度を取らざるを得なくなるのは当然である。しかし，そのことが，非行少年やその保護者との敵対関係を生んでしまう。非行臨床の援助者は，中立的な立場に立ち，少年や保護者を援助する一方で，学校を援助することも必要である。時に，そのために援助者が板挟みとなり，双方から非難される場合もある。しかし，双方を援助し，双方の関係を調整する役割を担うことが，双方の心情を和らげ，お互いに協力し合える関係を築くことにつながる場合も多い。Aの事例においても，調査官がそのような役割を果たすことで，Aの父親と学校が協力し合える関係になっていった。

Ⅳ　終わりに

どのような臨床分野においても，他の臨床分野と共通する側面とその分野に固有の特徴との両方がある。司法・矯正分野においても，同様である。司法・矯正分野のケーススタディを行うことは，これらの側面を明確にすることになり，それは司法・矯正分野にとっても，他の臨床分野にとっても，有益であると考える。プライバシーの保護による制約はあっても，今後もこの分野でのケーススタディが行われていくことの重要性を改めて強調したい。

実践領域に学ぶ
臨床心理ケーススタディ

司法・矯正
社会的養護

青島多津子 *Tazuko Aoshima* 　国立きぬ川学院

I　少年施設の目的

　年若い少年少女が家庭から切り離されて施設に入所しなければならないのは，もとより，不幸なことである。世間的には，児童自立支援施設や少年院などの施設入所は，触法行為あるいは非行を犯した年少者を罰することが目的のように見えるかもしれないが，これらの施設の本質は処罰ではなく子どもたちの育成・教育である。子どもたちがなぜ問題行動を起こしてこうした施設に入ってこなければならなかったのか，同じような触法行為をしないためにはどうすればよいのか，そして彼らが自分らしく生きるためには何が必要なのかを見つけていく援助を行うことが，彼らに寄り添う我々の役割であろう。

II　症例

　14歳女性。家出や学業放棄，夜遊びなどの虞犯で補導され，児童相談所の一時保護施設に入所，この際に彼女から，父親による性的虐待からの保護を求める訴えがあった。不眠・焦燥感が強く，自らの腕をかきむしったり足の爪をはがすなどの自傷が頻発，その一方で，学校では大声で叫んだりする授業妨害や，同級生の女児に対する集団性的暴行を行っていたことが発覚，学校から転校が打診された。これを契機に県立児童自立支援施設に入所したものの，しばしば他の入所児童を誘って無断外出を繰り返し，そのたびに売春を行っていたほか，同行した他児童にも売春を促していた。施設に連れ戻されると突然粗暴行為が出現，職員の数人が打撲や咬傷を負い，一人の職員は顔面を頭突きされたことによって外傷性網膜剥離を起こして手術を受け，別の職員の一人は暴行を受けたトラウマから子どもに接することができない状態となった。近隣の児童精神科に3回入院したが，問題行動はおさまらず，国立児童自立支援施設入所への措置変更が行われた。

III　生活歴

　同胞2人中の第2子長女。2歳年長の兄はてんかん発作，知的障害，四肢麻痺があり，施設と家庭を往復している。母親が兄の養育にかかりきりであったため，彼女は父方祖父母に養育されて成長した。両親の夫婦仲は悪くしばしば夫婦喧嘩が繰り返されたが，いつの間にか両親はお互いを無視するようになり，家庭内別居の状態になったという。
　彼女が小学2年時，母親は子ども2人を連れて

実家に戻り，母方祖母と同居することになった。この後，父親とは数年間に及ぶ別居となり，その間に父方祖父母が交通事故死している。母親と母方祖母は折り合いが悪く，彼女自身は，母親とも母方祖母とも合わないと感じていた。

彼女はいわゆる「手のかからない」優等生で，小学5年生まで学業成績は常に上位であったが，小学6年生ころから学校で問題行動が散発するようになった。最初は授業を抜け出したり係活動をサボったりだったが，他の児童から，彼女に暴力を受けたという訴えが出現するようになった。彼女が否認したため，これらの件はうやむやに終わったという。

中学1年の夏休み，彼女によれば「家から追い出されて」父親に保護を求め，父親と二人暮らしをするようになった。学校では，無断欠席が増え，出席した時には授業中に花火を教壇に向かって投げたりわざと大声でおしゃべりをしたりといった授業妨害が頻発するようになった。担任教師はしばしば母親に連絡や指導を行っていたが，彼女の行動に改善はみられなかった。学校では彼女が父親と同居しているという事実を知らされていなかったため，通学に1時間半ほどかかる場所から来ていることを知らず，遅刻に対して厳しい指導がなされたという。

中学2年になったころから，友人の家に寝泊まりを続けるようになったため，児童相談所で一時保護された。この時本人から，父親との性的関係が児童相談所職員に打ち明けられ，本人の保護を目的とした県立児童自立支援施設への送致が決定した。しかし，同施設での生活は早期から破綻し，児童精神科への入院にもかかわらず行動がエスカレートしていくことから，強制処遇を行えない（鍵のかかる個室がない）県立児童自立支援施設での処遇は不可能と判断された。精神科の所見は，不眠・焦燥感などの過覚醒症状，愛着障害，衝動制御困難，攻撃性とおびえた言動，低い自己評価，自責感，自傷行為などで，診断は適応障害であった。

Ⅳ　入所後の経過

やや大人びた印象の，小柄の少女である。一見従順そうな受け答えをする。その一方で，職員に指導されたことを故意に無視する様子がみられ，「逆らわないが従わない」様子が見て取れた。投げやりな態度が持続し，先輩の入所生とも協調できず，処遇にのる様子がみられないことから，精神科へのコンサルテーションがなされた。

初診時，警戒心が強く，自分の気持ちを語ろうとしないかたくなな姿勢が顕著であったが，その一方で依存欲求も強いことが見て取れた。本人は中年男性に対する恐怖心から当院の男性職員の言葉に従えないと説明したが，その説明には虐待被害を強調する様子が見られ，不自然さがあった。不眠の訴えがあり，実際午前1時ごろまで眠れていない様子も観察されたため，睡眠薬を処方した。

精神科受診から1週間後の夜間，施錠してなかった教官室に入り，保管してあった8錠の睡眠薬を盗み出してすべて服薬している。翌朝になって，本人がもうろう状態でいることからこの事実がわかった。このときの服薬量自体は生命に支障のある量ではなかったが，本人は「全部飲めば死ねると思った」と述べ，明確な自殺の意図が認められた。

自分の思いを言葉にできない，他の人がどう受け取るか怖い，と述べるため，「診察ノート」を作り，そこには何でも書いていいこと，原則的には主治医のみが読むことを約束し，寮の職員にはそのノートを見ても内容についてのコメントや批判の言葉を述べないようにと依頼した。彼女は最初，猛烈な勢いでノートを書きすすめた。破壊的な言葉や，人・猫などの手足・首がばらばらになった絵が，赤鉛筆でびっしりと書き込まれており，偶然それを見た寮の職員がショックを受けている。

彼女はそのノートの内容について，「世界中の人間を殺したい」「みんな滅んでしまえばいい」「他の人や猫や犬が苦しむのを見るのが面白い，すっきりする」と説明していた。そして，こちら

が否定的なコメントをしないことに，やや拍子抜けしたようにも見えた。

　入所から半年後，母親から，父親と離婚したとの知らせが来た。両親の離婚調停は，娘に対する性的虐待を理由に父親を糾弾した母親の全面勝訴となった。父親は全く異議を申し立てず，母親の要求をすべて受け入れたという。その中には，娘に会わない，という条件も含まれていた。

　破壊的な絵を描きつらねた診察ノートの5冊目が終わった。彼女は「こんなことばかり書いていても何にもならないですよね」述べた。「ではもっと書きたいことを書いてごらん」と伝えると，自分が首を吊っている絵を描いて持ってきた。「なぜ？」と聞くと，「自分を罰しなきゃならないから」と答えた。そして彼女は暗い顔で尋ねてきた。

　　「お父さんにもう一度会えませんか」
　　「お父さんに会ってどうしたいの？」
　　「謝りたい。一言，お父さんに謝りたい」
　　「あなたがお父さんに謝るの？」
　　「私が悪かったんです。私がお父さんを売ったんです」

　それまで父親のことを口にしなかった彼女が，初めて語りだし，一度語りだすと言葉は次々にあふれてきた。彼女によれば，父親との性的関係は偶発的にというより，彼女自身が仕組んで起こったことだったという。

　中学1年の夏休み，母親と大喧嘩をした際，母親から「出ていけ」と言われた彼女は，家を飛び出して父親の家に飛び込んだ。

　それまで彼女は，お母さんはお兄ちゃんのことで大変なんだから，そう自分に言い聞かせて我慢してきたという。学校のテストは100点で当たり前，運動も代表選手に選ばれて当たり前だった。「お前は五体満足なんだから」というのが母親の口癖だった。

　彼女は合唱部の顧問に声楽を勧められるほどの素晴らしい声をしており，自身も音楽の道に進みたいと漠然と考えていた。しかし，恐る恐る声楽のレッスンに通いたいと切り出した希望は，母にも祖母にも一笑に付された。私の気持ちはお母さんにはわかってもらえないんだ，と思ったという。それでも一生懸命やらなければと思ったが，だんだん生活自体がつまらないと感じるようになっていった。学校で「ちょっとした悪さ」をしたり，問題なさそうな子をいじめると気晴らしになった。「家ではできるだけいい子でいたかったので，その反動かもしれません」と彼女は言った。なぜそんなにいい子でいなければならなかったのかと聞くと，彼女は兄の障害の話をした。

　　「お兄ちゃんを私が障害者にしたから，私は我慢して当然なんです」

　私がよく理解できないでいると，さらに彼女は説明をした。彼女が1歳頃，お風呂場で駄々をこねたために母親が彼女に気をとられて，その間に兄が湯船でおぼれたのだという。その後，彼女の兄はてんかん発作を起こすようになり，5歳頃に大発作で倒れて階段から落ち，頸椎を骨折，その際に受けた脊髄損傷で寝たきりになったとのことだった。

　　「だから私には，お兄ちゃんを障害者にした責任があるんです」

　「そうだろうか，偶然に不幸な出来事が重なったけれど，それをあなたの責任と考えるのはちょっと違うと思うが」と私は言った。「お兄さんはもしかするとおぼれてからてんかん発作を起こすようになったのではなく，てんかん発作を起こしたからおぼれたのかもしれない」と私は言ったが，それは確かめようがなかった。

　　「自分が耐えればすむと思って我慢してきたけれど，とうとう爆発して家を飛び出したのね」

「先生，そうじゃないんです。追い出されたんです。お母さん，私への不満がたまってたのかもしれない。お母さんはお母さんで，身体の大きくなったお兄ちゃんの世話が大変でイライラしてたんだと思います」

「お兄ちゃんはそのころ施設じゃなかったの？」と聞くと，彼女はうなずいた。

「そうだったんですけど，毎週末，お母さんはお兄ちゃんを施設から家に連れてきていました。家で土日を過ごすだけでも大変なのに，その時はお盆休みだったから1週間の外泊で。先生，私は日曜だって夏休みだって冬休みだって，どこにも連れて行ってもらったことはないですよ。だって，休みの日はいつもお兄ちゃんが家に来ていたんだもの。私，お兄ちゃんをお風呂に入れる手伝いするの，すごく嫌だった。それで，私，その日宿題を理由に手伝わなかったんです。そしたらお母さんがすごく怒って，あんたのせいでお兄ちゃんがこうなったのに薄情者，そんな子はうちの娘じゃないって言われて，外に出されたんです。もう夜だったし，悲しくて，隣のおばさんに電車賃を借りてお父さんのところまで行ったんです」

初潮が始まって間もなくの出来事だった。思春期の少女が，たとえ全身麻痺とはいえだんだん大人になってくる兄の入浴を介助することへの嫌悪感は，容易に理解できた。それまでそんなことを一言も言わずに淡々と生活していた彼女の気持ちに，周囲の大人は誰ひとり気付いていなかったのだ。

彼女は父親の庇護を求めた。父親は十分に彼女の気持ちに応じてくれたようだった。ただ，父親の家から中学まで1時間半もかかるのが問題だった。母親の家に帰ったほうがいいと言われるのが怖くて，彼女は近くの中学に転校したいとは言いだせなかった。両親の間でどんな話が交わされたのかわからないが，母親は彼女を連れ戻しに来なかった。そのことに彼女は，ほっとすると同時にひどくさみしい気持ちにもなった。

家事のほとんどは父親がしてくれた。時々彼女が夕食にカレーを作ると，父親が「おいしい」とにこにこしてくれるのがうれしかった。母親の家では，お手伝いは当たり前だったが，父親は彼女が何をしても喜んでくれた。ずっとお父さんと一緒にいたい，と彼女は思った。

中学1年の2学期はそんなふうにして終わった。冬休みに入り，彼女が暇になるのと逆に，父親は年末の仕事や忘年会で忙しく，帰りが遅くなる日が続いた。ふと，父親に恋人ができたらどうしよう，と彼女は不安になった。

明日から正月休みという夜，父親は忘年会で珍しくかなり酔って帰宅した。彼女は父親にさらに酒を勧めた。そして，ほとんど酔いつぶれた父親のベッドにもぐりこんだ。父親が勘違いして母の名を呼んだとき，彼女は激しい嫉妬を感じたという。実際の性交渉はなかった。それから彼女は，時々父親のベッドにもぐりこむようになった。なんとなく二人ともそうした関係に慣れていったように思う，と彼女は言った。父親と初めて性交渉に及んだのは，中学2年に上がる春休みのことだったという。それから何度か，彼女と父親は関係を持った。

「本当は私がお父さんを誘ったんです。お父さんは悪くなかった。私がお父さんを独占したかったんです。でも，やっぱりよせばよかったという気持ちもあって，そういうときは友達の家に泊めてもらったりして。それで誘われて夜ゲーセンに行ったり，そこで知り合った男子と遊び歩いているうちに補導されて，自分だけ助かりたくてお父さんのこと，悪く言ったんです。施設に送られちゃうと思って，お父さんに犯されて家から逃げたって，作り話をしたんです」

児童相談所の職員の調査に，父親は何の反論も弁解もしなかったという。

結局彼女は，母親の引き取り拒否もあって施設に送られることになった。しかし，自分が父親を陥れたという思いが強くなり，イライラしてくると手当たり次第に暴れた。もう「いい子」でいる必要はなかった。自分自身の「タガが外れた」ような気がしたという。

　「だって，お父さんを犠牲にしたんです。私は卑怯者です。お父さんに会いたい」

父親との性的関係については，と聞くと，少し考えてから彼女は言った。

　「もうやめたほうがいいと思う，お父さんだって別に私とやりたかったわけじゃないと思うから。でも，私が本当に必要と思った時にそばにいてくれたお父さんにすごく感謝しているし，お父さんのこと，大好きです。お父さん，私のこと恨んでないかな」

その頃，彼女の父親が施設に連絡をよこした。娘に一度会って謝ることを許可してほしいとのことだった。双方の今後のために，私たちは会わせてあげたいと考えたが，母親は離婚裁判の判決を盾にとって父娘の再会を強く拒否した。彼女には父親の思いは伝えられなかった。

私は父親の気持ちを彼女と話し合った。父親が今も彼女を案じ，父親として見守っていきたいと考えているらしいことに，彼女は安堵したようであった。お父さんに会うのは今でなくてもいいだろう，との私の意見に彼女も同意した。

高校受験が近づいてきた。母親は全寮制の高校を勧めた。彼女は，第一志望ではないけれど住むところがないから，とその学校を受験することを決めた。

　「今はお母さんの世話にならなきゃならない。だからとりあえずお母さんの言うとおりにします。学校を卒業して，自活したら自分でお父さんに会いに行くことにします」

彼女はそれから3カ月，受験勉強をする傍ら，後輩たちの面倒もよく見てくれた。高校に合格し，施設を出ていく時になった。母親は迎えを2回すっぽかし，彼女は施設から直接高校の寮に入ることになった。私たち職員は憤慨していたが，彼女のほうが大人だった。

　「先生，大丈夫。今の状態で家に帰ったら喧嘩してまた家を飛び出したり変なことしたりすることになっちゃうかもしれないから，寮に入っちゃったほうが安全だと思う」

それから彼女はウインクして私に耳打ちした。

　「それにね，私はお父さんの家，知ってるから，本当にダメになったら今度は素直にお父さんに助けを求めに行くから」

うん，うん，と私は彼女にうなずいた。

V　社会的養護の現場での留意点

児童自立支援施設や少年院に入所する子どもたちは，私たちたいていの大人よりずっと過酷な人生を経験し，おそらくは私たち大人の何倍もの社会の裏を見て育ってきた。彼らがなぜ今の彼らなのかは，私たちの解説や分析を待つまでもなく，彼ら自身が十分に承知している。私たちに必要なことは，いつでも話してよいのだというメッセージを送りながら，彼らが自ら話し始めるまで待つことではないだろうか。

なお，本人の特定を避けるため，症例は本質を損わない程度の改変を加えた。

福祉

生活保護受給者支援（貧困）

石川雅子 *Masako Ishikawa*　　千葉市保健所

I　はじめに

　皮肉なことに，生活保護は時の話題である。今ほど生活保護が話題になることはなかったのではなかろうか。多くは不正受給に対するバッシングであり，その率が決して高いわけではないのだが，これほど騒がれることで，慎ましく暮らしている受給者は，それでなくても狭く感じている肩身を一層狭くしていることだろう。まるでハラスメントである。生活保護が，日本国憲法第25条で「健康で文化的な最低限度の生活」を営む権利として保障されていることが，バッシングする人にも生活保護を受給している人にもまず理解されていない。日本弁護士連合会が啓発のために作成したパンフレットには，巷に流布している誤解についてわかりやすく解説されている。

- 生活保護利用者は過去最高に増えている。
- 日本の生活保護の利用率は，諸外国の中で高い。
- 不正受給が年々増えている。
- お金持ちの家族が生活保護を受けているのは不正受給だ。
- 働けるのに働かないで生活保護を受けている人が増えている。
- 生活保護基準が，最低賃金や年金より高いのはおかしい。
- 生活保護基準が引き下げられても，非利用者には関係ない。
- 生活保護費を減らさないと財政が破綻する。

　これらはすべて不正確な知識にもとづく誤解である。生活保護受給者支援を考える際に，法律の専門家でなくても，福祉の専門家でなくても，生活保護に関する最低限の法的解釈や社会情勢，一方で世間から注がれる冷たい視線の現実について十分わきまえたうえで，生活保護受給者に向き合うのが最低限のマナーである。

　ただ実際には，生活保護受給者支援は社会福祉士や役所のケースワーカーの業務分野であることが多い。対人支援職なら多かれ少なかれ対象者の心理的サポートを実践しているのだから，臨床心理士にわざわざ面接を依頼する機会も余裕もないだろう。筆者も生活保護受給者だからという理由で直接面接を依頼された経験はなく，生活保護受給を主訴に来談したクライエントを担当したこともない。多くは，面接の過程でクライエントの主訴の背景に経済的な問題が浮上した場合や，生活保護受給者を支援している担当者からコンサルテーションを依頼された場合である。

　本稿は，「生活保護受給」をめぐって現れる心理的なテーマと，それに対する心理支援を考える

実践領域に学ぶ
臨床心理ケーススタディ

試みと位置づけたい。これからご紹介する事例はすべてテーマを損なわぬ程度に脚色していることをあらかじめお断りしておく。

II 「生活保護だけは嫌です」と言い切ったA氏のこと

50代前半のA氏は実直で気の弱そうな独身男性である。この年代での再就職は至難なので，就職できてよほどうれしかったのだろう，よかれと思って進言したことが，年下の女性上司の怒りに触れ，何かにつけ辛く当たられるようになった。加えて，飲み会の席で酔ってよろけた女性の身体を支えたところセクハラ呼ばわりされ，孤立して退職に追い込まれた。彼にとって納得のいかない退職であったことはもちろんであるが，と同時に，仕事を探そうとするとその時の体験がフラッシュバックし，不安で，職探し自体ができなくなった。焦りと不安は嵩じるばかりで，貯金を切り崩す生活は彼を精神的に追い詰めていった。というのも実は彼は病身の母と妹を一人で養っていたのだ。

当初はストレス回避や女性心理についての助言や心理教育を中心に対応していたが，不安が被害関係妄想的になり，生活への支障が出始めたので，神経科への受診を勧めてみた。ところが彼は，マスコミで精神科治療薬の過剰投与が話題に取り上げられていることを理由に激しく抵抗した。彼の被暗示性の高さを考えれば迂闊な提案であったかもしれないが，抵抗には別の理由があった。受診する費用の捻出を家族に頼むことを憚ったのである。失業すれば社会保険を失い，国民保険料を支払っていなければ自費診療になるので，治療費が高額になることが予想できた。彼は帰宅して家族に相談はしてみたが，予想通り，反対されたことを後で知った。緊急生活資金の借入はすでに満額に達し，その返済にも窮していた。生活保護申請を勧めることは，精神科受診への抵抗を考えると慎重にならざるを得なかったが，勧めないわけにもいかない。恐る恐る尋ねてみたところ，案の定「生活保護だけは嫌です」と言い切った。

彼のように，生活保護申請を勧めても同じように反応する人が少なくない。彼らにとっては，生活保護を受給することは施しを受けるべき存在に貶められた烙印を押されることを意味し，自尊心を著しく損なうことに繋がる。年齢が上がるほどその傾向が強いように感じている（これも後になってわかったことだが，彼も母親の激しい反対に遭い，無才覚を責められたそうだ）。生活保護受給に対してそのように感じる真面目で誇り高い人にいくら国民の権利だと建前を説明したところで，かえって相手を追い詰める結果となる。筆者はそれ以上勧めることを諦めた。その際に希死念慮を尋ねると泣き出して認めるので，かなり危機的状況ではあったが，今のところ家族が此世への鎹（かすがい）になり得ていたので，決して行動に移さないことを約束して再来を促した。

しばらくして彼は妹を同伴してやってきた。喘息で長患いしているという妹は，家のなかで彼の被害関係妄想と罪業妄想への対応に苦慮していることを，本人を前にして遠慮なく語った。彼がどれほど家族を養うために努力しているかを知っているだけに，彼が気の毒に思えるほどであった。しかし，このような状況にあっても良い変化もあったのだそうだ。これまでは喘息の妹の前でも平気で煙草を吸うようなマイペースな兄だったそうだが，最近は妹の健康を気遣うような口ぶりがみられるのだという。そんな兄に対して何とか手助けしてやりたいが，医療費がかかることにも生活保護を申請することにも抵抗を感じるというアンビバレントな妹にその抵抗の理由を尋ねてみたところ，生活保護に対するいくつかの誤解と申請手続についての知識不足，借入金返済の焦げ付きなどのいくつか解決できそうな課題があることがわかった。そこでこれらについて補足説明し，必要ならば弁護士を紹介すると伝え，バックアップ体制を保障することで少しでも安心してもらうことを願った。さらに，医療優先の必要性，このま

ま放置した場合のリスクや，精神科治療についての誤解についても説明したところ，本当に困っていたのであろう，渋々ではあったが，妹にA氏の精神科への受診を承諾してもらえた。通えそうな地域を教えてもらい，入院の必要があるかもしれないので精神科診療所でなく精神科病床を持つ病院で，思い立ったが吉日で受診できるよう予約不要の，かつ最小限の交通費で受診できる医療機関を，迷わなくて済むように2つだけ選んで伝えた。翌日になるとA氏の決心がまた揺らいでいて迷ったが，今回は強く勧めた。

しかし，その後ぷっつりと姿を現さなくなった。3カ月過ぎた頃A氏がふらりとやってきた。すっかり落ち着きを取り戻していることが一目ですぐにわかった。結局は家族の後押しもあって精神科を受診し，入院することもなく外来治療で鎮静したそうだ。主治医からアルバイトの許可が出たため，お礼かたがた助言を求めに来たという。また焦っているなと感じなくもなかったが，主治医の診断や治療内容も妥当だと思えたし，何より彼が主治医を信頼している様子が見て取れたため，求職活動再開への気持ちを支持した。ただ経済状況を確認すると，貯金は徐々に目減りしており，借入金の返済も滞ったままであった。生活保護を申請するにせよしないにせよ，債務整理が先決である。負債額は司法書士でも対応できる金額内にあったが，その後の生活保護申請を見据え，生活圏内に事務所のある弁護士に支援を頼み，連絡先をA氏に伝えた。その1カ月後，債務整理の手続きに入ったと弁護士から連絡があった。最初に相談に来てから9カ月後のことである。

生活保護受給率は近年増加しているとはいえ世界的にみて日本が低水準であるのは，「働かざる者喰うべからず」の国に暮らす真面目で誇り高い人々の遠慮が一因なのかもしれない。心理支援における姿勢は，A氏と彼の家族を自尊心の傷つきというトラウマにこれ以上曝さないこと，心理的変化をできるだけ求めず，取り巻く環境を整理して保護することが，初期対応として必要であろう。

もちろん，あくまで応急処置である。A氏にはコミュニケーションの持ち方に偏りが予想されるため，これからも小さなフラッシュバックを起こすだろう。いつかA氏自身がそれに気づき対人スキルを再習得することを求められることだろう。幸い，今の彼と彼の家族には地域における多くの社会資源が用意されている，焦ることはない。彼と彼の家族が今回の体験で得た最良のことは，SOSを発信したらキャッチしてくれるものが地域社会に用意されている，という認識であった。

III 投げやりな「仰せのままに」が口癖のB氏のこと

60代後半のB氏が亡くなってもう3年になる。あっけなく逝ってしまい，彼に関わった支援者たちは取り残された感覚と不充足感から，今でも時折集まっては彼を偲んでいる。

B氏は定職を持たず仕事を転々とするようなマイペースな人生を送っていたが，中年期に重篤な身体疾患に罹患し働けなくなった。5人兄弟の末子の彼を母親は殊の他かわいがり，同居して自らの年金で養っていた。偏見の大きい病気に罹患したB氏を兄弟は毛嫌いして寄り付かなくなっていたが，母親は彼を追い出すようなことはしなかった。そんな母親が癌で入院してしまい，一人ぼっちになった彼は，きちんと飲まなければならない薬の服用が不規則になり，体調を崩して入院となった。るい痩が目立ち高熱に喘ぐ姿には死相さえ見えたが，「母親の葬式は自分が出す」といういつもの口癖を枕元で復唱して励ますと，かすかに頷いた。このときのやりとりは彼もよく記憶していて，それ以降，彼との間の合言葉になり，見事に意志を貫いた。兄弟によれば，母親の葬儀で彼は口先だけで現実には何の働きもしなかったそうで一笑に付されたが，彼は最期まで母親の位牌を兄弟の誰よりも大切にした。母親を見送ったことで，彼はこの世における自分の仕事が終わった

と感じたのであろうか，その後の生活に対して希望や意思を一切口にしなくなった。元々陽気な素振りで笑いを取るのが得意な人だが，真面目に考えるべき話でも，おどけて両手を前に揃えて「仰せのままに」と頭を下げるという，投げやりな態度を取り続けた。

彼が母親の位牌とともに自宅で暮らしたがっていることは皆わかっていた。B氏を支援しないばかりか行政に詰め寄る兄弟の不平不満を一人の保健師が全面的に引き受け粘り強く対応してくれている間に，生活保護の申請はもとより使えるだけの社会福祉制度を使って彼の在宅支援を可能にすべく，いったい何人の地域スタッフが奔走しただろう。生活保護申請のために母の遺産をある程度まで使い切らなければならないことは彼をいっそう投げやりにし，生きる意欲を削いだように見受けられた。その上，疾患の後遺症で記銘力障害が出始めていたため，出火を恐れた兄弟にガス栓を止められるという仕打ちも受けた。が，地域スタッフは全くめげずに，入浴ができるデイサービス利用を働きかけるなどして彼を支援し続けた。そんな地域力に支えられ，徐々に彼に変化が現れてきた。投げやりな「仰せのままに」が消え，わがまま，つまり「我が意思」を主張してスタッフに叱られるようになり，一方で，あれほど拒否的だった兄弟がスタッフに感謝するようになったのである。そんな折，テレビ局から取材の申し出を受け，彼は快諾した。兄弟が反対したため，実名を伏せ，音声を変え，顔をモザイクで隠しての登場だったが，なぜ取材を受けたのかという問いに「自分と同じ思いをしなくなるように」社会に問いたかったという彼の意思が全国に放送された。

巷で噂されるほど，生活保護の申請基準は根こそぎ財産を奪う血も涙もない基準ではない。それでも持っているものを失うことには違いなく，心理的な喪失体験となり得る。心理支援における姿勢は，喪失を補うだけの希望をその先に想定するだけの心理的なエネルギーを持っているか，あるいは，喪失を補える何かを用意できるかを把握す

ることが初期対応として必要である。彼の場合は，優秀な地域スタッフに恵まれた。喪失を補ったのは地域スタッフだったと筆者は考えていたが，地域スタッフはそうさせる何かを彼は持っていたと言う。ということは，彼は希望する力をあらかじめ持っていたと言えるのかもしれない。誰にでも当てはめるのは乱暴かもしれないが，生活保護を受給していることを理由に受け身の存在を自らの役割同一性にしてしまうことは避けたい。かと言って就労して初めて社会の一員であるという画一的な認識に立ってはならない。何かしらの社会参加を促すこと，その動機づけを維持すること，そして，その機会になる素材を用意することは，心理教育の重要な要素である。彼の場合のテレビ出演のように。

B氏のサポートチームにおける筆者の役割といえば，記銘力等の認知機能に低下がないかどうかに注意を払いながら観察し，スタッフの悪口を言う彼に付き合いながら，最後には「スタッフの言いつけを守りなさいよ」で終わる面接を続けただけである。ただ，地域スタッフの燃え尽き防止，とりわけ責任者の心理的負担を少しでも軽減するような助言，地域と医療の間の意思疎通，行政への代弁をサポートチームから求められた。

Ⅳ 「保護費以上の仕事じゃなきゃ意味ないでしょ」と言い放ったC氏のこと

友人との関係がうまくいかないことを主訴に来談した30代後半のC氏は服飾デザイナーである。インターネット上で自分の作品を細々と販売しているとはいえ，たまに注文が来るくらいなので利益には至らず，新作の制作費にも事欠くありさまであった。幸いパートナー宅に身を寄せ，生活費はパートナーが負担してくれていたので自由な制作活動が許されたが，パートナー関係を近々解消することが決まったため，ゆくゆくは引越さなければならなくなった。そこで生活保護を申請すべ

く役所に出向いたが，生活保護課の担当者からはまず就職活動をするように促され，申請書を受理してもらえず，窓口でいさかいになった。予想通りに事が進まなかった彼は，現実的な生活不安に圧倒されてすっかり抑うつ的となり始め，不眠が出現したところで精神科を受診した。主治医は「うつ病」と診断し，薬物療法を開始した。生活保護課の担当者の指導に従い，ハローワークに出向いたが，高校中退でデザインの専門教育を受けたことのない彼が希望する職種，つまりデザイナーの求人はなかった。現実の厳しさに直面してもしばらくはデザイナーにこだわっていたが，ようやく諦めて自分にできそうな仕事を探し始めたものの，面接でヒゲを剃ることを忠告されるや自分から断ってしまう。ヒゲはアイデンティティの表現なので絶対に剃らないと譲らなかった。ヒゲを剃らなくてもいい職場が掲載されている求人サイト等も紹介したが，いろいろな理由をつけて応募しなかった。生活保護についての知識を学べる教則本を数冊渡すと，彼はあっという間に読破した。いよいよパートナー宅を出なくてはならなくなり，実家も生活保護世帯であったので支援は不可能，しばらくは治療を優先するようにと記された主治医の診断書を添え，再申請したところ，無事生活保護申請が受理された。

筆者は生活保護申請についてはサイトを調べたり本を貸すなど中立的立場を貫いた。筆者にはC氏が仕事ができないほどの精神状態だとは思えず，社会体験の乏しさが対象関係の未熟さにも関係していると考え，生活保護申請を素材にして経験値を増やしてもらうことを目指していた。まさか申請書の受理を後押しするような診断書が発行されるとは思っていなかったのである。迂闊であった。精神科の主治医に筆者が面識がなく連携が取れていなかったことが最大の敗因である。

生活保護が開始され住むところは確保できたが，飲み友達との付き合いを維持するだけの保護費は当然だが支給されず，苛立ちを募らせた。保護費のためには求職活動を続けることが条件だが，彼は「保護費以上の仕事じゃなきゃ意味ないでしょ」と言い放った。生活保護期間中に就労した際の所得は申告が義務付けられており，収入の2割程度は受給者の所得になるが，残り8割は保護費に算入される。考えようによっては働かないほうがマシ，定期的にハローワークに出向いておこうということになる。彼がそう考えるだろうことは予想通りであった。生活保護受給者であることを仲間に絶対に知られたくなかった彼は，役所の窓口にいるところを仲間に見られることを恐れ，仲間の噂に怯え始めた。その不安から逃れるために，職業訓練校への入校の道を選ぶまで1年かかった，すいぶん回り道だった。

こうした事例が世のバッシングの対象になるのだろう。必要な生活保護が諸刃の剣になることを痛感した事例である。だが，学歴も頼れる家族もない人が地域のなかで自立的に生きるのはなかなか難しい時代である。彼を責める気持ちにはなれないが，このままでいいわけでもなかろう。彼のような若者層を支援する社会資源もまだまだ未整備である。生活保護を卒業するための支援方法について，臨床心理学的知見が待たれる。

V 終わりに

生活保護をめぐる三人三様の心の軌跡を紹介し心理支援について考えた。「貧困」は人の自尊心のありさまを残酷にあぶり出す。「貧困」と対峙しクライエントの自尊心を守ろうとする試みについて臨床心理学的方法論の確立が待たれる。

参考資料

日本弁護士連合会パンフレット：今，ニッポンの生活保護制度はどうなっているの？（http://www.nichibenren.or.jp/library/ja/publication/booklet/data/seikatsuhogo_qa.pdf［2012年6月24日閲覧］）

実践領域に学ぶ
臨床心理ケーススタディ

福祉
社会的養護と発達障害

田中康雄 Yasuo Tanaka　　こころとそだちのクリニック むすびめ

I　はじめに

本論は，社会的養護における心理臨床，特に発達障害との関係について述べる。「事例に学ぶ」という趣旨を一定の制限で留保し，戸惑い続ける実践の一部を報告する。

II　社会的養護

厚生労働省は，「社会的養護」について「保護者のない児童や，保護者に監護させることが適当でない児童を，公的責任で社会的に養育し，保護するとともに，養育に大きな困難を抱える家庭への支援を行うこと」と位置づけている。

社会的養護は，その養育を里親やファミリーホーム（小規模住居型児童養育事業）に委託する場合と専門施設に委託する場合に分けられる。専門施設とは，乳児院，児童養護施設，情緒障害児短期治療施設，児童自立支援施設，母子生活支援施設，自立援助ホームである（表1）。平成24（2012）年現在で社会的養護の対象児童は約47,000人と，十数年で増加傾向にあるという。例えば，里親などへの委託数は平成11（1999）年に2,122人だったのが，平成23（2011）年で4,966人と2.34倍，児童養護施設の入所児童数は平成7（1995）年に27,145人だったのが平成24（2012）年で29,399人と1.08倍，乳児院の入所児童数は平成7（1995）年に2,566人，平成24（2012）年に3,000人と1.17倍増加している。

III　社会的養護と障害

社会的養護を必要とする児童のうち，特に障害等のある児童が増加している傾向がある。図1に示すように，児童養護施設における障害等の児童数は，昭和62（1987）年に8.3％だったのが平成20（2008）年では23.4％と増加している。また，社会的養護の子どもたちには被虐待体験が少なくない（図2）。

しかし，この関連を簡潔に解析することは非常に難しい。子どもたちが発達障害を持っていることが社会的養護措置の原因となるとか，虐待が原因であるといった短絡的な因果論では述べることができない。関われば関わるほど，それぞれの家庭で，個別にあるさまざまな事情が複雑に絡んでいることがわかってくるからだ。

表1 社会的養護の現状（厚生労働省のホームページから）

里親	家庭における養育を里親に委託			登録里親数	委託里親数	委託児童数	ファミリーホーム	養育者の住居において家庭養護を行う（定員5～6名）	
				8,726世帯	3,292世帯	4,295人			
	区分（里親は重複登録あり）	養育里親		7,001世帯	2,617世帯	3,283人		ホーム数	177か所
		専門里親		602世帯	152世帯	184人			
		養子縁組里親		2,124世帯	183世帯	179人		委託児童数	671人
		親族里親		445世帯	434世帯	649人			

施設	乳児院	児童養護施設	情緒障害児短期治療施設	児童自立支援施設	母子生活支援施設	自立援助ホーム
対象児童	乳児（特に必要な場合は，幼児を含む）	保護者のない児童，虐待されている児童その他環境上養護を要する児童（特に必要な場合は，乳児を含む）	軽度の情緒障害を有する児童	不良行為をなし，又はなすおそれのある児童及び家庭環境その他の環境上の理由により生活指導等を要する児童	配偶者のない女子又はこれに準ずる事情にある女子及びその者の監護すべき児童	義務教育を終了した児童であって，児童養護施設を退所した児童等
施設数	130か所	589か所	38か所	58か所	263か所	99か所
定員	3,853人	34,252人	1,779人	3,854人	5,265世帯	656人
現員	3,000人	29,399人	1,286人	1,525人	3,714世帯 児童6,028人	390人
職員総数	4,088人	15,575人	948人	1,801人	1,972人	372人

※里親数，委託児童数は福祉行政報告例（平成24年3月末現在）
※施設数，ホーム数，定員，現員，小規模グループケア，地域小規模児童養護施設のか所数は家庭福祉課調べ（平成24年10月1日現在）
※職員数（自立援助ホームを除く）は，社会福祉施設等調査報告（平成23年10月1日現在）
※自立援助ホームの職員数は家庭福祉課調べ（平成24年3月1日現在）
※児童自立支援施設は，国立2施設を含む

Ⅳ 検討する上での限界

「事例に学ぶ」ためには，実際に関わった方々との関係を正直に記載し，正しく情報を提供するべきである。しかし，臨床現場における現在進行中の事例は公開しにくい。かなり以前の事例であっても，現在の生活になにかしらの影響を与える可能性もある。

まして，社会的養護の子どもたちは，なぜ自分が現在の施設で生活することになったのか，その事実を聞いていない場合も少なくない。同時に，家族，施設職員全員に承諾を得ることも大きな負担となる。

本論では，「事例との対峙」から得た実践と経験を記述することを求められているが，記載する事例は複数の施設での出会いなどをもとにし，個人が特定されないよう大きな改変をしている。しかし，それが都合のよい記述にはならないように配慮したことをお断りしておく。

Ⅴ 子どもたちとの出会い

1. 児童自立支援施設で生活するAくん（中学2年生の男児）

Aくんの児童相談所での医学診断は注意欠如・多動性障害（ADHD）で，家族から身体虐待とネグレクトを受けていた。小学6年生のときに父が失職し，その後も母親はパチンコなどに多くのお金をつぎ込み，経済的に困窮していた。Aくんは徐々に学習に意欲をなくし，中学に進学してか

実践領域に学ぶ
臨床心理ケーススタディ

児童養護施設における障害等のある児童数と種別

図1　障害等のある児童の増加（厚生労働省のホームページから）

ADHD（注意欠陥多動性障害）については，平成15年より，広汎性発達障害およびLD（学習障害）については，平成20年より調査。それまではその他の心身障害へ含まれていた可能性がある。

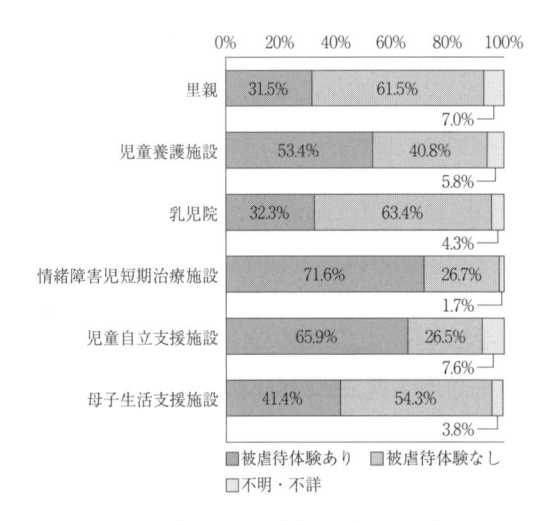

図2　平成20（2008）年2月1日現在の児童養護施設等における被虐待体験の有無（厚生労働省のホームページから）

らは特別支援学級を活用していた。中学2年になり登校意欲をなくし，自宅からの金品持ち出しが問題となったため，児童相談所が関与し，児童自立支援施設措置となった。

児童自立支援施設では，比較的規律に沿って真面目に生活をしているが，職員の見えないところでの弱い者いじめや，学習場面での意欲のなさ，指導されても投げやりな態度を示すということで，Aくんへの関わり方を一緒に検討することを目的に，Aくんとともに筆者のクリニックを受診した。

Aくんは初診時から物怖じせず，「寮での生活？ 快適だね。食事もおいしいよ。勉強は昔から嫌いじゃないけれど，覚えられないんだ」と述べる。弱い者いじめについては「良いことではないけど，なんか腹立つんだよね。むかつく」と，悪びれる様子はない。これからどうしたいかを問うと「家に帰れるんなら帰るし，だめなら中卒で仕事について，お金を稼ぎたい」と述べる。どういった仕事がしたいかを尋ねると「楽してたくさんお金がほしい。ただ力仕事はつらいからいや。ホストとかはどうかな」と即答する。

関わる職員は，Aくんの甘い生き方や，短絡的でその場しのぎの言動に対し，丁寧に付き合いながらも，改善のない様子に疲弊し，あきれ果てはじめた。「ADHDとはわかっているのですが，いくらなんでもという思いがなかなか消えないですね」

という職員の正直な言葉に，僕は頷くしかない。

その後の面接は，Aくんがこれまでの武勇伝を語る時間に充てられた。施設で他児と口論になったりした後の面接では，「ほんとに，くだらない」と相手を卑下し，「おれはそんなレベルじゃないから」と自分を擁護する。虚勢を張ったままで深まらない面接で，「特になにもありませんっていうと，面接の時間がはやく終わるんでしょ」とニヤニヤして話すこともある。

僕は途方にくれはじめた。

2. 児童養護施設で生活するBくん（小学5年生の男児）

通学先の小学校での暴力が収まらないということで，児童養護施設から相談を受けた。児童相談所の記録によると，両親は借金をつくり出奔し，残された中学3年生の姉がBくんと一緒に児童相談所に助けを求めたという。一時保護を経て，姉弟ともに同じ児童養護施設で生活している。その姉は来春からは寮生活を保障してくれる職場への就職が内定した。今の児童養護施設からはかなり遠い場所となる。Bくんには軽度の知的障害と対人関係面での躓きが指摘され，反応性愛着障害か軽度の広汎性発達障害の疑いと診断されている。

これまでどちらかというと，おとなしく，他者との交流も乏しく，言葉の少ない子だった。それだけに小学5年生の夏からの学校内での荒れ方は，職員にとって異常にみえた。特に女子生徒や女性教師に対する暴言，暴力が目立っていた。

僕がBくんに会ったとき，彼は一言も発せず，しばらく沈黙の時間が流れた。面接では，児童相談所に助けを求めた姉に感心し，「お姉さんと一緒の生活，よく頑張ってきたね」と伝え，来春に控えた姉との別れに触れた。すると突然Bくんは，しくしくと泣き始め「お姉ちゃんと別々になるのは，いやだ。もう一人にはなりたくない」と口を開いた。同席されていた職員も，あとで「あの子があんなに素直な気持ちをもっていたとはわかり

ませんでした。でも，いままでの人生を考えたら，Bにとって，来年からはとてもたいへんなことになると思って不安だったんですね」と合点された。

3. 情緒障害児短期治療施設で生活するCさん（中学1年生の女児）

小学6年生のときから不登校と家出を繰り返すということで，情緒障害児短期治療施設を活用するようになったCさんは，反抗挑戦性障害と広汎性発達障害と診断されている。

施設では，一緒に生活している子どもたちの言動に戸惑い，どう関わってよいのかわからない様子で，頭痛や腹痛を訴え，職員への反発や拒否的態度を示し続ける。面接では，表情を変えることなく，淡々とここでの生活の酷さ，たとえば，食事がまずい，好きなときにテレビが観られない，職員の管理体制がなっていないので自分の部屋に黙って入ってくる子どもがいるなど，不平不満を訴え続けた。

VI 子どもたちの変化

1. 児童自立支援施設で生活するAくん（中学2年生の男児）

しばらく僕は途方にくれながらも定期的に面接を重ねた。「くだらない」「そんなレベルじゃない」という当初の台詞は「先生はどう思う？」「先生もそう思うでしょ？」と同意を求める口調になり，時に「いや，それは相手が怒る気持ちもわかるよ」と軽く僕が口を挟むと，意外な表情をしたり，悲しそうな表情をしたり，特に怒りをぶつけたりするようになった。それでも面接の最後には，「今度はいつ来たらいいの？」と尋ね，職員に「医者をギャフンと言わせてやる」と宣言し闘志を燃やすようになったりした。

中学3年生になり，高校進学を前に，今は離婚

した母親のもとに家庭復帰を果たし，家からの通院に変更された。母親には悪態はつきつつも，母親は「気持ちはやさしい子だから」とAくんの面倒を辛抱強く見ている。

面接室でのAくんは，相変わらず周囲への怒りをばらまき，誰も自分のレベルにまで到達していないと尊大な態度を示し続けた。僕は「そんなことばかり言っていても，得なことにならないよ」と言いながらも「どこかに君と同じレベルの人がいたらいいね」と対応し，短気は損と伝え続けた。

その後高校進学は断念し，職業訓練学校に進み休まず通っている。あれだけ嫌がっていた肉体労働である運送会社のアルバイトも始めた。最近は「厳しい先生や先輩もいるけれど，考えがしっかりしている。僕もあんな人になりたい」と述べるようになり，人の話を最後まで聞くこと，それを忘れずにいられるコツ，イライラしたときの対処方法などを，具体的に尋ね始めた。Aくんの生きづらさの解決にADHDへの対応が不可欠になってきた。これまで必要ないと拒否していた心理検査も「自分のことがわかるなら」と応じるようになり，気持ちに変化を示した。

今はAくんの自己評価をおとしめることなくADHDの説明をして，生活の工夫を助言し，時に薬物療法の可能性もあることを伝えるため，母親と作戦を練っているところである。

2. 児童養護施設で生活するBくん（小学5年生の男児）

初回面接では僕も職員も，Bくんの思いに触れることができ，まず安堵した。

僕は施設で決まった時間に女性職員がBくんと過ごす時間を作ることを提案し，面接を続けた。Bくんは，思いを話すと，ほんの少し解決できる，解決できそうだという経験をしたせいか，その後，学校でのいやなこと，つらいことを時々僕にぽつりぽつりと語るようになった。そのすべてに良い解決方法があるわけではないが，Bくんは一人で抱え考え続けるよりはましという思いにはなってくれたのかもしれない。施設の職員とは，中学卒業後の生活について相談を始めた。姉とまた一緒に生活できないだろうか，一人で生活ってできるんだろうか，どのような仕事が僕には向いているのだろうかと，職員に尋ねてくるようになった。

Bくんが当初示していた慎み深さは心細さと不信感の表れと理解できた。確かに現時点でも軽度の知的障害は認められる。しかし，日常生活で常に援助を必要とするほどではなく，対策を一緒に練ることで乗り越える力があることもわかってきた。これから職員は，福祉的支援の可能性について一緒に検討しようとしている。

3. 情緒障害児短期治療施設で生活するCさん（中学1年生の女児）

Cさんに対して僕が最初にしたことは，施設での生活が決して快適ではないことに対するお詫びだった。できるだけのことをしようと職員は一丸となって頑張っているが，どうしても目が届かないときがある，失礼な結果になってしまうこともあるだろう，食事もできるだけ見た目にも味にもこだわりたいが限度がある，といったことについて説明し，頭を下げた。そのあとで，なにを得るためにCさんがここに来ることになったのか，その理由をふりかえった。

Cさんに，どうして家出をし続けたのか，学校に行かなくなったのかを改めて尋ねた。するとCさんは，学校でいじめにあっていたこと，そのことを誰にも言ってはいけないと思っていたこと，学校に行かないでいると親に叱られること，そのため登校するふりをして外を歩いていたら，大人に声をかけられ，どこかに連れて行かれそうになり必死に逃げてきたことなどを，話し始めた。家を離れたことで言いやすくなったのかもしれないが，これもCさんの頭のなかで作られた話かもしれない。今は信じることから始めようと職員に伝え，Cさんにはまずここで安全に生活できるよう，

今後もできるだけのことをするので、至らぬ点は毎回きちんと訴えてほしいとお願いした。

しばらくは、施設生活での不備不足、学校生活での不満などを訴えていたが、徐々に学校の担任を頼るような言動が増え、友だちとどうしたら仲良く過ごせるだろうかと相談したり、職員をからかうような仕草も増えてきた。面接のときもわずかながら笑顔を見せるようになってきている。

VII 臨床場面からの学び

1. 社会的養護の子どもたちに対して発達障害と診断することの難しさ

発達という事象は、「人が生きていく過程」であると僕は位置づけている。生きていく過程には喜怒哀楽がある。その生きていく過程になにかしらの躓き、不都合さが新しく生じたとき、特にそれが精神的課題であれば精神疾患への罹患を疑い、そもそも従来から保持してきた特性が生活上の不都合さを常に作り出しているとしたら発達障害の存在を考える。

いままで存在していなかった疾病の出現は、ある程度当事者にも理解しやすいが、これまでも存在していた特性を改めて生来性の課題として注目するときは戸惑いも生まれる。そこでは個々のありよう、存在が、共生社会での容認範囲のなかで包含されるか、逸脱するかということが問われる。つまりその存在が、改めて社会でどう位置づけられるかということで、発達障害の有無が判定される。

もちろん、発達障害の各障害には診断基準があり、明確な差違として抽出できるように定められている。しかし、周知のようにその出現率でさえ、大きな幅を示す。おそらく時代的・文化的状況という社会変化からの評価も無視できない。そうなると、発達障害と想定・診断される子どもたちは、そのときの時代における負の様相として浮上してきた子どもたちであり、時代の生きづらさを予見し感知した子どもたちでもあるといえよう。

加えて、社会的養護を必要とする子どもたちの育ちは、情緒的にも、経済的にも、その養育過程にも、さまざまな躓きが持続的に普段から存在している。社会的養護の子どもたちが示す発達障害とは、生来的な特性と後天的環境的な生きづらさが重なり融合している場合が少なくない。

生育歴を詳細に聞き出すことが、その解析の大きなヒントになるはずだが、その事実すらも詳細に聞き出せない生活環境があるのが実情である。子どもたちが個々にどのような思いで生きてきたかは、想像し続けていくしかない。

2. 社会的養護の子どもたちに生きる悩みを持ってもらう

児童自立支援施設で生活するAくんには、ADHDという診断名があり、家族から身体虐待とネグレクトを受けていた。被虐待体験が、後天的にADHD様症状を作り出したのか、ADHDの症状からの育てにくさが結果的に不適切な養育環境を作り出したのか、面接当初は正直わからなかった。しかし日々の生活が安定していくなかで、日々の躓きが解決しないまま残っていることが明らかになってきた。相談場面でのAくんの虚勢的態度は徐々に勢いをなくし、人にものを尋ねる姿勢になってきた。そして、家庭復帰してから真剣に日々の生活に取り組むようになるなかで、ADHDが作り出す特性からの生きづらさに「真剣に悩む」ようになった。

児童養護施設で生活するBくんは、姉と別れるときに直面し「お姉ちゃんと別々になるのは、いやだ。もう一人にはなりたくない」という思いを吐露することができた。おとなしく、言葉少ない子が突然暴力的になった異常さに急ぎ医学的診断を付加する前に、Bくんの思いに触れたことで、関わる大人が安堵した。僕たちが当然といえば当然の思いに気づいたことで、その後のBくんは、一緒に悩むことを求められるようになった。社会

的交流の力を発揮できないと判断し，広汎性発達障害の疑いによって交流の距離を取りすぎていたのは，僕たち大人のほうであった。Bくんは，その後他人に自分の悩みを打ち明けてもよい，他人も自分の悩みに付き合ってくれるという，ごく自然で単純な経験を得るようになった。

情緒障害児短期治療施設で生活するCさんは，大人たちとの平行対立関係に立ち，ゆえに子どもらしくない態度を見せていた。それが「反抗挑戦性障害」と評価されるというのも皮肉なことである。Cさんが感じた不条理を一緒に考え，悩み，致し方ないところを引き受けてもらうなかで，Cさん自身が変化してきた。普通に一人の尊重されるべき存在として対峙することの大切さを学ぶことができた。

僕は，他者に対して悩みを打ち明けられるようになることが，自分の弱さに向き合えることになり，他人にすこし期待をかけ始めた瞬間でもあり，それが社会的養護の子どもたちとの関係を結ぶ第一歩になると思っている。

3. 社会的養護の子どもたちを育てる

子どもの育ちを考えると，絶対無力の状態から大切に育まれ，最初の意志発動は3歳前後の反抗期ではないかと思う。このときの「いやだ」は，その後の「はい」に繋がる大切な意志であるといえよう。

かつて下田（1929）も「赤ん坊が成長して社会人になるためには，その自己主張をある程度まで抑圧するように教育されねばならぬ。吾人の道徳教育の大部分はこの抑圧教育である。圧迫教育である。環境もまたこの意味において影響する。かくてわれわれはわれわれの養育者から，環境から，絶えず自我抑圧を教えられるのであるが，ここに最も大切なことは，この自我抑圧ということは，自分がその必要な理由をある程度まで理解しての自我抑圧でなければならぬ。理解なき自我抑圧は卑屈となる」と述べた。そしてさらに，この教え，自我抑圧の必要性を学ぶのは2，3歳頃とした。

社会的養護の子どもたちは，不適切な生活環境のなかで，「いやだ」を言えなかった子どもたち，「いやだ」と言うことに無力感しか持てなかった子どもたち，または，正しく自我抑圧を学ぶチャンスを得にくかった子どもたちだと思える。あるいは，種々の発達の特性から，どのように誰に意志発動してよいかに困惑していた子どもたちであったかもしれない。

社会的養護の子どもたちには，この環境下で，正しく「いやだ」と言える，あるいは悩む，あるいは他者に期待をする，つまり今一度育つためのチャンスを得てほしい。その場面に対峙するのが，その子と共に生活している里親や施設職員なのである。

僕はかつて児童自立支援施設の職員からお話を伺う機会を得たことがあった（田中，2012）。ある寮母は，今までにない価値観を持つ子どもたちに戸惑いながら「ここでの生活はいやかもしれないけれど，心して楽しいときもあることを知ってほしい。あるいはそれを提供したい」と述べた。ある寮母は「どれだけ悲しいのかとか，苦しんだのかというのはわからないでしょうと子どもに言われ」，安易にわかるとも言い難く，しかしわからないといっては突き放してしまいそうで，「どう言ったらいいんだろうというか，何も言えなかったときもありました」と新米時代のときを語った。この方は，「一緒に共に過ごしながら，私たちが生き方を見せる，生活を見せるだけでも，ここの子どもたちにとっては勉強なのではないか」ということに思いを馳せ，「ちゃんとした生活の規範，モデルを示すこと」が大切なことなのだと言葉を結んだ。

Ⅷ　おわりに

社会的養護における心理臨床は，本来，日々の生活のなかにあるものである。僕は，診察室で出会った一断面からの学びを述べることしかできな

い。実際には紹介すらできないような見限られた面接を，僕はこの何倍も経験してきた。歯が立たないという思いを何度も感じた。

生き方を見せる，生活を見せるということ抜きに，子どもたちとの関係性は結びにくい。そのためには，相応の時間をかけ，幾多の躓きと躊躇を繰り返して経験しながらも，あきらめることなく子どもたちと向き合い続けることである。

1939年にアメリカに亡命し治療学校を営んだベッテルハイム（Bettelheim, 1955）は，彼の学校を卒業した生徒に何が援助となってきたかを尋ねたところ「非常にたくさんの小さな出来事の積み重ねということでしょうね」「時間が一番大きな要因ではないかな」「一夜のうちに変わってしまうことなんて何もないよね」と生徒は応えた。それを聞いたベッテルハイムが「ちょっとした出来事と時間」とまとめようとしたとき，「それに理解と寛容というのを付け加えてください」と生徒は応えている。

社会的養護における心理臨床の鍵は半世紀以上前に語られていたのだ。

文　献

Bettelheim B (1955) Truants from Life : The Rehabilitation of Emotionally Disturbed Children. The Free Press.（中野善達＝訳編（1989）情緒的な死と再生 —— 情緒障害児のリハビリテーション．福村出版）

厚生労働省ホームページ：社会的養護の現状について（http://www.mhlw.go.jp/bunya/kodomo/syakaiteki_yougo/dl/yougo_genjou_01.pdf［2013年5月30日閲覧］）

下田光造（1929）異常児論．大道學館出版部．

田中康雄（2012）はじめに —— 児童自立支援施設に足を踏み入れて．In：田中康雄＝編：児童生活臨床と社会的養護 —— 児童自立支援施設で生活するということ．金剛出版．

実践領域に学ぶ
臨床心理ケーススタディ

福祉

社会的養護と育児・家族支援

中島 淳 Atsushi Nakajima　　大阪府中央子ども家庭センター

I 子どもたちを囲む環境と支える体制

1. 忘れられない光景

　ある夏の晴れた日，早朝より，私はソフトボール大会の開会式にスタッフとして参列した。目の前にはずらりと整列した100名近くの子どもたち。男女混合で，ユニフォームがさまになっている中学生もいれば，ぶかぶかの小学生もいる。関係者の挨拶や説明に耳を傾ける彼ら／彼女らの姿を見ながら，改めて，こんなにたくさんの子どもたちが，各々の事情を抱えて，家庭から離れた生活を余儀なくされているのだと感じた。しかも，眼前の彼ら／彼女らは，そうした子どもたちのごく一部なのである。

　これは，大阪の児童福祉施設の団体が主催した行事での一場面である。大阪府内には，家庭の事情により家族や親族から離れ，いわゆる社会的養護（児童福祉施設や里親）の下で生活している子どもが年間約2,000人いる（大阪府子ども家庭センター，2012a）。全国では約4万5,000人であり，全児童人口（0〜18歳未満）の約0.2%となる（増沢・青木，2012）。年間約3万人の自殺者数は毎年のようにマスコミに取り上げられるが，残念ながら，こうした子どもたちの現状について注目される機会は少ない。「みずからの責任ではないのに社会の周辺に押しやられている子ども」（Goodman, 2000）たちに，タイガーマスクが去った後も，世の中の視線が注がれ続けることを期待したい。

2. 厳しい家庭環境

　2011年度に全国の児童相談所が対応した児童虐待相談対応件数は約6万件と，21年連続して過去最多を更新した。そのなかで，大阪府は約5,700件と最多となっている（大阪府子ども家庭センター，2012a）。私が所属する児童相談所（子ども家庭センター：以下「センター」）でも，子どもたちを緊急保護するための一時保護所において，虐待を主訴とする子どもの割合が年々増加している（2011年度は約46%）。また，一時保護所が満員のため，やむをえず児童福祉施設等へ一時保護をお願いする場合も多い。

　近年，「子どもの貧困」「7人に1人は貧困児童」といったことが言われるようになったが（阿部, 2008），相談の現場でも，所持金がほとんどなかったり，仕事を掛け持ちしているなど，経済的に余裕のない保護者にしばしばお会いする。それ以外にも，パートナー関係やきょうだい関係などの家庭内不和，保護者の精神疾患など，子どもを取り巻く環境は相変わらず厳しいものがあると感じる。センターの相談業務においても，特に精神的に不安定な保護者への対応にエネルギーを割

かざるを得ない場面が多い。

3. 支援する側も余裕があるとは言い難い

毎朝，出勤したら，保護者からの相談や関係機関からの連絡等で頻繁に鳴り響く電話の音（近年は虐待が一般に認識され，府民からの虐待通告も多い），緊急対応を巡って事務所内で交わされる緊張感のある会話，家庭訪問や関係機関との協議，来客対応等で息つく間もなく出入りする職員，不在の職員の机に張られた数多くの伝言メモ。これが子どもや保護者の支援に携わる私たちの日常である。日々を振り返れば，なんとも騒々しく落ち着かない環境での仕事を余儀なくされていると感じる。結果として，体調を崩す職員が続いた時期もあり，最近は組織全体で，折に触れて職員へ健康管理に留意する働きかけを行うようになっている。なお，こうした厳しい情勢は，2005年の改正児童福祉法の施行以後，児童相談の一義的な窓口となっている市町村の家庭児童相談室などにおいても同様であろうと推察する。

4. 施設もまた厳しい現状にある

乳児院や児童養護施設など，家庭で育つことの許されない子どもたちの砦であり，私たちセンター職員にとっても欠かせない存在である児童福祉施設の現場では，施設職員が比較的短期間（採用されて数年）で退職することがある。各々にさまざまな事情もあるのだろうが，一度は児童福祉の仕事を志した心ある方との別れはたいへん残念なことであり，入所児童をはじめ施設全体にとっても大きな損失であろうと思う。また，ベテランの職員からも，難しい背景を抱える子どもの多さゆえに，個々へ十分な対応ができていないと感じている旨，お話をいただいたことがある。さまざまなジレンマのなかで子どもたちを支えておられる日々のご尽力に頭の下がる思いである。一方で，こうした地道な努力を続けて下さる方々が報われるような仕組みができないものだろうかと悩ましくも思う。

II 家族再統合に向けて，各々の立場で

1. 大阪府やセンターの取り組み

相次ぐ児童虐待への対応として，私たちはこれまで，子どもの安心と安全を確保する立場から"虐待の事実確認"と"家族関係への介入"という手法を積極的に用いてきた。しかし，初期介入を行った後は，中長期的な視点から，虐待の再発防止に繋がる「家族の再統合」も必要である。ここで私たちが最終的に目指す「再統合」とは，「家族の機能が回復し，子どもが家庭で安心した生活を営めるようになる」だけでなく，子どもや家族が「地域社会との関係の再構築」を行うことをも意味している（大阪府子ども家庭センター，2012b）。

厚生労働省が「児童虐待防止支援事業」において"児童相談所の相談機能の強化"を求めた主旨を踏まえ，大阪府ではこの間「家族再統合支援事業」を実施してきた。ここでは，家族再統合のためのノウハウを可視化してセンターでの支援の充実を図ったり，NPO法人などに保護者への支援を委託して虐待の再発防止や保護者の立ち直りを目指してきた。具体的には，養育力が十分でない保護者等への親教育プログラム，子育て不安や孤立感を抱える保護者への支援プログラムなどがあり，現在も取組みを継続中である。

また，こうした動向に合わせて，社会的養護の受け皿として，里親のニーズも高まっている。大阪府では2008年より「里親委託推進プロジェクト」を設置し，新規里親の開拓や委託推進を図った。さらに，センターに里親委託等推進委員を配置したり，里親に対する研修や相談を里親相互交流と里親支援機関に委託するなど，里親委託推進についても取り組みを重ねている。

なお，センターでは現在，こうした子どもの受け皿づくりだけでなく，虐待を受けた子ども自身に対

しても，その都度，ニーズに見合った適切な支援がタイムリーに提供できるよう，センターと医療が有機的に連携する仕組みを準備しているところである。

2. 児童福祉施設の取り組み

一方，児童福祉施設も，地域の子育て支援機関や里親などとともに，社会的養護の責務を担うとの観点から，「施設内での支援のみならず，家族再統合に向けての支援や施設退所後のアフターケア，里親支援，地域における子育て支援など，子どもの養育専門機関として幅広い役割を期待されている」（大阪府社会福祉協議会，2012）。

ここ数年，大阪府下の児童福祉施設においても，できるだけ家庭的な環境で養育する「家庭的養護」の必要性を重視し，少人数での施設運営が展開されるようになった。子どもたちが入所中に自らの過去に向き合ったり，集団生活を適応的に過ごせるようプログラムを積極的に導入する，また保護者が暴力や暴言を用いない養育スキルを習得するためのプログラムを提供する，といった取り組みも出てきている。

III　子ども家庭センターで出逢った方々

こうした現実の真只中で，私は児童心理司という立場でさまざまな方とのご縁をいただいた。ここでは，私がこれまでの相談援助活動において出逢ってきた方々について触れる。

なお，各々については，個人が特定されることのないよう，相談内容などの特徴を損なわない範囲で加筆・修正を行っている。

1. 部屋を片付けられないことが主訴で来所した子どもと保護者

A君は中学1年生。父親からの相談で，親子で来所した。実母はA君の幼少期に死別しており，その後，父親は現在の養母と再婚している。父親によると，A君は何度注意しても自分の部屋を散らかしている。所属する中学校では大きな問題なく過ごせているが，自宅では普段，リビングから離れた自分の部屋にこもりがちで，夫婦の会話に参加することも少ないとのことだった。

父親と離して面接を行うと，エネルギッシュだがあまり表情のない父親の話しぶりとは対照的に，ぼそぼそと言葉少なげであるが，時折柔らかい表情を見せるのが印象的であった。A君の能力面や情緒面の傾向を把握する目的で，心理検査や心理面接を行ったところ，能力面に問題はないが，自らの感情を素直に表現しにくい傾向が見られた。

後日，検査結果等について父親に説明を行うと，父親自身も同様の傾向があり，それは自らの生い立ちに由来すると考えている旨，感想を述べられた。父親が抱える祖父との葛藤が，現在の父子関係に影響している可能性も指摘した上で，A君の内面の混乱が部屋の散らかりという形で表現されたのではないか，という担当者の理解を父親と共有した。

父子の同意を得て，その後，数回にわたり父子の並行面接を実施した。A君とは毎回，何気ない普段の生活の話を重ねる程度であったが，父親からはA君が自発的に部屋を片付けるようになり驚いているとの報告があった。A君に対して特別な助言を行ったわけではないが，家庭で不足しがちな「自分の話に耳を傾けてもらう」という時間を通して，内面の混乱が解消され，自ずと身辺整理に繋がったことが考えられた。

通所するなかで，父に対しては，いつの日か，苦労の多かった父親自身の生きざまをA君に伝えてはどうかとの働きかけを行っていたが，相談終結の日，父親からも改めて，今後A君と向き合う心づもりであるとの話があった。

2. 療育手帳の取得をめぐって対立しかけた保護者

Bちゃんは小学5年生。病院で発達障害の診断

を受け，療育手帳を取得するために母子で来所した。しかし，知能検査の結果，療育手帳の基準は満たさず，母親にその旨を説明すると，Bちゃんの対応で困っておられることを切々と訴えられ，療育手帳の基準への不満を顕わにされた。

私は担当者として，母親の困った様子を見るにつけ，療育手帳を利用したい気持ちはわかるが，基準を満たさない以上，利用してもらえないことを心苦しく思っていること，また，基準を満たさない場合の代替手段があることを繰り返し説明した。

説明の仕方によっては，対立的な関係になりえた可能性もあったと思われるが，この時は，担当者として，母親の日頃の子育てを労い，発達の偏りがあってもBちゃんが着実に成長している面もあることを共に喜ぶことができた。こうしたやりとりを通じても，最終的にBちゃんが療育手帳を取得できないことに対する母親の不満はぬぐえなかったが，Bちゃんに関する共通理解を得られ，面接を終えることができた。

3.「ここに来るとほっとします」とこぼされた生徒指導の先生

C先生は，センターへ通所中の子どもたちについて保護者の同意を得て情報交換を行う，中学校の生徒指導の担当として，時々来談された。生徒指導の先生といえば，学校で強面の役割を担われるというイメージがあるが，C先生とて例外ではなく，学校訪問した際には校則違反の生徒を強い口調で指導される場面も拝見した。ただ，会議などでお会いする先生の語り口はいつも実直で，所々に物腰の柔らかさを滲ませておられる印象があった。

C先生が来談された時は，毎回，時間の許す範囲で，学校や地域での子どもたちのエピソードを伺った。そうしたやりとりのなかで，おそらく日頃，学校ではあまりお見せにならないであろう柔らかい表情が浮かんだり，自然と愚痴がこぼれ落ちる場面があった。ベテランの先生とはいえ，日頃の重責による心労を垣間見る思いがした。今後も

お互いを支え合える関係が持てればよいと考えた。

4.「いま現在の歩いているその歩き方が未来の蕾になる」

かつて陶芸家の河井寛次郎はこう述べた。相談の場での，こうした日々の取り組みは，次のような観点から，その後の相談援助活動の伏線になったと考える。

①問題とされることの背景にある当事者のストーリーに着目することは，その方にとって納得のいく支援に繋がりうる。
②虐待の契機はさまざまであり，支援者が保護者と繋がるさまざまなチャンネルを用意しておくことは，親子が危機的な状況を迎える前の早期の関与に繋がりうる。
③関係機関であっても人間的な交流が散りばめられているほうが，信頼関係に基づくスムーズな連携に繋がりうる。

5. いつも聴くことと共に

こうした出逢いを改めて振り返れば，来談者が納得されたり喜んでいただけるやりとりにおいては，当たり前といえば当たり前であるが，相手を理解するために想像力を駆使して聴くということに，こちらの立ち位置が定まっているように思う。

自らの立場で一方的に出来事を解釈したり，相手に説明するのではなく，まずは相手を理解するために聴くこと。すなわち，相手を理解しようとすることが，自分が理解されるための前提になる。

かつてあるオーケストラの指揮者がピアニストの辻井伸行氏を評してこう述べたことがある。「(盲目の)彼のコミュニケーションは聴くことによって成り立っている。(ハイレベルの聴覚能力のおかげで)他人よりコミュニケーションがたやすくなっている」と。聴くことと伝えること。どのような場面においても，くれぐれも順番を間違えることのないようにしたいと自らを戒めている。

Ⅳ 支援するということを巡って

1. 改めて，子どもの「安心・安全」とは

　私は今春，一時保護所に再び勤務する機会をいただいた。そこで改めて気付かされたのは，「"安心・安全"は生活のなかで提供される具体的な事柄に裏付けられたものである」ということである。特にここ数年，アレルギー対応の除去食や服薬管理など，健康面への配慮が欠かせない子どもの入所が急増しており，厨房スタッフ（栄養士や調理士）や看護師との連携は欠かせない。また，保護した子どもたちの日々の生活が営まれる施設だけに，24時間生活指導にあたる指導員や保育士も，子どもたちの集団生活が安定するよう，怪我や対人トラブルには細心の注意を払っている。

　しかし，過去の不適切な養育環境の影響もあり，ルールから逸脱したり他児と衝突する子どもも多い。そうした「言語化できない思いのおすそわけ」（村瀬・高橋，2002）を受け止めつつ，他の表現方法や選択肢もあるということを言語的あるいは非言語的な多様な働きかけを通じて伝えている。さまざまな背景を抱える子どもたちに，いかに安心・安全を提供し，次のステップへの活力を引き出すことができるのか，熟慮を踏まえた実践を重ねたいと思う。

2. 私たちが為すことの意味するもの

　先日，あるテレビ番組で，アメリカの少年事件に長年向き合ってきた弁護士が登場した。そのなかで彼は，困窮する人や受刑者をどう扱うかが「社会の性質を決める」と熱く語った。

　私たちは日々，困難な状況にある子どもたちが，心身ともに健全に発達し，自立した社会人として生活できるよう，子どもの最善の利益のために力を尽くしている。そうした私たちや関係者の日々の営みが，現在やこれからの「社会の性質」をよりよいものにすることに寄与しているのだと自負している。そうして私たちが日々為すことが，子どもたちがいつか，苦しみや困難の時もあった自らの人生に意味を見出す一助になればと思う。

3. 子どもたちを支援する者の喜びとは

　現在，子どもと保護者，親子を支える関係者は，各々に厳しい環境に置かれている。そうしたなかで，支える立場の我々が報われる面があるとすれば，以下のようなことだろうか。

①前提として，子どもたちのよりよい将来のために力を尽くそうという意志を持った同僚や仲間に囲まれていること。
②子どもたちの素地の良さに着目したり，ささやかな変容や成長に立ち会い，そのことを，子ども自身や保護者，関係者と共有できること。
③そうした喜ぶべき気付きを多く得られるよう，日々の研鑽を通じて自らを成長させられること。

　今後も，児童福祉の現場に携わる者がお互いに照らし合う存在であり続けられる，そうした関係や環境を築いていきたいと思う。

文　献

阿部 彩（2008）子どもの貧困．岩波書店．
Goodman R（2000）Children of the Japanese State. Oxford : Oxford University Press.（津崎哲雄＝訳（2006）日本の児童養護．明石書店）
大阪府子ども家庭センター（2012a）大阪子ども家庭白書．
大阪府子ども家庭センター（2012b）家族再統合支援ガイドライン．
大阪府社会福祉協議会（2012）児童福祉施設援助指針．
増沢 高，青木紀久代（2012）社会的養護における生活臨床と心理臨床．福村出版．
村瀬嘉代子，高橋利一（2002）子どもの福祉とこころ．新曜社．

IV

臨床心理ケーススタディ❷

協働の方法としての
ケーススタディ

実践領域に学ぶ
臨床心理ケーススタディ

論説
心身医療における協働の方法としてのケーススタディ

李 敏子 MIN-JA LEE
椙山女学園大学人間関係学部

I はじめに

病院で心身医療に携わったとき,入院患者・外来患者を含めて,うつ病,パニック障害,摂食障害,甲状腺疾患,心因性微熱,痙性斜頸などの患者の心理療法を担当した。精神疾患をもつ患者では精神科医と協働したが,摂食障害や甲状腺疾患などの患者では内科・心療内科の医師と協働することもあった。とりわけ入院治療においては,医師・看護師とのチーム医療が不可欠であった。

宮岡(1999)によれば,心身症と診断するには,身体疾患の診断が確定していること,環境の変化に時間的に一致して身体症状が変動すること,という二つの条件を満たすことが必要である。しかし,「人が社会に生きる存在である以上,環境の変化が,多かれ少なかれ身体症状に影響することは自明である」ため,「どの程度の影響を与えれば心身症と呼べるか」の判断基準はきわめて難しいという。

このように身体疾患の診断が確定している心身症に対して,身体的な原因は見いだせないにもかかわらず身体愁訴が見られるものとして,頭痛,微熱,体の痛み,頻尿などがある。これらは身体表現性障害に含まれ,身体的な異常がないという検査結果を得て心因性という理解で援助することになり,安易に心因性と考えない姿勢を医師から教わった。

また,精神疾患には身体症状が伴うことが多い。たとえばパニック障害では,動悸,息苦しさ,めまい,冷や汗,手足のしびれなどの身体症状が生じる。うつ病には精神症状と身体症状があり,身体症状としては,睡眠障害,食欲不振,性欲の低下,体のだるさ,疲れやすさ,頭痛,腰痛,肩や首のこり,動悸,胃の不快感,便秘,めまい,口の渇きなどがある。このような身体症状が全面に出ている場合は仮面うつ病と呼ばれる。また,摂食障害は,過度の体重や体形へのこだわりとそれに基づくコントロールという身体を対象にして表現される症状である。

身体醜形障害により整形手術を繰り返す場合や自傷行為も，身体を対象にして表現される症状である。

このように心身相関は多くの症状で見られ，心理療法においては心身両面へのケアが必要になる。本稿では，症例ごとにどのような治療を行ったかを述べ，協働の方法としてのケーススタディについて考察する。

II　症例別の治療方針

1. 不登校に身体症状が伴うケース

不登校には身体症状が伴うことが多い。朝，登校しようとすると，頭痛，腹痛，吐き気，嘔吐，微熱などが生じる。内科的な疾患が見いだせない場合，対症療法的な薬物療法とともに，基本的には不登校への理解に基づく心理的援助を行う。不登校は心理的負荷が長くかかったための心理的過労の状態であると考えられるため，学校を休んで十分に休養することを保証する。カウンセリングでは，クライエントの「窓」（山中，2000）に合わせて会話をする。「窓」とは，クライエントが興味をもっていること，好きなことである。それが，どんなにマニアックなことであっても関心をもって聴き，会話をはずませる。「窓」がほとんど開いていないクライエント，きわめて狭い「窓」しかもたないクライエントであっても，援助者はその狭い通路を見つけて波長を合わせる（李，2011）。

幼少期からほとんど他人に自分の感情や考えを表現してこなかったクライエントの場合，この最初の「窓」が身体的不調の訴えであることが多い。他人に甘えることのできなかったクライエントは，最初に甘えを表現する通路として体の不調を選びやすい。心の痛みを体の不調という形でしか表現できないと言える。この場合，心の問題に気づかせ掘り下げようとすることは，クライエントに脅威と抵抗を感じさせ，治療関係が損なわれる危険がある。援助者は，体の不調を「窓」として理解し，体へのケアの言葉をかけるようにする。休養を保証され安心して学校を休めるようになり，また，「窓」を通じた会話により援助者と信頼関係を築くことができると，クライエントは徐々に回復していき，興味のあることを楽しめるようになる。家にいることを退屈がり，外出や友だちと遊ぶことを欲するようになる。そして最終的にはクライエント自身が選んで学校に復帰することが多い。

2. パニック障害

パニック障害では，突然不安に襲われて動悸，息苦しさ，めまい，冷や汗，手足のしびれなどのパニック発作が起こる。一度パニック発作が起こると，予期不安のため外出することに恐怖を覚えるようになる。少しでも不安が生じると，精神交互作用によりますます身体症状が悪化するという悪循環をきたす。不安が自己暗示的に増幅されるのである。パニック発作の入院患者に対しては，援助者と一緒に徐々に距離を伸ばしていく外出訓練を行った。通常の薬物を服用した上で，不安発作時の頓服，過呼吸時の対策用の袋などをもち，発作時の対策を万全にして出かける。目的地を決めて，そこまで行ったら休憩して戻る。これを距離を少しずつ伸ばしながら繰り返し行ったが，患者は外出中

にパニック発作を起こしたことは一度もなかった。このような経験を積み重ねた後，患者はパニック障害を克服し退院することができた。

パニック発作への不安から電車に乗れない外来患者には，通常の薬物を服用した上で，不安発作時の頓服などをもち，発作時の対策を万全にして，最初はいつでも降りられる各駅停車の電車から慣らしていくように助言した。急には降りられない特急電車などでは，その事態を想像しただけで不安が募るからである。不安が生じた時に精神交互作用や自己暗示に陥るのを防ぐために，携帯音楽プレイヤーで好きな音楽を聴く，好きな雑誌を読むなど，好きなことに意識を集中するように助言した。

これらは理論的には行動療法の段階的エクスポージャーや系統的脱感作と呼べるものであるが，筆者は行動療法の本を読んで考えたわけではなく，人としての自然な発想で考えた。滝川（1998）が，どんな技法も日常的援助がもとにあると述べたように，心理的援助においては現実から遊離した特殊な理論や技法よりも，日常の発想から腑に落ちるような方法が望ましいと考えている。

3. 摂食障害

拒食症の場合，表面に現れるのは食事と体重のコントロール，体重減少である。そのため，行動制限療法のようにカロリー摂取と体重増加プログラムを課して体重を増加させる入院治療が行われている。内科医から，このような枠組みの明確な治療の方が取り組みやすいと聞いたことがある。しかしこの方法では，心理的な問題が解決されないまま退院し再発する危険が高い。実際に退院と再発を繰り返している患者にも出会った。摂食障害は，本人にとっては唯一の防衛でありコミュニケーション手段になっていることが多く，それに代わる手段が見つからない間は再発を繰り返しやすい。患者は親の期待の枠にはめられて本当の自己が育っておらず，自分自身の感情を意識化し言葉で表現することができないアレキシサイミアが顕著であることから，摂食障害からの回復には本当の自己を育てることが不可欠である。入院患者に対して，内科医には体重増加を強いるのではなく最低限の生命維持に必要な検査や治療をお願いし，心理療法を中心に据えてチーム医療を行った（李，1997）。栄養士には，患者の食べられるものを聞き，患者の要求したメニューに栄養士が患者の食べられそうなものを付け加えるという方針をとった。患者はパーソナリティの偏りが顕著であり行動化傾向もあることから，内科医では対応に困ることもあった。そのような時に，主治医ではないが精神科医も含めた病院スタッフでケースカンファレンスの機会を与えられ，事例の経過を報告できたことは有意義なことであった。これはおよそ20年前の治療経験であるが，今でも摂食障害に対しては，生命を守りながら心理的な援助を中心にするべきであると考えている。

4. うつ病

入院患者・外来患者を問わず，薬物療法と休養が治療の基本である。援助者は，患者が自発的に話す頭痛や腰痛，口渇などの身体的不調の訴え，職場や家庭でのストレスや不満を聴く。あまり深く掘り下げた内容や重大な決定は負担

になるため，避けることが望ましい。職場復帰を焦る休職中の患者に対しては，精神科医がしっかりと制限して枠組みを示すことが治療的であった。うつ状態の重い時には，他者への好意などであっても強い感情は負担になるため，淡々とした関係が望ましい。うつ状態では認知が否定的・悲観的な方向に偏りやすいが，回復すると自然に認知様式も変化する。そのため，うつ状態の時に認知に直接働きかけるアプローチをするよりも，現在の苦しい考え方は病気がもたらしているものであり，回復とともに自然にもっと気楽に考えられるようになると保証することが，患者の精神的負担を軽減する上で有効であると考えている。

5．不眠と無月経

不眠で無月経の20代女性は，男性からの性的誘惑の多い職場で働き，誘われると性的関係をもつことを繰り返していた。婦人科的な原因は見当たらないにもかかわらず月経が停止していた。自我境界が弱く衝動的で，見通しをもった冷静な行動ができなかった。カウンセリングでは性への嫌悪を語った。幼少時から親による守りが弱く，中学卒業後は家を出ていたため，筆者は保護者的な役割をとり，良くない行動に対しては叱って禁止した。10年以上のカウンセリングを経て，衝動のコントロールができるようになった。一人の男性との安定した関係が続くようになり，職場を変えて日中に働くようになると，それまでの無月経が嘘のように毎月規則正しく生理が来るようになった。カウンセリングでは日常の出来事を話したが，身近に相談できる家族がいれば家族に話すような内容であ

ると感じた。精神科医による薬物療法とともに，筆者が長く保護者的な役割をとったことが奏功したと考えられる。

6．疼痛性障害

学校でのいじめをきっかけに手足の激痛を訴えた女子高校生は，抗不安薬の服用といじめの解決とともに症状が消失した。いじめの場合，カウンセリングで話を聴くだけでなく，実際の問題の解決が重要である。また，過去に兄から家庭内暴力の被害を受けていた女子大学生は，大学入学と同時に家を離れたために被害はなくなったが，検査しても異常はないにもかかわらず，執拗に背中の痛みを訴えた。過去の被害体験が影響していると考えられたが，本人は背中の痛みの改善に向けたリハビリ治療を受けていたため，心理的な解釈はせず，体へのケアの言葉をかけながら，大学生活や将来の職業についての話題に支持的に関わった。将来の目標に向かってエネルギーを注いでいく中で，彼女は徐々に背中の痛みが気にならなくなっていった。

Ⅲ　おわりに

協働の方法としてのケーススタディについてであるが，まずは援助者自身が見立てと援助方針を明確にしていることが重要である。心理療法では，先行研究を読めばさまざまな立場から異なる方法で治療が行われているのが現状であるが，援助者自身が考えて腑に落ちる方法を選ぶことが必要である。治療が始まった後では，しっかり記録をとり，たんねんに読んで治療的

変化を把握して，見立てと援助方針を検証する。これは援助者自身の作業としてのケーススタディである。次に援助者の見解を協働の相手に的確に伝えられることが重要である。ケースカンファレンスにおいて，時に判断を他者に完全に委ねるような報告を見かけるが，援助者自身の考えを明確にしなければ有益な議論にならないだろう。とりわけ他職種とのケースカンファレンスでは，専門家としての考えを責任をもって伝えることが大切である。また，病院での勤務の間の短い時間であっても，電話や対面で医師に相談し意見を聞くなど円滑なコミュニケーションを心がけることも，ケースへの理解を深め共有する上で役立つ。心身医療においては医師との協働が不可欠であるが，協働においては技術や知識だけでなく，「人」としての信頼も重要であることを忘れてはならない。病院での心身医療に携わった時，筆者はまだ若い臨床心理士であったが，医師が筆者の考えを尊重してくれる寛容な治療風土の中で心理療法に携わることができたことを感謝している。

文　献

李 敏子（1997）心理療法における言葉と身体. ミネルヴァ書房.
李 敏子（2011）ファーストステップ心理的援助. 創元社.
宮岡 等（1999）心身症・心身医学・心療内科. こころの科学 84；10-13.
滝川一廣（1998）精神療法とはなにか. In：星野 弘ほか＝編：治療のテルモピュライ —— 中井久夫の仕事を考え直す. 星和書店, pp.37-79.
山中康裕（2000）こころに添う. 金剛出版.

論説

生殖医療
―― 不妊カウンセリング

宇津宮隆史 Takafumi Utsunomiya
セント・ルカ産婦人科院長

上野桂子 Keiko Ueno
セント・ルカ産婦人科臨床心理士

I 生殖医療の現状と課題

1978年の体外受精・胚移植（IVF・ET）の成功と1992年の顕微授精の成功は，生殖医療に革命的な進歩をもたらした。その反面，社会の発展に伴って女性の社会進出，結婚年齢の高齢化が進み，その結果，初産年齢が高齢化し，不妊症が増加してきた。今では不妊症夫婦の割合は6組に1組，15～17％といわれている。図1に日本産科婦人科学会から報告された2010年の生殖補助医療（ART）治療周期数を示す。総治療周期のピークは39歳で，生産周期数のピークは36歳である。この図から，ART周期数は35歳以上が多く，また45～46歳までは治療を試みる人が多いが，生産率は40歳で7.7％，43歳で2％である。また図2にはARTの結果を示すが，38～39歳から流産率が上昇するのがわかる。

表1に当院の不妊症の原因を示す。一般に考えられている以上に男性因子である夫の異常が多いことがわかる。そして，原因はひとつではなく複数存在することもわかる。

図3には，他の疾患と生殖医療の違いを示す。一般的には，ある疾患に対しては，治療が始まり，その結果，完治すれば元の家族との生活に戻れる。しかし生殖医療では，子どもがほしいと思ってもできなかったとき，不妊治療を開始し，その結果，子どもができればよいが，もしできなければ，その後，数十年間は夫婦だけの生活が待っていることになる。夫婦にとって，この不妊治療を行ったという事実は，その後の二人の生活に非常に重い意味をもたらすと考えられる。そのとき，この不妊治療を行った期間がその後の二人の人生にとって有意義な期間であったという前向きの肯定的な記憶がもてるかどうかが重要となる。そこを考えながら生殖医療担当者は患者と接しなければならないと思う。

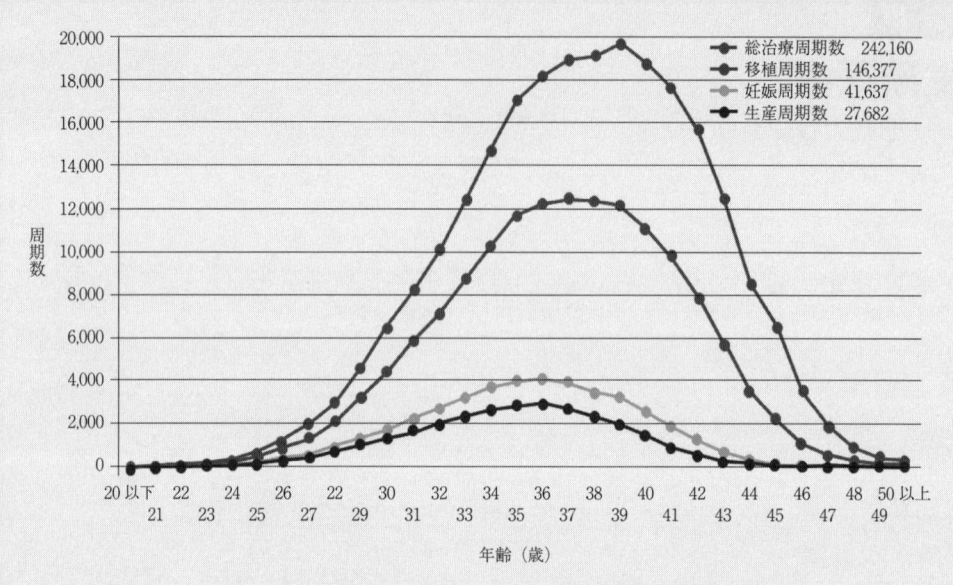

実践領域に学ぶ
臨床心理ケーススタディ

図1　生殖補助医療（ART）治療周期数（2010年）

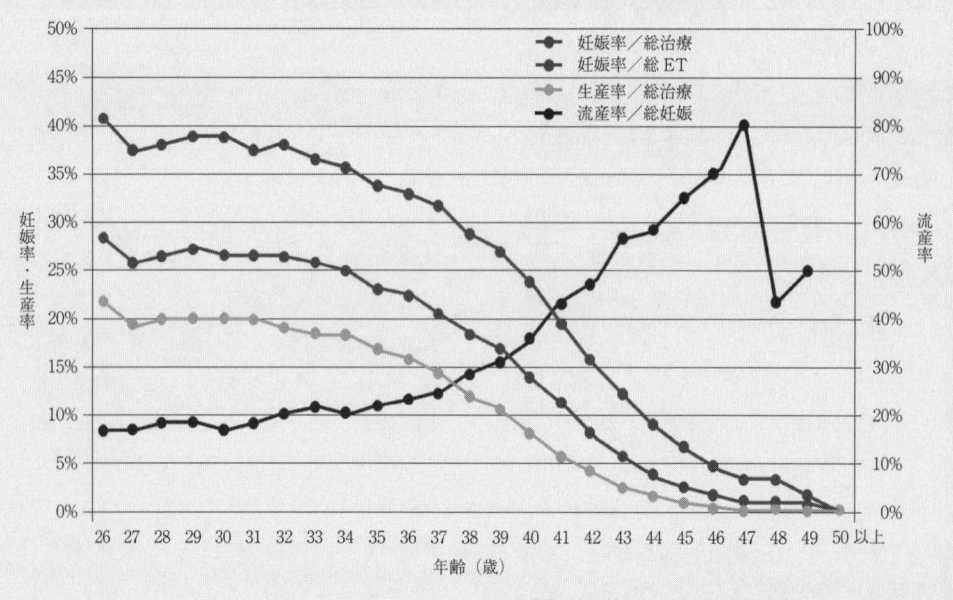

（日本産科婦人科学会　2010年生殖補助医療データブックより）

凡例：
- 総治療周期数　242,160
- 移植周期数　146,377
- 妊娠周期数　41,637
- 生産周期数　27,682

図2　生殖補助医療（ART）妊娠率・生産率・流産率（2010年）

（日本産科婦人科学会　2010年生殖補助医療データブックより）

凡例：
- 妊娠率／総治療
- 妊娠率／総ET
- 生産率／総治療
- 流産率／総妊娠

表1 当院での不妊症の原因

開院（1992/6/3）～ 2011/12/31

1. 夫の異常（WHO 基準）　　　　　　　　　45.7%　（3,382/7,398人）
2. 妻の異常
　　卵巣機能異常（初診時）　　　　　　　　46.5%　（4,822/10,381人）
　　卵管の異常（子宮卵管造影による）　　　29.9%　（2,565/8,572人）
　　子宮の異常（子宮卵管造影による）　　　9.7%　（831/8,572人）
　　子宮内膜症（腹腔鏡検査による）　　　　61.7%　（2,203/3,571人）
　　子宮筋腫（初診時超音波検査）　　　　　8.5%　（881/10,381人）
　　クラミジア感染の既往　　　　　　　　　18.8%　（890/4,745人）

＊不妊症は他の病気が原因となる疾患である
＊原因は複数存在する

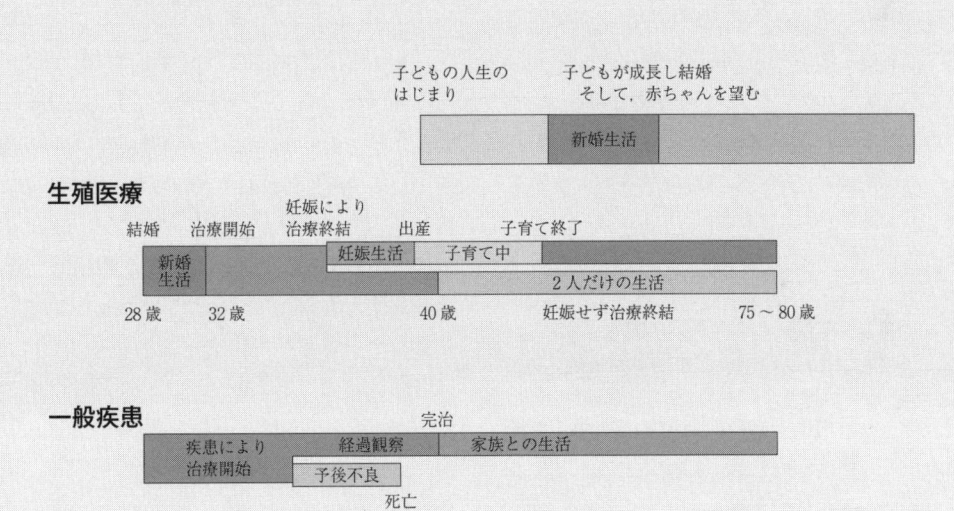

図3 生殖医療と一般疾患の違い

Ⅱ 生殖医療と心理カウンセリング

今日では女性の生き方も多様化し，子どもが欲しいと思い始める年齢も個人によって幅があり，30歳代後半から40歳代前半になって初めて子どもを望む人も珍しくない。しかし身体的にはさまざまな限界があり，生殖医療は未だ万能ではないことも事実である。

「子どもをもつ」ということは，人生の根幹に関わる事柄であり，いろいろな思いが絡む複雑な過程である。ましてや不妊治療は「子どもが欲しい」という気持ちだけでは解決できないさまざまな困難を伴うことが近年明らかになってきた。

心理士は，治療に焦点を当てて関わる医療スタッフとは異なり，「その人のいろいろな背景を

視野に入れ，子どもがいても，いなくても，その人らしい人生を歩んでいくために一緒に考えていく」という視点で支援している。

III　治療中の支援
（医療スタッフと心理士の協働について）

1. 個別カウンセリング

不妊治療において，従来は医師や看護師などの医療者が治療について説明し，患者の疑問や不安に対処してきた。医療者との協働について，筆者が当院でカウンセリングを始めて間もない頃の事例を参考に述べてみたい。なお，プライバシーへの配慮のため，事例は変更を加えた架空のものとなっていることをご了承いただきたい。

2. 事例──Aさん，40代，体外受精5回以上，2回目の流産後

医師より「何度丁寧に説明しても納得した様子がなく，何度も同じ話で相談に来る」とのことで心理相談を依頼された。

#1 ── 200X年7月

相談室に入ってくるとすぐに先月流産したこと，その後すぐに治療に入ろうと思っていたのに，休みの期間（1カ月）を入れなければならないと言われたこと，医師や看護師からの説明は理解できるが納得できないことなど，これまでの治療経過に加えて医療者への不満やイライラ，日常生活で自分でも恐ろしいほど攻撃的になっていることを早口に，時に涙を流しながら30分以上話された。筆者はできるだけ口を挟まず傾聴することとした。治療がなかなか思うように進まないことや年齢からくる焦燥感などから思考の混乱や攻撃性が前面に現れているが，背後に深い悲しみが感じられた。Aさんの思いをもっともなこととして受けとめ，今までのAさんの頑張りに敬意を表すとともに，流産後の心理と今のAさんの抑うつ的な状態を説明し，イライラしたり攻撃的になったりするのは，この状況では当然のことなので，あまり自分を責めないように助言した。

#3 ── 200X年11月

「最近は体調も良く，精神的にも落ち着いています」とのこと。「自分が辛い時，思いを全部出して，責められたり説教されたりするのではなく，『あなたは十分頑張っている』と言われることがどんなに慰めになるのか体験できた。自分も他人も認められるようになったと思う」と話してくださった。また，治療については「自分ができることは精一杯やって，後はお任せしようと思うようになった。採卵ができて夫が涙を流して喜んだのを見て，夫がいてくれるだけでも幸せなのだと思えるようになった。治療は体がそのうち結論を出すでしょう」と，苦しい時を過ごし，いろいろと考えて，自分なりの結論を出されたようだった。

その後Aさんは落ち着いて治療に取り組み，治療終結を迎えられたとのことだった。

Aさんは，医療者との相談の時，「どうして……でしょう」という形で問いかけていた。それに対し医師も看護師も丁寧に説明をしていたのだが，Aさんはなかなか納得できず，気持ちが落ち着かなかった。自分でも気づかないまま，

その質問の背後にある気持ちを受け止めてほしかったのではないかと思われる。そうすることにより，自己理解が深まり，本来自分が持っている力を発揮することができたのではないかと考えられた。

このように患者が情緒的に不安定になっている場合や，心理的な悩みや問題を抱えている場合には，心理カウンセリングが有効な手立てになり得ると思われる。

また，生殖医療施設でのカウンセリングは，「治療がうまくいくためにはどうしたら良いか」や「うまくいかなかった時の情緒的問題」などが主訴となることが多いと思われがちだが，「自分の親との問題が解決できていないため，子どもをもつことに不安がある」「自分の感情がコントロールできない」「夫の気持ちがわからない」「子どもさえできれば全てがうまくいくのではないか」など，不妊の問題に隠された心理的問題が現れてくることも多い。時には夫婦カウンセリングも必要となり，このような問題を丁寧に扱っていくことも心理士の重要な役目であると考えられる。

3．グループカウンセリング

不妊症患者はその置かれた状況から孤独感が強くなり，同じ悩みをもつ人と話したい，情報交換したいという要望は少なくない。そこで当院では，看護師と心理士がファシリテーターを務めるサポートグループを開催している。

特に孤独感が強く，治療終結も視野に入ってくる40歳以上の高齢患者を対象にしたグループは，同じメンバーで月に1回，6カ月以上続けるクローズド形式で行っている。このグループの効果として，①孤独感の解消，②不安の緩和，③カタルシスが得られるなどのほかにも，④治療意欲，⑤活気，⑥自己理解，⑦愛他性，⑧希望などの増進や深まりが期待できることが認められた。このグループは同じメンバーで行うため，妊娠に至らないまま治療を終結していく過程も共有できる場となっている。

そのほか，患者の希望により，妊娠に至らないまま治療終結を決断した元患者を迎えての「治療終結の経験者を囲む会」を毎年1回開催している。

Ⅳ　治療終結時の支援

高度な生殖医療を続けても，なかなか子どもが授からない場合，いつ治療を止めるか，という困難な決断を迫られる。

「もしかしたら次できるかもしれないと思う」「治療をやめた後自分がどうなるか怖い」「子どもの成長が見られず寂しい」「家系が途絶える」「夫との関係が不安」「人としてすべきことをしていない気がする」「やめる勇気も続ける強い気持ちもなく，心が揺れ動く」などさまざまな思いが浮かび，決断までに苦しい時間が続くことが多い。

治療終結に際しては，①可能性が0ではない状況，②思い描いてきた子ども像，家族像，将来の生活などの喪失，③夫婦関係への直面化，④新たな生きがい（目的・生きる意味）の獲得などの問題が決断を難しくする。医療者は可能性について情報を提供するが，ここでも不妊症患者は最終的には自分たちで決断することを余儀なくされ，心理的援助が必要となる。このような苦しい時期に寄り添いながら，患者の悲嘆を表出する場を提供し，グリーフワークを共に

行い，今後の生活，夫婦関係，生きがいを再構築していくことを支援するのも心理士の重要な仕事と考える。

また，治療終結後の生活には，①夫婦二人の生活，②養子縁組，③非配偶者間生殖医療という選択肢が考えられる。②，③を選択する場合には，自分たち夫婦が育てようとしている子どもは「自分たち夫婦の子どもの代わり」ではなく，別の人格と人権を持った存在であることを心に刻むことが重要である。子どもの視点に立つならば，子どもに対して「真実告知」を行い，「出自を知る権利」を保障することは親の義務であると言えよう。真実の上に揺るぎのない親子関係を構築していくことがその家族の真の幸せに繋がると考えられ，その過程を支援していくことが重要である。

V　まとめと今後の課題

この領域においては，出産希望年齢の上昇傾向による高齢患者の増加が予測され，子どもを得られないまま治療を終結していく治療終結時の心理的サポートの重要性が今後も増していくと考えられる。

治療終結に当たっては，今までは夫婦二人の生活，養子縁組が考えられてきたが，現在では卵子や精子の提供，代理母・代理出産という形で子どもを持つことが技術的には可能になってきた。自分たちの遺伝子を継ぐ子どもを諦め提供医療に踏み出す患者や，生まれてくる子どもの心理的サポートの重要性も高まっていくと思われる。

また，遺伝子レベルでさまざまなことがわかるようになってきたことも，新しい問題を提起している。受精卵の遺伝子診断により，正常な受精卵だけを体内に戻す着床前診断や胎内の子どもの染色体異常などについての出生前診断が可能になった。このことは心理的に大きな負担の掛かる治療となり，カウンセリングの充実が必須と考えられる。

不妊の問題は，心の深いところに根ざし，夫婦関係，家族形成，子どもの発達などに大きな影響を与える問題であり，医療技術が発達している現在においては，ますます心理臨床家の関与が求められてくる分野であると考えられる。

文献

平山史朗 (2006) 不妊の心理概論とカウンセリング理論. In：森 崇英, 久保春海, 高橋克彦＝編：コメディカルARTマニュアル. 永井書店, pp.237-241.

伊藤弥生 (1999) グループ・アプローチへの招待. 現代のエスプリ 385；126-135.

柏木惠子 (2001) 子どもという価値. 中央公論新社.

久保春海＝編 (2001) 不妊カウンセリングマニュアル. メジカルビュー社.

上野桂子 (2006) 生殖心理のグループカウンセリング. In：森 崇英, 久保春海, 高橋克彦＝編：コメディカルARTマニュアル. 永井書店, pp.260-264.

上野桂子 (2006) 加齢患者に対するカウンセリング. In：森 崇英, 久保春海, 高橋克彦＝編：コメディカルARTマニュアル. 永井書店, pp.282-286.

上野桂子 (2008) 生殖医療と心理カウンセリング. In：上野徳美, 久田 満＝編：医療現場のコミュニケーション──医療心理学的アプローチ. あいり出版, pp.247-258.

上野桂子 (2012) 生殖心理カウンセリング. In：柴原浩章＝編：図説よくわかる臨床不妊症学 ── 不妊症治療 up to date. 中外医学社, pp.107-117.

上野桂子, 門屋英子, 宇津宮隆史ほか (2008) 不妊治療の終結における患者サポートについての検討──「妊娠に至らず治療終結を決意した元患者を囲む会」を開催して. 産婦の実際 57-9；1473-1478.

上野桂子, 宇津宮隆史 (2010) 臨床心理学の最新知見 (第58回) ── 生殖医療の最前線で考える. 臨床心理学 10-6；930-940.

論説
救命救急医療の場でケーススタディを考える

稲本絵里 ERI INAMOTO　　苛原隆之 TAKAYUKI IRAHARA　　畝本恭子 KYOKO UNEMOTO
日本医科大学多摩永山病院　　日本医科大学救急医学教室　　日本医科大学多摩永山病院救命救急センター

I　はじめに

　生老病死は人にとっての苦しみと言うが，まさに病院は苦しんでいる人が集まる場所である。そして，その苦しみが突然予期しない形で降りかかってしまったのが，救命救急医療で出会う人たちだ。救命救急センター（以下，センター）には，事故による多発外傷や脊髄損傷，脳血管障害，心筋梗塞等による心肺停止など，一刻を争う重篤な症状の傷病者が搬送される。生きるか死ぬかの分かれ道に遭遇したり，身体の大事な機能を喪失したり，その人と周囲の人たちの人生を一変させる事態に直面する。そのような人生の危機に出遭った人たちについて心理的援助の観点からケーススタディを行うことは繊細な問題が多く，非常に難しい。しかし，困難だからこそ真摯に事例に学びながら，「臨床の知」（中村，1992）を積み重ねていく必要があるとも思われる。

　ただし，救命救急医療のなかで心理援助者の関わりはほんの一端でしかない。センターでは，さまざまな専門性を備えたスタッフが協働して対応にあたる。まず，複数診療科の医師（以下，Dr）や救急救命士がグループを作り，ありとあらゆる傷病に即応する体制をとっている。看護師（以下，Ns）は，Drの指示を受けながら診療補助にあたり，患者・家族の身体的・精神的ケアを行う。その間，臨床検査技師がさまざまな検査を行い，薬剤師が必要な薬剤を準備する。場合によっては，感染症や創傷ケアなどの専門の認定看護師や，リハビリテーションを行う理学療法士，社会資源を使って支援する医療ソーシャルワーカー（以下，MSW）なども関わる。そのなかで，心理援助者に担える役割は何か。それは心理援助者もあくまでも医療チーム（以下，チーム）の一員であることを前提として考える必要がある。一例としてA氏の事例を紹介したい。

II 事例——海外で交通事故に遭い重傷を負ったA氏

A氏（30代半ば，男性，未婚）は海外で生活していたところ，バイク走行中にバスの車輪の下敷きになる交通事故に遭い，重症多発外傷のため現地の病院で集中治療を受け，約1カ月半後に日本の病院へ転院となった。帰国当初は，骨盤骨折，背部の大きな皮膚欠損創，人工肛門があり，意識はクリアだがほぼベッド上安静の状態であった。家族構成は，日本に両親，兄，弟がおり，帰国の準備や日本での受け入れ先病院の手配は両親が行った。

センター入院開始時には，海外からの転院のため資料に不明な点が多く，まず全身状態の把握のため検査が行われた。入院から1週間後，不眠と事故時の情景のフラッシュバックの訴えがあったこと，長期の入院生活が見込まれることから，精神科コンサルトと同時に，心理援助者も介入することになった。海外ではあったという幻覚や幻聴，痛みの訴えはなかった。この時点で，Drより本人と家族へ，今後歩行可能かどうかはわからない状態であること，まずは検査により検出された多剤耐性菌をなくす処置をしていくことが説明された。A氏は穏やかな表情で冷静に説明を聞き，両親は不安を示しながらも「日本で治療を受けられるようになって，本当に安心した」と話された。以後，両親は毎日面会に来られていた。心理援助者は痛みや睡眠の具合を確認しながら，事故や海外での生活について話を伺った。

入院3週間後あたりから，腹部，背部などの痛みの訴えが出始め，これ以降ずっと痛みとの闘いが続くことになった。この頃，人工肛門のため障害者手帳の申請をする話が出た。A氏からは「変化が見えない。先も見えず，イライラする」「でも，しかたがないから我慢している」と気持ちを抑圧している言葉が聞かれるようになってきた。入院5週間頃には，A氏とNsが言い合いになることがあったり，後頭部に数カ所の円形脱毛症が見つかったりした。そこで，病棟内ケースカンファレンス（以下，病棟CC）が開かれ，増悪する痛みへの対処法や，精神的な苦痛へのサポートが検討された。

入院7週間後，A氏より処置後に夢か幻覚を見たと報告があった。「（痛みを）我慢しているのが伝わらない感じ……しょうがない」「（スタッフと）一線があるように感じる」という無力感や孤独感が語られた。心理援助者はA氏の思いを受けとめ，〈痛みや気持ちは本人が感じるもの。よかったら教えてほしい〉と伝えた。すると「昼間の時間は"人として"起きて何かしたい」「冗談とか面白い話をするのが自分らしい。それができないのが寂しい」と語られたので，病棟CCで相談し，生活リズムをつくり，コミュニケーションをとるなどして，A氏らしく生活できるよう考えていくことになった。

入院12週間後，痛み止め，睡眠薬を変更。A氏は「前は何もしたくなかったけど，人と話そうかな。パソコンやろうかな」「夜，涙が出てくる。過去に何もしてこなかった。何も残せないのではないかと思うと，将来への不安が出てくる」と語った。心理援助者からは〈今はこれまでの自分を振り返る時間になっている。Aさんは制限のある環境のなかで一生懸命やっている〉と伝え，これから自分の意思で自分のことを決めていけるよう支援した。

入院 13 週間後,一般病棟へ転棟した。A 氏は「痛み止めもリハビリも,今のほうが自分の意思でやっている感じがする」「親と話した。何か目的をもって生きてほしいと言われた。これまで不真面目に生きてきたけど,何か考えていかないとね」と語った。入院 17 週間後,他院での形成外科的手術が決まると,A 氏からは両親への感謝と今後への不安が語られた。入院から 131 日目に転院。母親は「大変だったけど,あのとき生きていてよかったと思えるような人生を送ってほしい」と A 氏に言い,A 氏もうなずいておられた。

　その後,他院で背部の皮膚移植術を受け,次に別の病院で人工肛門閉鎖術を受け,A 氏と両親が晴れやかな表情で報告に来院された。後日,A 氏から海外で事故に遭った場所を訪れ,現地で助けてくれた友人や病院のスタッフにお礼を言いに行ったことや,アルバイトが決まって働き始めたことをお聴きした。そして,入院時から書きためておいた記録をまとめた冊子をいただいた。「死ぬかと思ったけど,いろんな人に助けてもらったから今の自分がある。がんばります」と話し,帰られた。

III　救命救急医療における心理援助者の役割

　A 氏の事例では,今後歩けないかもしれない,人工肛門になり排泄もどうなるかわからない,最初は無我夢中だったが次第に痛みも増強していく,といういくつもの先行きの見えない苦難に見舞われていた。そのような状況でも,A 氏が最終的に多くの試練を乗り越え社会復帰されたのは,A 氏の持ち前の力も大きく作用したと思われる。心理援助者としては,チームが日々痛みの対応や処置方法などを検討する傍らで,治療の一助となるよう,A 氏の強みが活かされることを心がけて関わった。A 氏は,人とのコミュニケーションが好きで,自分の状態を言葉にして表現する能力に長けている方であった。話をする過程で,A 氏は次第にそれまでの自分の生き方を振り返り,将来に向けて不安を抱きながらも展望をもつようになっていかれた。本来の自分らしく"人として"意思をもって生きたいという「自律」の思いこそ,厳しい状況でも A 氏が見失わなかったものである。その A 氏の強みと,海を越えてわが息子を助けに行った父親の行動力,両親の変わらぬ愛情と明るく前向きな態度が,治療を後押ししたと思われる。

　A 氏は退院後までフォローする機会を得た珍しいケースだが,救命救急医療では心肺停止で運ばれ 1 回しか関わる機会がないこともあるし,介入の機会さえない場合も多い。救命救急医療は,時を逃さずそれぞれの問題に対応しなければならないが,やろうと思えばありとあらゆることがあり,類型化も難しい。そのため,頭を柔軟に,リアルタイムで次々と何が必要か,その状況にコミットしながら考え進めていくことが必要である。そのときに心がけていることがいくつかある。

（1）基本的に,救命救急センターに搬送される人にとって医療は受け身のものである。どんなにたくさんの医療者が関わっていても,患者は孤独である。先がわからない,身動きできなくてこのまま衰えてしまうかもしれない,ひょっとして治療法がないかもし

れないと思うとき，無力感や絶望感に覆われ，諦めの境地に至ってしまうことも少なくない。自律を失うことがどんなに恐ろしいことか，やりきれない思いに気づき，ともに引き受ける存在としてそこにいることが，心理援助者の役割であると思う。

(2) 治療中でもその人はその人自身である。病気や治療以外の何気ない話から，その人らしさや強みを見つけ，その人の過去，現在，未来をつなぐ一助となりたい。実際にはなかなか先行きが見えず，辛い状況に置かれることが多いが，一緒にわずかながらでも展望の糸口を見つける手伝いをするように努めたい。「他律的な側面の目立つ治療の場において，患者さんも自律的に関わること。一見矛盾するこれら2つの方向性をつなぐ架け橋となること」（稲本, 2012）が心理援助者の役割の一つであると思われる。

(3) 心理援助者としては，あくまでもチームの輪のなかの一人として役割を考える。患者や家族とのやりとりは一対一でも，それが治療全体にどのような意味をもつかを考えて，全体をつなぐ役割を意識する。例えば，身体の問題に付随して経済的な問題が生じ，それが患者の治療意欲を妨げる一因となっていることが，会話のなかから浮き彫りになる場合もある。そのようなときはMSWに橋渡しをするなどして，患者や家族にとって重大な気がかりとなっていることに対応し，できる限り目の前の治療に専念できるよう支援することも，チームの一員としての役割であると思われる。

　救命救急医療では，瞬時の判断で，限られた人数で，しかも前例がないことに常に対応しなければならない。それと同時に，急性期医療のその先にも，患者・家族の生活は続くということを思い描きながら，どのような支援が可能なのかを考える必要もある。本稿では触れなかったが，脊髄損傷で運動機能や知覚に障害が生じたり，脳の損傷によって高次脳機能障害が残ったりする場合も少なくない。自殺企図のケースも後を絶たない。すぐには答えが出ない難しい課題が山積しており，常にケースに向き合いながら考えていく必要がある。医療は決して万能ではない。しかし，そのとき，その場で，それぞれの立場で，真摯にできることを全うするしかない。心理援助者もまた，「人の人生やこころに触れる深い痛みと畏敬を忘れてはなるまい」（村瀬, 2001）という思いで，迷いながらもそこにいることに意味があると思う。

謝　辞

「次の人たちの支援に役立ててください」と事例の紹介を了承してくださったA氏に心から感謝いたします。また，いつも大切なことの気づきへとお導きくださる村瀬嘉代子先生に感謝いたします。

文　献

稲本絵里（2012）救命医療における心理的支援．臨床心理学 12-6；883-885．
村瀬嘉代子（2001）事例研究の倫理と責任．臨床心理学 1-1；10-16．
中村雄二郎（1992）臨床の知とは何か．岩波書店．

論説
過疎地域心理支援

今井一夫 KAZUO IMAI
別海町スクールカウンセラー

I 「なにをやってもつながっていく」
（2011年7月9日（土）22:25送信 注1）

　僻地の実践に耳を傾けていただき，ありがとうございます。私にとっては，あまりに日常的なことなので，かえって，どう書けばいいのかわかりませんが，感じていることを書き連ねてみました。

　この町 注2) で活動してきて，面白いと感じていることは「何をやっても，あちこちで，つながっていく」ということでしょうか。

　まず，私は，臨床心理士として，中学校のSCと教育支援センターの臨時指導員をしています。また，臨床心理士ではない職業として，介護事業所のパート事務員，障害者就労支援サービス事業所のパート事務員をしています。

　これらの（臨床心理士ではない）仕事をすることになったのは，自分から求職したというよりむしろなりゆきで，介護事業を始めた地域の主婦グループの人たちから，退職者の保険手続きを頼まれたり，無認可の共同作業所を運営している方から，法人格を取りたいので役所に出す書類を作ってくれないかと声をかけられたのがきっかけです。

　地域で自主的に活動している方の姿を見たり，話を聞いたりするのがとても面白く，私も何か手伝いたいと動いているうちにこうなりました。たまたま，社会保険労務士の資格を持つ

注1) 陸前高田市での支援活動をきっかけに，自分は自分の暮らすこの町でいったい何をしてきたのか，見つめ直さざるを得なくなり，あれこれ思いめぐらせていたとき，札幌の先輩臨床心理士から，地方での活動について質問を受け，一気に文章化したものです。北海道臨床心理士会研修会で一度紹介しましたが，今回，内容を抜粋し，文言整理を行いました。

注2) 別海町は，北海道のほぼ東端に位置しています。札幌まで，バス・JRを乗り継いで片道約7時間。東京23区の2倍強の面積に人口は約16,000人。1km四方に12人の計算になります。主要産業は，酪農業，水産業。ちなみに牛の数は11万頭を超え，人口の約7倍です。

ていたことや，福祉分野で働いていたことも，役に立ちました。

そのほか，精神障害のある友人とのサークル，絵本や詩の朗読，マイペース酪農の交流活動，他職種の人たちとのフォーカシング・グループなどをやっています。関わる度合いはさまざまで，私自身が企画するものもあれば，参加を誘われたり，手伝いを頼まれて顔を出すだけというのもあります。

これらの仕事や活動をしているのは，次のようなごく当たり前のことが理由です。

(1) 食べていくための経済活動として，否応なく自分にできる仕事をしなければいけない。
(2) 内地から来た人間として[注3]，この町で受け入れてもらうためにも，また自分自身の日常生活を楽しいものにするためにも，地域の活動に参加することは大切である。

ですから，ことさら心理援助活動として考えているわけではありません。それでも，これらの活動が時として思わぬ心理援助的な展開をみせることがあります。それは次のような縁によるものかもしれません。

(1) 私自身が，「一人のまとまりのある人間である」以上，これらのいろいろな活動は，私の中では，おのずから相互につながっているし，私の中でつながることを通して，現実世界においても，つながっていくことになる。また，私が「臨床心理士」でもあることから，これらの活動は，直接的には心理援助と関係がなくても，どことなく心理援助的な意味を帯びてしまう。
(2) 小さいコミュニティの中で，私が臨床心理士であることがある程度知られているため，周りの人も，私の活動をどことなく心理援助の文脈で見ようとする。

II 「つながる活動事例」（同日22:50送信）

ケースをいくつか紹介してみようと思います。

1. 介護利用者家族が自殺したケース

介護事業所の利用者家族が自殺するというケースがあった。ケアマネやヘルパーから，再発を防ぐためにも，自分たちのサービス内容を検証するためにも，事例研究をやりたいという声があがった。

自殺した方が酪農関係者だったことから，マイペース酪農に関わる獣医や酪農家も参加し，パイロットファームなど，農業政策の流れや農協の営農指導のあり方，集落の習慣や人間関係の変化など，さまざまな視点から，その方の生活史をたどることができた。その流れの中で，それぞれのヘルパーがケースへの関わりを改めて振り返るなど，期せずして，デブリーフィングと喪の作業の場となった。

私も，①活用できる福祉制度と利用方法，②

注3) 2003年4月2日（水），大学院修了を機に東京から移住。当時，根室地方には臨床心理士はおらず，働く場所もありませんでした。働き始めたときの私の意識は，「唯一の臨床心理士として，あらゆる問題に対処しなければならない」というものではなく，「最初の臨床心理士として，踏み跡でもいいから道をつけられたら」というものでした。

うつ病に関する知識と対応、③家族や職員のストレス反応などについて発言し、後日、関係ヘルパーへの心理教育が実施された。

2. 不登校生徒と障害者の共同作業のケース

　教育支援センターで、不登校の生徒たちと野菜を作りたいという声があがったので、障害者サービス事業所に声をかけたら畑の一角を貸してもらえることになり、立て札までつくってくれた。

　秋に、お礼を兼ねて収穫したカボチャを持っていったところ、大変よろこばれた。

　その後生徒たちが、この事業所の喫茶室に自然に行き来するようになり、障害者や地域の人とやりとりする機会が増えた（ここまでは、教育支援センター指導員の視点。以下は障害者事業所職員の視点）。

　地域の事業所として、障害者の社会参加の機会を広げていこうと考えていたときに、近所の教育支援センターが関わってきてくれた。中学生と接する機会などなかなかなく、メンバーもいつになくはりきって接客するし、パンやクッキーをおいしいと言って食べてくれるのは、仕事の励みになっている。

3. 障害者雇用の前触れとなったケース

　精神障害のある友人とグループで話をしているうちに、メンバーのひとりがパソコンに詳しいことがわかり、ちょうど、ホームページの立ち上げで四苦八苦していた介護事業所を手伝ってみないか聞いたところ、双方乗り気で、アルバイト料までもらえることになった。

　事業所の職員は、精神障害のある人と接するのが初めてで、最初は怖い感じを持っていたが、一緒に作業する中で互いに慣れ、その後、障害者の雇用を前向きに受け入れていこうという雰囲気が生まれた。

4. ヘルパー養成講座が発展したケース

　介護事業所からヘルパー養成講座「共感的理解」の講師を依頼されたので、絵本サークルに絵本や詩の朗読をお願いしたところ、人の誕生から死までをテーマにしたプログラムを用意してくれた。ハモニカやピアノ演奏なども盛り込まれており、受講者からの評価も高かった。

　絵本サークルにとっても貴重な経験となり、このときのプログラムを土台にしながら、地域で「朗読と音楽のつどい」を行うようになった。

　また、この介護事業所が運営するグループホームに、朗読ボランティアが訪問することになった。

5. 地域の祭りが研修につながったケース

　地域の祭りで、障害者事業所のテントでクッキーを販売していたところ、そのときに店頭にいたメンバーを昔担任していたという先生が来て、「当時、この子たちが将来この町で笑顔で働いている姿は、とてもイメージできなかった」「今、障害のある子ども、その家族の方たちも、みなさんが町の中で生き生きと活動している姿を見ること自体が励みになるし、将来にわたってこの町で暮らしていく支えになると思う」と、クッキーをたくさん買ってくれた。ついでに、私がSCをしていると知り、後日、特別支援教育の研修に呼んでくれた。

一応，このような感じで活動しております。こんなことは，都会や地方など関係なく，普通に生活している臨床心理士であれば経験していることだと思いますが，コミュニティが狭く人口も少ない分，地方のほうが目立つのかもしれません[注4]。

　でも，これを「地域における心理援助活動」というのには，ためらいを感じます。私個人の経歴や家族親戚などの要素もあり，一般化するのは難しいでしょう。ただ，面白いことは確かです[注5]。

[注4] 確かにこの町では，社会資源はかなり限られています。しかし，人間の生活にとって，心理的な支えが本当に必要なものであるなら，たとえ専門機関がなくても，また，ことさら「心理療法」と名づけられていなくても，誰かが何かの形でその機能を担っているのでしょう。僻地での実践のポイントは，日常の相互関係の中で，さまざまなバリエーションで営まれているこのような機能を身近に発見し，触れていくこと，また，そのような動きが生じやすいような自分の状態を地域社会の中で維持していくことにかかわっていると思います。

[注5] 実感としては，このとおりですが，ただ何もしないで縁にゆだねていたわけではないので，そのことを「粘土団子」にたとえて補足しておきます。
「粘土団子」
　福岡正信氏が提唱した自然農法の技術。何種類もの種を粘土と一緒に混ぜて団子にし，あちこちにばらまく。落ちた場所の日当たりや地形，土質，気候，他の動植物との関係などによって，最も適した種が芽を出し，健康に育っていく。どこにどの作物を作るのかを人が決めるのではなく，自然の力がおのずから展開するプロセスに沿っていこうとするもの。団子状にするのは，種をそのまま蒔くと，鳥や虫，乾燥等によって発芽に至らないことがあるため（農業実践によって検証しないまま紹介するのは，不適切なことかもしれません。福岡氏の語りに触れて私のレベルで理解したものだということをお断りしておきます）。

III　自分自身を地域に蒔くこと

　私は，「臨床心理士という一種類の種だけでなく，いくつもの種を抱えた，未分化な全体性を持った粘土団子として，自分自身を地域にばらまいていく」というイメージで，地域活動のモデルを考え始めています。

　落ちた場所で状況をよく見，話を聞きながら，何らかの主体的なプロセスが動き始める兆しや流れを感じ取ろうとする。それに触発されて，ふとしたアイディアや行動が生まれる。関わりが活性化し，具体的な役割や機能が，次第にはっきりしてくる。

　その外見は，必ずしも「専門的」心理的支援の形をとらないかもしれませんが，「動いているものにどこか気づきながら，それをケースとして対象化するかしないかの境界域のあたりで，主体的に関わり続けていく」一連のプロセスは，確かに心理臨床的な営みに通じていると，私には感じられます。

　面白いことに，そうして，あちこちで芽を出したものが，思わぬところで出会ったり，つながったりして，時に予想外の協働が生まれることもめずらしくありません。「協働」の妙味は，実は，前もってコントロールできない，ハプニングのところにあるような気がします。

文　献

稲田尚史, 富家直明 (2010) 過疎地への心理的支援活動. 臨床心理学 10-1；123-129.
今井一夫 (2010) スクールカウンセリングと継続グループ. 臨床心理学 10-4；539-543.

論説

リハビリテーション医療における心理臨床
―― 高次脳機能障害の事例を通して

風間雅江 MASAE KAZAMA
北翔大学人間福祉学部

先崎 章 AKIRA SENZAKI
東京福祉大学社会福祉学部

I 高次脳機能障害と臨床心理士の役割

　人生の途上で障害を負った後,失われた機能の回復と社会復帰をめざす人々に対して,リハビリテーション医療における協働チームの一員として,臨床心理士はどのように貢献し得るのであろうか。本稿では,多岐にわたるリハビリテーション医療の対象のうち,高次脳機能障害をとりあげ,実際の事例を通して,臨床心理士がリハビリテーション医療のなかで,どのように他職種と連携しつつ自らの役割を果たすべきであるかを考えていく。

　高次脳機能障害には,巣症状としての失語症,失行症,失認症が含まれ,国として支援対策を推進する行政上の観点からすると,記憶障害,注意障害,遂行機能障害,社会的行動障害なども加わることになる。脳血管障害や脳外傷等による脳損傷が原因となって生じる高次脳機能障害は,言語,記憶,注意,思考などの精神活動に影響を与え,それによる心理的問題は深刻で広範囲に及ぶ。身体障害とは異なり,本人の心理的問題が他者から理解されにくく,そうした「みえにくさ」が障害の特徴でもある。それゆえ,患者および家族が自らの障害を理解し受容していくうえでも時間がかかり,また周囲の無理解によって大きな心理的苦痛をかかえることも多い。

　一方,わが国ではこの障害に対して臨床心理士が関与している施設は少ない。日本高次脳機能障害学会が2009年に行った全国実態調査では,高次脳機能障害に関わる職種として,医師,理学療法士(PT),作業療法士(OT),言語聴覚士(ST)が関与している施設が全体の70％を越えていたのに比べ,臨床心理士は15.7％であり,高次脳機能障害に対して行われている医療サービスとして,認知リハビリテーションや心理療法を行っている施設は半数以下であった(種村ほか,2011)。

　リハビリテーション医療の現場では,高次脳

機能障害により言語や記憶などの精神活動に支障を来した人の多くは，受障当初より精神的に混乱し，抑うつ，不安を含め，多様で深刻な心理的問題が生じ，希死念慮から実際に自死に至るというケースもある。

以下では，限局性の脳病変により失語症を呈した高次脳機能障害の事例を示す。この事例は，先崎自身が主治医として医学的治療と心理療法を行った症例であり（先崎，2011），コメディカルとして，入院中はPT，OT，STが，外来通院時にはSTが関与し，臨床心理士の関与はなかった。本事例の検討を通して，臨床心理士がもし医療チームの一員として協働する機会を与えられたとしたら，どのような役割を果たしうるのか考察したい。

II 事例

事例は50歳代女性，夫に先立たれ，娘と二人暮らしをしている。右片麻痺と意識障害にて発症し，左被殻出血と診断され，A病院で血腫除去術が行われた。その後リハビリテーション目的でB病院へ転入院し先崎が主治医となった。MRIによる画像診断では，左基底核が大きく損傷し，左半球中心前回，島，上側頭回後部に及ぶ脳損傷が認められた。右上肢は廃用手レベル，表在感覚，深部感覚共に鈍麻があり，重度失語症が認められた。STによる言語症状の評価に対して拒否を示し，正確な失語症検査は行われなかったが，聴理解は単語レベル，話す面と書く面ともに重度の障害があり，保続や錯語が現れ，単語レベルの表出も困難であった。レーヴン色彩マトリシス検査では，知的側面の低下は認められなかった。PTによる身体機能回復訓練には積極的に取り組み，リハビリテーションの経過で改善が認められ，短下肢装具を装着して杖歩行が可能となり，発症6カ月に退院し自宅に戻った。

退院後は，通所デイサービスを拒否し外出をせず自宅にひきこもりがちになり，家族が不在のときに頻回に電気コードや服のひも，ストッキングで自分の首をしめるようになった。首にのこった跡に家族が気づき，外来受診した。医師からの問いかけに対して言葉による返答はなく，下を向いて時に曖昧にうなずくのみで，視線を合わせることも避けた。表情は暗く，不眠と食欲低下もあり，うつ状態とみなされたため，抗うつ薬による薬物治療を続けていたところ，肝機能障害の悪化や本人の拒否により薬物治療を中止せざるを得なくなった。

外来受診の経過において首をしめる行動は続いていたものの，表情に穏やかさが見えるようになってきた。発症から1年を過ぎていたが，医師とのやりとりにおいて，重度の失語症により自分自身の意思や感情を言葉で伝えることができないことへの苛立ちや右半身麻痺の姿を受け入れられない苦しみが，ジェスチャーで伝えられた。そこで，発症1年4カ月時より，STによる言語療法と並行して，2週に1度，医師が箱庭療法を2年間行った。医師は精神科医でありリハビリテーション科医でもあったが，箱庭療法の実践経験はほとんどなかった。

箱庭療法は，家族同伴で自由に行うというかたちでリラックスした雰囲気のなかで行い，毎回作成した箱庭をポラロイド写真にとり本人に渡した。当初の作品は，いくつかの草木が置かれるだけで，同席していた家族が人形をおいて

も本人が草木以外の物を置くことはなく，エネルギーのないやるせなさがうかがえる造形内容であった。しかし，回を重ねていくうちに，建造物，さらには人形や動物も配置するように変化していった。

箱庭療法開始1年後には，テーブルを囲んで3つの椅子を並べ，コミュニケーションへの渇望を表現しているように見えた。また全体を柵で囲っており，これは自己の内面を外界から守り平静を保ちたいという思いを表しているものと思われた。さらに回を重ねると，箱庭に並べる人や動物，家具等の量が増え，箱庭全面を使用したダイナミックな作品に変化していった。一方で，非利き手の左手のみでミニチュアを置く際に，秩序正しく正確な位置へと何度も置き直すことが増え，本人の完璧をめざす姿勢とこだわりが自身を苦しくすることに繋がっているように見えた。そこで，医師は物や形はありのままで良いというメッセージを込めて，あえて無秩序に列を崩して置いてみるという作業を共にした。

家族も共に箱庭療法を行うことで，言葉以外の方法で思いを伝え合うことができるという感覚を生み，日常生活でも他者との交流をもつことへの意欲に繋がり，箱庭作品においても柵がなくなった。箱庭療法を開始して2年後，本人の表情は生き生きしたものへと変化し，視線を合わせることができるようになり，首をしめる行動も消失したため，箱庭療法を終了した。

Ⅲ　チーム医療における協働をめぐる考察

上の事例は重度の失語症と片麻痺があり，首をしめる行動の背景にある心理を医師が把握し，非言語的な表現療法としての箱庭療法が適用された。言語によるコミュニケーションができない本人の気持ちを汲み取るために，悪戦苦闘し続けるなかでの試みであった。セラピストである医師が箱庭に表現されたクライエントの精神世界のありようを深く洞察し，ありのままを認めるというメッセージをこめて作品の制作活動を共にし，クライエントに寄り添い続けたことにより自殺予防に繋ぐことができた。本人と家族の両方を含めた箱庭療法が継続して行われる経過で，感情の表出や情緒的交流が促され，身体的心理的な障害受容が進み，新たな自己の再生に繋がる可能性が生み出されたのではないかと考えられる。

では，この事例に臨床心理士がリハビリテーションのチーム医療の一員として加えられた場合を想定して考察したい。医学的機能評価，目標設定，リハビリテーション治療計画および処方によって心理職に求められたアセスメントやセラピー等を遂行し，その結果を速やかにかつ的確にチームに発信するという基本的な役割を果たすうえで，他職種とのコミュニケーションを密にし，クライエントがことばで表現できない内面を理解していくことが重要であることはいうまでもない。

アセスメントの段階では，失語症の評価はST，身体機能の評価はPTとOTが行うが，心理アセスメントについては臨床心理士が行うことになる。重度の失語症によるコミュニケー

ション場面での心理的負荷が大きいクライエントの場合，失語症状の詳細な評価や有効な非言語的コミュニケーション手段，意思疎通のための留意点など，STからの情報や助言を受けたうえで，臨床心理士は，クライエントの緊張を和らげるリラクセーションを念頭に置きつつ，短く平易な言葉を使用しながら，表情，ジェスチャー，アイコンタクト，姿勢，描画（図示）などの非言語的手段の併用など工夫をこらし，不安や抑うつを含めた心理面の把握に努める必要がある。

心理療法を行うにあたって，クライエントの非言語的情報を確実に受け止め，状況によっては身体に触れる，肩や背中をさする，手を握るなどの身体を通したかかわりを取り入れる。その際には，PTやOTから身体機能にかかわる情報と助言を受けることが，リスク管理のうえでも有効である。本事例では箱庭療法が適用されたが，特定の理論や技法にこだわらずに，クライエントの現実生活に合わせて多面的なかかわり方を工夫する心理的援助（村瀬，2007）が，言語障害をもつクライエントへの心理臨床においてはますます重要となるであろう。また，臨床心理士は，クライエントとかかわるなかで把握した心理的側面の問題や変化を，言葉で自ら発することができないクライエントの代弁者としてチームに伝える役割ももつ。

本事例では箱庭療法に家族が共に参加したことがクライエントの安心と自信回復に繋がった。また同時に家族にとっても，二人暮らしをしている親が言葉で表現できない感情や思いを知り，コミュニケーション成立のための手掛かりを得るきっかけとなったと考えられる。高次脳機能障害は当事者のみでなく，家族にとっても障害を理解し受け入れることが難しく，家族への心理的支援をあわせて行う必要がある。

注意障害，記憶障害，遂行機能障害，社会的行動障害などの認知障害がある場合，臨床心理的アプローチに加えて，認知リハビリテーションの適用が検討される（Sohlberg & Mateer, 2001 ; Wilson & Moffat, 1992など）。本稿では認知リハビリテーションについては紙幅の都合上十分にふれることができないが，臨床心理士が他職種と協働しつつ，神経心理学，認知心理学，認知神経心理学，そして臨床心理学の素養をもって，学際的観点からクライエントのさまざまな精神機能の回復に貢献し得る新しい領域であると考える。このような領域における実践例として，大倉ほか（2006）は，低酸素脳症による重度の記憶障害を呈した事例に対して，構造化した認知リハビリテーションと描画法（スクイグル）を用いた心理療法とを行い，クライエントの主体性の回復と認知機能の改善を促したことを報告している。高次脳機能障害のリハビリテーションにおいては，医師，看護師，PT, OT, ST，および臨床心理士などの多くの専門職が，それぞれの専門的立場でのアセスメントやセラピーを実践すると共に，協働するチームとして課題を共有し，多面的理解をセラピーに活かすことにより，クライエントの「全人的」回復に近づくものと考えられる。

以上，本稿では，主に重度失語症を呈した高次脳機能障害の事例を通して，リハビリテーションにおける心理士の役割について，協働の観点から考察した。

最後に，整形外科医として働くなかで，記憶や空間認知などの部分で高次脳機能障害を負った山田（2009）の著作から引用したい。

こうした障害をもっている場合，当然，からだの養生や医学管理が欠かせない．毎日の暮らしに必要なさまざまな行動にはたくさんの注意点や対応法が必要といったことになりますが，それ以上に大事なことは，生きていく意志をもつために「私」が壊れてはいけないということです．だから本人の努力が大切な一方で，目にははっきり見えないこの障害をもつ本人に対して，落ち着いて，注意深く，そしてやさしく向き合ってくれる家族や友人，そして医療やリハビリの専門家や介護の人々の存在が欠かせません．（中略）脳の働きの中身という目に見えないものを知ろうとする"想像力"を備えた人たちの存在が鍵になります．とても根気のいる，大変な仕事だろうと思います．けれども，傷ついた脳の中にも心はあり，言葉のない人にも心があるということを忘れない人たちに出会えるということは，高次脳機能障害をもつすべての人たちの願いではないかと思えるのです．

医師であった山田が，高次脳機能障害をもつ当事者として訴えるこのメッセージには多くの貴重な示唆がこめられている．それは，ほかならぬ「私」という存在への明確な意識，障害の「みえにくさ」を想像力をもって理解してほしいという願いである．協働するチームの一員であるそれぞれの専門職が，山田のいう"想像力"を駆使して理解したところについても分かち合うことが重要であり，「みえない」障害をもつ患者の理解と有効な支援に繋がると考える．

文献

村瀬嘉代子（2007）統合的心理臨床への招待．ミネルヴァ書房．

大倉京子，繁野玖美，登坂めぐみ，里居峰子，矢野円郁，三村將（2006）低酸素脳症による健忘症候群を生じた一例に対する認知リハビリテーション――心理的側面に関する考察．In：認知リハビリテーション研究会＝編：認知リハビリテーション．新興医学出版社，pp.21-31．

先崎 章（2011）精神医学・心理学的対応リハビリテーション．医歯薬出版．

Sohlberg MM & Mateer CA（2001）Cognitive Rehabilitation : An Integrative Neuropsychological Approach. The Guilford Press.（尾関 誠，上田幸彦＝監訳（2012）高次脳機能障害のための認知リハビリテーション――統合的な神経心理学的アプローチ．協同医書）

種村 純ほか（高次脳機能障害全国実態調査委員会）（2011）高次脳機能障害全国実態調査報告．高次脳機能研究31-1；19-31．

Wilson BA & Moffat N（1992）Clinical Management of Memory Problems. 2nd Edition. Chapman & Hall.（綿森淑子＝監訳（1997）記憶障害患者のリハビリテーション．医学書院）

山田規畝子（2009）高次脳機能障害者の世界――私の思うリハビリや暮らしのこと．協同医書．

実践領域に学ぶ
臨床心理ケーススタディ

論説
教員とのケースカンファレンス

伊藤美奈子 MINAKO ITO
奈良女子大学

I　はじめに

　学校現場において対応すべき問題が複雑化し，教員が抱える事例も難しくなっている。教育という領域に関する専門性に加えて，心理臨床や福祉などの知見が必要とされるケースも少なくない。そんな状況のなか，大きなニーズが指摘されるのが教員を対象としたケースカンファレンスである。教員とのケースカンファレンスについては，次の2つの場合が考えられる。一つは，教員研修として実習形式で行われる〈学びとしてのカンファレンス〉。そしてもう一つが，校内研修としてスクールカウンセラーなどがファシリテーターとして行うことが多い〈実践としてのカンファレンス〉である。以下では，主に後者に焦点づけて論じてみたい。

II　校内研修会の心構え

　まず，スクールカウンセラーなどが校内で研修（ケースカンファレンスを含む）を行うときに配慮すべきことを挙げてみよう。

①学校現場では，教育実践に即役立つことが求められる —— 教員は目の前の子どもの理解やその対応に苦慮している。心の教育に即効性を求めることは難しいことを押さえた上で，目の前の問題解決に資する内容を提供できるよう努めたい。
②その学校を知る —— 研修に先立って学校の実態（学校の教育方針，子どもたちの様子，保護者の教育観，教員の意欲など）をアセスメントすることが必要である。
③教師という専門性の枠内で行う —— 教職員対象の校内研修会は，心理臨床の専門家を対象とするものとはおのずと異なる。学校という場で，教員の専門性を生かし，教員

という役割のなかで行えることを大切にした内容を心がけたい。

④専門用語を多用しない──心理臨床の専門知識が求められることは多いが、専門用語を多用することで、内容が正しく教員に伝わらなかったり、教員との間に溝を作ったりという恐れがある。できるだけ共有できる言葉で伝えることが望ましい。

⑤現実の子どもを思い浮かべられるような展開を心がける──教員は、実際の子どもがイメージできる現実的な話を求めている。

以上のことを心がけ、学校現場のニーズに合った研修を行うなかで、その研修が教員による相互理解と問題解決の場になるよう努力したいものである。

Ⅲ　ケースカンファレンスの実際

次に、教員とのケースカンファレンスの進め方について考えてみたい。教員の目の前には、常に気になる生徒がいるものである。そして、その内容も多岐にわたる。「どうしてこの子は学校に来られないのだろう」「どうしてこの子は反抗ばかりするのだろう」「この子の行動に対しどうかかわればいいのだろう」等々、日々悩みは尽きない。ある生徒一人を取り上げて、その子をどう理解し、どのように対応すべきか検討する機会を持つことは、教員の指導力ややる気の向上にとっても非常に有効である。

通常、臨床心理学の領域で行われるケースカンファレンスでは、ある個人のケースについて多面的で詳細な資料を収集し、それを分析・検討することを通して個人の理解を深め、その対応に生かしていこうという方法を採る。しかし学校現場では、心理臨床の現場で行われているケースカンファレンスをそのまま行うのは無理がある。多忙な教員には、詳細なレジュメを用意する時間もない。そこで、教育臨床の現場では簡略化した方法が開発され実践されてきた。その一つにインシデント・プロセスと呼ばれる方式がある。これは、「概要説明→情報収集のための質問→主訴・原因についてのグループ討論→発表→対応策についてのグループ討議→発表→指導助言とまとめ」という段階で、各々10～20分で進めていく。この方式によると、参加者全員が討議に参加でき、共通理解を深めるという効果が期待される。

この方式を、より学校現場に即した形で発展させたものにSCP方式（鵜養, 2000）がある。第Ⅰ段階「教師の専門性を尊重した生徒理解」では、参加者の質問を積み重ねて〈生育歴〉〈家族歴〉〈パーソナリティ特性〉〈対人関係の特徴〉〈本人の立つ段階〉〈病理〉などの観点についてイメージを作っていく。第Ⅱ段階「組織的な関わりが見える検討」では、その生徒に必要と思われる援助・指導の方法（見立て）が検討される。さらに、それによりどのような影響があるかという見通しについて話し合う。第Ⅲ段階「シミュレーションによる検討」では、この見通しを実現するための具体的な手立てがシミュレーションされる。その一つとして、ロールプレイなどが採用されることもある。この手順により、参加した教員が生徒理解を深め、具体的な見立てと見通しを立てるなかで利用可能な校内資源を確認することもできる（鵜養, 2000）。ただし、学校現場で実践する際には、従来の方

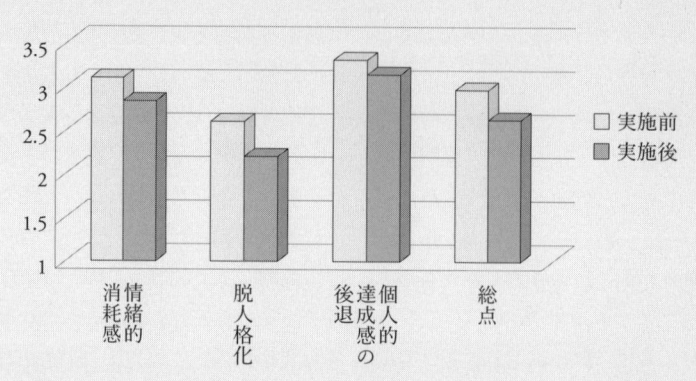

図1　インシデント・プロセスの効果（新井（1999）より作図）

法にこだわらず，学校の状況やニーズに合わせて柔軟に行うことも大切であるといえる。

IV　インシデント・プロセスによる効果

教員参加で行うインシデント・プロセスによるケースカンファレンスには，上記のように教員自身の児童生徒理解や問題解決に資する効果が大きいことが確認されてきた。他方，インシデント・プロセスが持つもう一つの効果に注目したのが新井（1999）である。インシデント・プロセスによるケースカンファレンスに参加した現職教員40名を対象に行った研究結果によると，生徒指導・支援における問題解決能力の向上ばかりでなく，一人ひとりの教師の孤立を防ぎ，心理的な対人交流の面でも効果があること，さらに，図1に示したように，ストレス軽減効果を持つことが明らかになった（新井，1999）。参加者一人ひとりが「当事者」の立場に立って知恵を出し合うなかで解決の方向が見えたり，みんなが一緒に考えてくれているという状況そのものが悩む教師の支えになったりした結果であろう。

教員が対応すべき「問題」が多様化・複雑化し，家庭や地域社会から期待される教員や学校への期待も大きくなるなか，教員の肩にかかる重荷はどんどん大きくなっている。「自分の手で何とかしたい」という思いから，クラスの問題を抱え込んでしまい，気が付いたら一人で解決できないくらい大きくなっているということも少なくない。とりわけ教員は，"一国一城の主"であり，その教室は，ややもすると密室化しやすいという危険性をはらんでいる。教員のプライドや勤務評定への気遣いから，教室のなかの問題を一人で抱え込んでしまうこともあるだろう。教員自身が自らを開き，自らのクラスを開くということは，決して容易なことではない。こうした負の連鎖を断ち切るためにも，職場の同僚や管理職への信頼感が不可欠である。互いのミスを共有し庇いあえる精神的な余裕も必要だろう。教員一人一人の自信と勇気は，学校全体の信頼関係と協力体制に支えられてはじめて身につくものではないだろうか。教員全体で一人の児童生徒が抱える「問題」や，教員としての苦労と対応方法をみんなで共有しつつ，知恵

を出し合って考えるというケースカンファレンスのスタイルは，教員を支え，教員全体の協力体制を作るだけでなく，その成果が必然的に子ども自身に返っていくものであると考える。

V　さいごに

最後に，校内でケースカンファレンスを行う際の留意点を述べておく。まず，守秘の大切さを参加者全員に理解してもらうことである。参加者には，職員室での雑談とは違い，事例研究の場そのものが特別な意味を持つ空間であることの理解を求めたい。配布資料に番号を打ち，最後に回収するという方法を採れば，プライバシーを厳守しなくてはならないという意識も伝わりやすい。事例提供者が批判されない雰囲気を作ることも大切である。もし，望ましくない対応が明らかになったときも，その教員がそうせざるを得なかった状況を理解し，今後どのように対応すればいいかを前向きに検討するという方向を採るべきであろう。スクールカウンセラーから「こういう見方もできるのでは？」というように「もう一つの視点」を提供することにより，教員が行き詰まりから解放されることもある。見立てにしても見通しにしても，その学校の現状と生徒の実態を踏まえたアドバイスでないと，その後の対応（次の一歩）には活かしにくい。すべての基本は，その学校の実情，子どもたちの実態，そしてその背景にある地域の特徴を知り，教員と一緒に考えていこうとする姿勢にある。

文　献

新井 肇（1999）「教師」崩壊――バーンアウト症候群克服のために．すずさわ書店．

伊藤美奈子（2006）子どもを育む．In：秋田喜代美, 佐藤 学＝編：新しい時代の教職入門．有斐閣，pp.81-102.

鵜養美昭（2000）SCP方式による事例検討会．In：安香 宏, 村瀬孝雄, 東山紘久＝編：臨床心理学体系20――子どもの心理臨床．金子書房．

実践領域に学ぶ
臨床心理ケーススタディ

論説

ケーススタディ
――アディクションの症例

今村扶美 FUMI IMAMURA
独立行政法人国立精神・神経医療研究センター病院
リハビリテーション部心理室 主任心理療法士

松本俊彦 TOSHIHIKO MATSUMOTO
独立行政法人国立精神・神経医療研究センター精神保健研究所
薬物依存研究部 診断治療開発研究室長／
自殺予防総合対策センター 副センター長

I　はじめに

　2005年よりわが国では，医療観察法に基づき，重大な他害行為におよびながらも精神障害が理由で心神喪失・耗弱となった者に対して，裁判所や保護観察所の監督下で専門医療を提供するという治療システムが施行されている。

　この制度においては，原則としてアルコールや薬物の乱用・依存といった物質使用障害は治療の対象として想定されてはいない。というのも，物質使用障害はそれ単独では心神喪失・耗弱の問題とならないからである。しかし，統合失調症など他の精神障害に併存するかたちで物質使用障害が認められる患者は，一般の精神科医療よりもむしろ数が多く，このような重複障害ケースの場合には，退院後の再他害行為のリスクは通常よりも高いと判断され，治療的介入の対象となる。

　我々は，こうした患者の物質使用障害に対応するために，2005年より医療観察法病棟において薬物・アルコール問題を介入のターゲットとしたプログラムを実施している。今回提示するケースは，実姉殺害により医療観察法病棟に入院してきた，統合失調症と薬物依存との重複障害の患者である。

1. ケース

ケース：A，30歳，男性
診断：統合失調症，物質使用障害

2. 入院までの経過

　ケースは，裕福な家庭に育ったものの，幼少期に母親は病死し，20代半ばには父親を病気で喪っていた。しかし莫大な遺産があり，成人後も就労せずに10年近くにわたって昼夜逆転して遊び三昧の生活を続けていた。彼の毎日は，夜になるとクラブに出かけ，マリファナを吸いながら夜通しクラブに入り浸り，朝帰宅すると

大量のアルコールを煽って眠りにつく，というものであった。彼には，母親代わりに彼の生活の世話をする実姉がおり，このような自堕落な彼の生活態度を再三注意していたが，彼はまったく聞く耳を持たなかった。

20代後半になる頃には，薬物使用の弊害が目立ってきた。マリファナを使用すると被害妄想が出現する一方で，使用を控えると怒りっぽくなり，周囲に対して乱暴な言動が目立つようになった。こうした粗暴さは飲酒するといっそうひどくなった。さらに事件の1年前より，薬物使用の有無に関係なく，「狙われている」「盗聴器が仕掛けられている」「サイレンの音がする」といった幻覚・妄想を示唆する発言が多くなった。

そして30歳時のある日，「殺し屋が来た。殺し屋に姉が狙われている」という妄想に支配されて著しく混乱し，「殺し屋に殺されるくらいなら，先に自分が殺してあげたほうが幸せだろう」と思い込んで実姉を刺殺し，医療観察法病棟に入院することとなった。なお，精神鑑定における彼の診断は，まず刑事責任能力減免の理由となった精神障害として統合失調症があり，それに併存するかたちで物質使用障害にも罹患しているというものであった。

3. 入院後の経過（1）
── 治療開始からその行き詰まり

医療観察法では，患者一人につき5職種6名の多職種がチームで治療を担当するシステムが採用されている。具体的には，医師による統合失調症に対する薬物療法，心理士による各種心理療法，看護師による生活指導と疾患教育，作業療法士による各種作業療法，精神保健福祉士によるソーシャルワークというように，その治療は包括的，統合的な内容を持っている。本ケースの場合，担当心理士が提供した治療は，個人心理療法と，認知行動療法の基本について学ぶ「認知行動療法入門プログラム」といった全患者共通のメニューに加え，「物質使用障害治療プログラム」であった。なお，この「物質使用障害治療プログラム」は，心理士が運営責任者となって，週1回開催されるワークブックを用いたグループ療法と，月3回開催される薬物・アルコール問題の自助グループによるメッセージから構成されている。

Aとの治療は当初，困難をきわめた。統合失調症に罹患していたものの，幻覚・妄想などの陽性症状は薬物療法にきわめてよい反応を示し，入院直後にはほぼ消退していた。しかし，それにもかかわらず，Aは薬物療法の効果を認めず，服薬に抵抗した。また，「物質使用障害治療プログラム」でも消極的な参加態度が顕著であった。マリファナやアルコール使用そのものは認めながらも，「自分は依存症じゃない。退院したらもうしないから大丈夫」と，プログラムの必要性を否定し，その一方で，「マリファナの安全性」を力説するなど，プログラムの場を混乱させる言動も少なくなかった。

さらに個人面接の場面では，「困っていることは何もないです」の一点張りであった。ひとまず入院に至るまでの生活歴を聴取しながら，共有できる治療課題の掘り起こしを試みたが，人を自分の内面に立ち入らせまいとする警戒心が強く，やりとりは表面的な内容に終始し，自らの感情を語ることはまれであった。これには，自らの感情を意図的に隠しているだけでなく，

そもそも自らの感情や内的変化に対する気づき，あるいは言語化といったものが非常に不得手であることも関係しているように思われた。また，生活史の振り返りにあたっては，早くに亡くなった両親，あるいは被害者である姉など家族に対する陳述が，あまりにも肯定的である点がかえって不自然と感じられた。

こうした態度は，心理士だけでなく，すべての病棟スタッフに対して見られるものであった。Aは，スタッフのちょっとした声かけに対して，不機嫌な，あるいは拒絶的な態度を示した。こうした態度に加えて，各種治療プログラムにおいて消極的な態度を取り，自らの問題を否認し，薬物使用を肯定するような発言をするなど，治療妨害的な態度が繰り返されるなかで，病棟スタッフはAに対する陰性感情を強め，なかには，「統合失調症」という彼の診断名にも疑義を抱き，「むしろ物質使用障害による一過性の急性精神病による幻覚妄想があったにすぎず，このケースの主たる問題はパーソナリティ障害ではないか」という意見を主張する者もいた。

4. 入院後の経過（2）
――入院中の暴力が治療のターニングポイントに

入院半年後には，突然，Aは夜通し覚醒している昼夜逆転パターンとなるなど，深刻な生活リズムの乱れを呈するようになった。背景に精神状態の悪化があるのではないかと推測したスタッフは，彼の体調や精神状態を気遣って，さまざまな方法で彼にアプローチを試みたが，Aは苛立った形相で，「大丈夫」「調子はいいです」などの表面的な言葉でスタッフの関与を拒んだ。そしてあるとき，Aは，本人の様子を気にして声をかけたスタッフに殴りかかるという暴力行為におよんだ。

この暴力行為を機に，各種の治療プログラムへの参加は一旦すべて休止とし，精神状態の再評価と薬物療法の変更も含めた，治療全体の見直しが行われた。その結果，今回の暴力は統合失調症の再燃によるものであり，拒絶的な態度や生活リズムの乱れはその前兆であったことも確認された。

治療の立て直しが功を奏し，1カ月後には精神状態は安定化した。この頃より，心理士との面接を再開した。実は，休止したすべての治療プログラムを再開するにあたって，本人が「最初にこれからやりたい」と選択したプログラムが，心理士による個人面接であった。再開後の面接においてAは目覚ましい変化を示した。それまで否認していた自らの感情についても語るようになり，たとえば，先日の病棟内での暴力の背景には，抑うつ感やイライラ感の強まり，周囲に対する被害感といった精神状態の悪化があったこと，それにもかかわらず誰にも相談しなかったのは，相談することで，かえって退院が延びるのではないかという危惧があったことなどを告白した。

面接の場では，こうした告白を意義あるもの，治療の前進を意味するものと評価し，「自分の不調やつらい感情をスタッフに報告することはよいことである」と伝え，Aが自分自身のことを報告するたびに，まずは「報告したこと自体を支持，称賛する」という態度で率直な発言を促した。そうしたやりとりを重ねるなかで，本人なりに，今回の病棟内での暴力と同様のプロセスが，入院の原因となった他害行為の際にも存在していたことに気づき，「不調を報告する」

「早めに相談する」「スタッフに助けを求める」というスキルこそが重要であることに気づいた。

またAは，入院当初とは異なる視点から自らの生活史を語るようになった。幼少期，父親による暴力がつらかったこと，父親の暴力を学校の教師に相談したところ，そのことを知った父親がさらに激怒して暴力を振るわれたこと，しかしその一方で，中学生になってからは，むしろ自分自身が父親に暴力を振るうようになったこと，20代半ばで父親が病死した際，父親に対する怒りと自責感で混乱したこと……などなど。

このような面接を契機として，Aの治療参加態度は以前とは大きく変化したが，本稿では，特に「物質使用障害治療プログラム」での変化に触れておきたい。プログラムでは，自分の薬物使用の歴史を振り返り，「やっぱり自分はひどいジャンキーだった」と自らの薬物依存を認めるようになり，自助グループのメッセージでも，自助グループのメンバーに積極的に交流するようになった。やがて「自分にはアルコールの問題もある」と語るようになり，自ら抗酒剤の服用を申し出た。

現在，彼は退院し，地域で通院とデイケア通所を続ける傍ら，薬物依存者の自助グループにも参加し続けている。まもなく，クリーン（薬物を使わないでいる時期）2年目を迎え，自助グループのメンバーとして病院や施設にメッセージを運ぶ側になっている。

II 考察

物質使用障害は単独でも暴力の危険因子であるが，統合失調症などの精神障害に併存する場合には，暴力のリスクは著しく高くなる。したがって，医療観察法による医療において，我々が開発した「物質使用障害治療プログラム」は重要な意義を持つ。

しかし，単に紋切り型のプログラムを実施すればそれで事足りる……というわけではない。注意しておくべきなのは，物質使用障害が併存する統合失調症患者に見られる2つの特徴である。一つは，陰性症状が少なく，人格水準に低下が目立たない分，薬物乱用者との交流の歴史で築いた行動様式が前景化し，医療スタッフの陰性感情を刺激しやすいという点である。そしてもう一つは，幼少期に虐待やいじめといった過酷な体験をするなかで，基本的信頼感や援助希求能力が失われている者が多く，ともすれば感情的苦痛や精神障害の症状に対して精神作用物質で不適切な自己治療をしてしまう傾向がある，という点である。

治療にあたっては，特に後者の問題に配慮することが重要である。患者の多くは，「援助者に助けを求めたり，つらい気持ちを正直に語ったりすることは，自分の立場を危うくする」と信じ込んでいる。この信念を変化させなければ，いかなるプログラムもその機能を十分に果たすことはできない。その意味では，本ケースの場合，心理士による個人面接が「安全な場所」として機能し，本人の不適応的な信念を揺り動かし，新しい価値観へと心を開いていく契機となったように思われる。

実践領域に学ぶ
臨床心理ケーススタディ

論 説

災害被災地支援

成井香苗 KANAE NARUI
白河・郡山メンタルサポート

I はじめに——震災と原発事故により福島県民が置かれた心理社会的状況

　福島県は，東日本大震災において東京電力福島第一原子力発電所の事故により，放射性物質の飛散と沈着がおき，人々の健康を何十年も脅かし続ける事態となった。特に幼い子どもほど放射線被ばくの影響が大きく，子育て世帯は子どもの健康不安に大きく揺れ，県外へ自主避難した家族も少なくなかった。原発から20km圏内の警戒区域の住民は強制的に避難させられ，これを合わせると県内外に約16万人が避難したことになり，その内約10万人が県内避難で約6万人が県外避難だった。全県的に余震や放射線不安に揺れるなか，避難者も受け入れ地域も混乱していた。

1. イン・トラウマ

　災害支援においては，災害の危機が去れば安心・安全を確保してポスト・トラウマ（心理的外傷体験後）の支援，すなわちPFA（サイコロジカル・ファーストエイド）や急性ストレス反応やPTSDへの対処，対象喪失反応へのグリーフケアといった心理支援の方略が求められる。しかしながら今回の東日本大震災のように原発事故災害が加わり危機が長期に続く事態になると，安心・安全を確保できずイン・トラウマ（心理的外傷体験の直中）が続き，被災地の臨床心理士として新たな心理支援を工夫する必要も生じている。

2.「曖昧な不安」と「曖昧な喪失」

　低線量被ばくの危機が続くなか，「安全・安心」といった科学的問題でもあり心理的問題でもあるものが保障されず，どの程度危険なのか

わからないという「曖昧な不安」をどう支援するのかが問題となった。

さらに強制避難の人々は，家や故郷は"ある"のにそれを失い，しかも戻れるかもしれないという期待もあり「曖昧な喪失」を引き起こした。避難を免れた低線量汚染地域の人々も，農業や畜産・漁業が制限され，子どもたちは外遊びを制限され，豊かな自然と豊かな実りの生活環境が"ある"のに"失い"，「曖昧な喪失」という曖昧さゆえに諦めきれず克服が困難な問題に直面した。（Boss, 2005）

3. 自己決定──確証のない判断と選択

この地にとどまり子育てをすべきか？　それとも子どもの健康のために県外避難すべきか？

避難して子どもの健康を守るメリットと，新たな生活環境や愛着対象との分離に適応するストレスのリスクのどちらが重いのか？　放射線量は「健康に直ちに問題がない」という評価を信じるか否か？　外遊びをさせるか？　水道水・母乳・地元産食物を飲み食べさせるか？　これら生存に関わる事柄について，確証がないまま住民は判断と選択を迫られることになった。

4. 先の見えない長期避難生活
──アイデンティティの喪失，適応困難，孤独

避難生活は，これまでの地域社会の絆や人生の連続性を切断し，キャリアを失わせ，アイデンティティ喪失の危機をもたらした。いつまで避難生活が続くのか？　今後どこで何をして暮らすのか？　子どもたちは分離不安を起こして親から離れることができず，硬い表情で落ち着かず乱暴な行動が見られた。母子避難家族の場合，二重生活のため経済的な負担は重く，精神的健康や家族の絆を脅かすリスクがあった。

5. 補償問題──地域の絆の分断

この原発事故により賠償金・補償金が支払われ，生活の保障となった。その反面，金額を巡る不公平感を残し，地域コミュニティの絆を傷つけることにもなった。地元住民の間では避難者の「曖昧な喪失」の傷の深さが理解されにくく，補償に頼る避難者の生活に批判が起き，避難者の方も「賠償金のことを聞かれて嫌なので避難者であることを言わないようにしている」と，地域との絆の分断が起きていた。

6. 日常の話題の制限──放射線不安について，避難者であること，東電関係者であること

日常の会話では，話題にしない不文律のようなものができつつある。避難者であることや東電社員家族であることも，知られたくない気まずいことになっている。

放射線不安は，当初その低線量被ばくの健康被害がどの程度か"わからない"ということに反応して，人々は一種のパニックを起こし，いたるところで話題になっていた。次第にその曖昧さゆえに「人によって心配の度合いが違いすぎて，下手に話すと気まずくなるから」と話題にすることを避ける傾向になっている。このような不安の潜在化・遷延化は，私たち支援者の悩みの種だった。

これまで述べたように，未曾有の事態であり家族・地域の絆で乗り越えていくことが望まれ

るのに，むしろその絆によってかえって困難な状況が起きていた。危機が続き「曖昧な喪失」「曖昧な不安」は個人差も大きくなり，他者からは理解されにくくサポートをもらい難いため，問題の解決へ向かえない状況を作っていた。そのため，それに対応した心理支援の工夫が求められた。

II 支援方法の工夫
――「親子遊びと親ミーティング」

前例がない事態を前に，私たち福島県臨床心理士会東日本大震災対策プロジェクトは，これまでの臨床心理士としてのスキルと経験をもとに，乳幼児の親子支援「親子遊びと親ミーティング」を開発し，日本ユニセフ協会の委託を受け活動することになった。

1.「親子遊びと親ピア・ミィーティング」の支援

長期化する避難生活や低線量被ばく不安により，幼い子どもを育てている親ほどストレスが大きく，幼い子どもほど行動が制約されストレスフルであり，心のケアを必要としていた。子どもの心のケアは親の精神的安定が肝要であり，両者の心身の健康を守るのには，地域コミュニティ内でのサポート体制が不可欠だ。私たちは市町村保健所と企画し，臨床心理士と保育士・保健師など（各々2，3人）地域の子どもに関わる専門職が協働して，「親子遊びと親ピア・ミーティング」の支援を各地で月1回程度定期的に行った。それぞれの職種が支援でどのように役割を果たし協働したかを，支援の実施手順に従って以下に述べる。

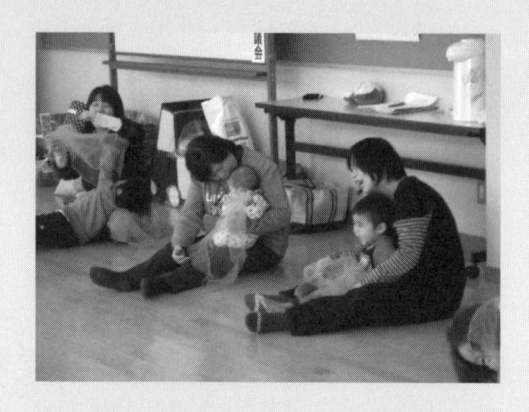

写真1　親子遊び（スカーフ遊び）

①事前準備
(1) 支援対象：未就学乳幼児（0～6歳）とその保護者。市町村保健師が参加を呼びかける。
(2) 会場の設定：地域の保健センターや子育て支援センター，公民館など保健師が設営する。
(3) 開催日時：乳幼児親子がゆとりを持って集まれる時間帯。午前中の方が望ましい。

②実施手順
(1) 受付開始：保健師が名前と年齢を確認し名札を付ける。参加者がそろうまでは自由時間とする。
(2) 事前打ち合わせ：スタッフは全員で当日の支援のスケジュールを確認する。参加者の事前情報があれば共有する。
(3) 始まりの会（5分）：保健師が会の予定と趣旨を説明し参加スタッフを紹介する。

写真2 親ミーティングのリラクセーション　　写真3 スタッフ事後ミーティング

保育士がパペット人形などを用いて参加親子を紹介する。
(4) 親子遊び（約30分）：保育士は親子がストレスを解消し笑顔を取り戻し，愛着と基本的信頼感を確認できるよう遊びを工夫し実施する（手遊び，ひざ乗せ遊び，スカーフ遊び，揺すり歌遊び，よーいドン，仕掛け絵本など）。他のスタッフは進行をサポートする。
(5) 親ミーティング（約60分）：臨床心理士がファシリテーターとなって小グループを作る。リラクセーションを行ってからピア・ミーティングを実施する。他のスタッフも参加し，全員が平等に「今心配なこと，困っていること」「それに対しどうしているか」を語りあう。互いに共感して聴き，放射線や子育ての情報を共有しアドバイスしあう。保育士が託児を担当するが，同室で親から見えるところなので，両者は安心して分離できる。
(6) 終わりの会（5分）：再び保育士により親子遊びを終えるための導入を行う。保健師が会を閉じる。
(7) スタッフ事後ミーティング（約30分）：スタッフが集まり今回の支援を振り返り検討する。遊びは適切で効果的だったか？　ミーティングではどんなことが語られたか？　心配になる子どもや保護者はいたか？　今後はどのような配慮が必要か？　相談機関や医療にリファーし，継続的に個別に対応する必要のあるケースは地域保健師に依頼し，支援が連続性を持つようにする。保健師は，自宅を訪問したり電話で様子を聴いたり，発達相談会に誘ったりして対応する。

2. 支援の効果と課題

①親子遊びにより親子の愛着が回復され，分離不安やストレス反応を起こしていた子どもたちが，笑顔を取り戻し，親と離れていきいきと仲間と遊べるようになり，精神的にも安定した。親もその子どもの様子を見て安心し，子育ての楽しさを感じることが

表　ユニセフ委託——親子遊びと親ミーティングの派遣件数と参加親子の数

	派遣件数	臨床心理士数	保育士数	支援対象数（子ども）	支援対象数（おとな）	支援対象（子ども＋おとな）	ボランティア数
平成23（2011）年	78	149	149	555	902	1,457	37
平成24（2012）年	168	330	385	1,809	1,924	3,733	62
計	246	479	534	2,364	2,826	5,190	99

できた。
② 親ミーティングにより，親たちは受容的な雰囲気のなか普段話しにくい話題（Iの1～6に挙げたほとんどのことが話題になった）を，語りあうことができた。それにより「曖昧な喪失」や「曖昧な不安」が承認され，明るい表情になり，この地で子育てしていく自信を取り戻せた。この支援は，親同士の絆に働きかけてピア・サポート力を活性化して，参加者をエンパワメントしレジリエンス（回復力）を高める体験となったと思われる。
③ 保健師の事後フォローにより，母親がカウンセリングを受けるようになったり，発達相談会に参加したり，保育所に子どもを預けて働くようになったりした。参加親子の状況の変化を察知して，次回の支援では，スタッフの事前打ち合わせで情報を提供し支援に反映する。
④ 親ミーティングを定期的に繰り返すことで，親子の変化や成長を促した。地域の子育てに関わる専門職が協働して，継続的かつ多角的に親子がコミュニティによってサポートされる体制が作られつつある。
⑤ 課題としては，支援が時間もかかり，多くの人を動かし，保健師の果たす役割も大きいので，市町村保健所および保健師に余力がないと実施できないということが挙げられる。そういう意味で，被害の大きかった浜通りの市町村に実施できるようになるのに時間がかかっている。

また，多職種が寄り集まって支援するので，互いの人間関係や信頼感を醸成することが必要であり，人間関係能力が要求される。回数を重ねることで，支援の意義と効果を実感し信頼感は育っていくことを実感している。

3. 支援の実施状況

実施市町村は福島県内の市町村25カ所。平成23（2011）年と24（2012）年の派遣回数，派遣専門職の人数，支援対象者人数は，上記の表の通りだった。

Ⅲ　今後に向けて

　一時3万人を超えていたが，18歳未満の県内外に避難する子どもが1,820人減少し，2万9,148人になり3万を切った（2013年4月1日現在）。避難者数もピーク時の16万人から15万人を切った。進学や就学を期に避難者が子どもを連れ戻ってきつつある。帰還の流れはゆっくり続くだろう。しかし大切な我が家は2年の時が過ぎ，あの日のまま荒れ果ててきている。住みたいけど住めない家に変わっている。安全やインフラが整備されていないのに子どもを連れて戻ることをためらう住民も多い。

　福島県民の自己決定・自己判断はさらに難しくなりながらも求められ続ける。流動的で，思い悩みながら日々の生活に追われるそうした家族に，自治体の保健師と保育士と臨床心理士等が一緒に寄り添いながら，子どもと笑って楽しみつつ共に考える支援「親子遊びと親ミーティング」は，これからも有用であり，帰還家族が地元の住民と再会し溶け込んでいく際にも，役立つ支援だろう。

　一方で地面をまだ裸足で歩いたことがない，外遊びの仕方のわからない幼児がいる。肥満や運動機能の低下が現実のものとなっている。PTSDやストレス反応を示している子たちがここにきて目立つようになってきてもいる。チェリノブイリ原発事故は27年経過してもまだ健康管理と心のケアが必要なことを示している。福島県民，特に子どもたちが心身共に健康で幸せに育つように，今後私たちは知恵をだしてできるだけのことをしていく責任があるだろう。それには私たちが行ってきた地域の子育てに関わる専門職が協働して支援し，継続的に多角的に親子がケアされコミュニティによってサポートされる体制づくりが，さらに推し進められなければならないと考える。より多くの専門職（医師・看護師・臨床心理士・保健師・保育士・理学療法士・作業療法士・運動や遊びの専門家・放射線科学者・栄養教諭・養護教諭・教師等々）が協働する包括的なプロジェクトができ，行政がそれを施策として行う必要があるだろう。

文　献

Boss P［南山浩二＝訳］（2005）「さよなら」のないわかれ――別れのない「さよなら」. 学文社.
冨永良喜, 成井香苗ほか（2013）福島県心のケアマニュアル《子ども編》. 福島県精神保健福祉センター.
成井香苗, 大森恵栄子, 冨森崇（2013）福島県臨床心理士会による東日本大震災支援報告 支援活動報告書. 福島県臨床心理士会東日本大震災対策プロジェクト.

●http://kongoshuppan.co.jp/●

心理療法と生活事象

クライエントを支えるということ

村瀬嘉代子＝著

心理臨床の目的は，クライエントにとって役に立つ援助を提供することである。実際の現場において使われるという質の高い心理的援助には，学派を超えて通底するものがある。本書筆者は，「クライエントを支える」という営みの広がりと基盤は，知識・技能のみならず，治療者の人間性が問われ，何気ない日常生活の中のやりとりにこそ，心理療法の骨子，本当の心のケアがあると説く。さらに，病を抱えて生きるクライエントの『生活』のあり方を時間軸と空間軸の中で捉え，障害とともに生きて行かざるを得ない場合でも生活の質を向上するための援助の必要性を指摘する。百花繚乱の心理療法において屹立する統合的アプローチへ到る思索と実践の軌跡。　定価＝3,360円

新訂増補 思春期の心の臨床

面接の基本とすすめ方

青木省三＝著

思春期臨床は，クライエントの現実の「人生の質・生活の質」を向上させるものでなければならない。青年と家族がどのような問題を抱え，何を求めているのか，そして，治療者が何を提供できるのか，何を提供するのが望ましいのか，著者は，思春期の心の臨床を実践する際の基本的視点と面接をすすめるにあたっての原則を平易な文章で述べる。本書は，好評の前書にその後の臨床的蓄積から加筆・修正を行い，さらに解離性障害，自己破壊的行為，発達障害，薬物療法に関する論考を加えた増補決定版である。日常臨床からフィードバックした心理療法面接に関する臨床的知見の宝庫といえよう。

定価＝3,990円

詳解 子どもと思春期の精神医学

中根　晃・牛島定信・村瀬嘉代子編　最新の臨床・研究成果をもとに，実践的臨床に役立つ内容を重視しながら，児童精神医学の領域の知見を広く深く集積した壮大なリーディング・テキスト。　21,000円

対人援助者の条件

村瀬嘉代子・傳田健三編　クライエントを援助するという営みにおいて，現実に添った効果的方法を実践するための要諦を異なる立場の経験豊富な臨床家が説き明かした「対人援助の本質論」。　2,940円

すべてをこころの糧に

村瀬嘉代子・青木省三編　クライエントの必要とすることに的確に応えること，より効果的な心理療法を実践するための理論と技術の要諦をさまざまな角度から考察した画期的な論集。　2,940円

心理臨床という営み

村瀬嘉代子ほか著　クライエントの声なき声に応える心理臨床の営みをめぐる珠玉の論考と，著者ゆかりの卓越した臨床家たちによるさまざまな挿話によって綴る，村瀬嘉代子ワールド。　3,780円

Ψ 金剛出版　〒112-0005　東京都文京区水道1-5-16　電話：03-3815-6661　FAX：03-3818-6848
URL：http://kongoshuppan.co.jp　e-mail：kongo@kongoshuppan.co.jp

（価格は税込（5％））

編集後記
Editor's postscript

　臨床心理学の実践,教育並びに学問的発展を意図して『臨床心理学』誌が創刊されたのが,今から12年前,2001年1月である。編集会議の席上,「特集はまず「事例研究」や,これは臨床心理学の実践,教育,研究のために最も大切なものです」という故河合隼雄先生のはじめの一言で即決した。河合先生による特集の筆頭論文「事例研究の意義」には,事例研究に求められる本質的特性が述べられている。これは今も変わらぬ基本であろう。その時,河合先生は「事例研究における倫理と責任」という標題を私に課せられた。これは真に難しく,さまざまな状況を想定して考え,そして専門はもちろん近接領域や法学者の御意見を伺ったり,文献を渉猟して,なおかつこれが絶対,といいきれる答えをよくし得なかった。ただ,事例研究を書く,語る,事例研究をする,ということは,対象とするものやその対象と支援者である者との関係をいかに的確に捉え,分かるか,という営みであり,それは支援者自身に触れ,考える営みでもある。この自分に触れる,引き受ける,覚悟を持つことに対する自分への不断の問いの確かさこそが事例研究における倫理と責任の基底に必要なのだ,と思い至ったのであった。

　本特集では,まことに広範な領域をカヴァーして,その領域に求められる臨床実践の特質とケーススタディについて,それぞれの執筆者が渾身の力で述べて下さった。非常に充実した特集になった,とありがたく思う。

　なお,編集部の皆様方には企画から刊行まで行き届いた御配慮を戴き,こうして特集が誕生できたことに,こころから御礼申し上げます。とりわけ,藤井様には座談会の内容やその臨場感を生かしつつ,適切な表現と量に纏めるという難しいお仕事をして戴いたことに感謝致します。

　この特集を多くの方々がお読み下さり,なにがしかのお役立つことを,そしてこれを契機に新たな生産的討論が生まれることを願っております。　　　　　　　　　　　　　　　　　　2013年7月梅雨明けの日に

(村瀬嘉代子)

　心理臨床の現場はさらに多様に広がっている。そこに関わる対人援助職は,多様な求めに日々粘り強く応じている。ケーススタディとして書き取られたことは,現場で聞き取られ体験されたことのごく一部である。援助者自身も現場では,問題に関わるという意味で当事者であり,現場のシステムに影響を与えまた被る。ケーススタディでは援助職その人が現場で受け取ったものを積極的に記述に活かしていくことが欠かせない。一人一人に接する個別事例が臨床の出発点であり,あらためてそこをどのように記述し,伝え共有するかの確認が今求められている。

　対人援助職の専門家視点は,うっかりすると現場で特権的な位置を占めてしまうことが多い。固定した視点はケースカンファレンスで揺さぶられる。実践領域が多様化すると,ケース検討の場も,多様な声が交叉するのが自然であろう。なかなかとらえがたい交叉領域をこの特集で少しでも形にしようと試みた。検討の素材にしていただければ幸いである。困難な企画であったが,金剛出版編集部のチームワークのおかげで,予想以上にスムーズに形になった。とくに藤井さんには今回も,初めからお世話になりっぱなしである。カオスに近い多様なものを,静かにつなぎとめるお力には敬服している。あらためてお礼を申し上げたい。

(森岡正芳)

編集委員（五十音順）………… 岩壁 茂（お茶の水女子大学）／大山泰宏（京都大学）／熊野宏昭（早稲田大学）／下山晴彦（東京大学）／辻井正次（中京大学）／中嶋義文（三井記念病院）／増田健太郎（九州大学）／妙木浩之（東京国際大学）／村瀬嘉代子（北翔大学）／森岡正芳（神戸大学）

編集同人（五十音順）　伊藤良子／乾 吉佑／氏原 寛／大塚義孝／大野博之／岡 昌之／岡田康伸／神村栄一／亀口憲治／河合俊雄／岸本寛史／北山 修／倉光 修／小谷英文／進藤義夫／高良 聖／滝口俊子／武田 建／田嶌誠一／鑪幹八郎／田中康雄／田畑 治／津川律子／鶴 光代／成田善弘／成瀬悟策／長谷川啓三／馬場禮子／針塚 進／東山紘久／平木典子／弘中正美／藤岡淳子／藤原勝紀／松木邦裕／溝口純二／村山正治／山上敏子／山下一夫／山田 均／山中康裕／吉川 悟

査読委員（五十音順）　下山晴彦（査読委員長）／岩壁 茂（査読副委員長）／杉浦義典（査読副委員長）／赤木和重／石井秀宗／伊藤美奈子／川野健治／坂本真士／能智正博／野村理朗／藤川 麗／別府 哲／村井潤一郎／森田慎一郎／安田節之／山口智子／湯川進太郎

実践領域に学ぶ臨床心理ケーススタディ

臨床心理学 増刊第5号　2013年8月10日発行

定価（本体 2,400 円 + 税）

発行所 ………… (株) 金剛出版
発行人 ………… 立石正信
編集人 ………… 藤井裕二

〒112-0005　東京都文京区水道 1-5-16
Tel. 03-3815-6661 / Fax. 03-3818-6848　振替口座 00120-6-34848
e-mail　rinshin@kongoshuppan.co.jp（編集）
　　　　eigyo@kongoshuppan.co.jp（営業）
URL　http://www.kongoshuppan.co.jp/

装丁…HOLON　本文組版…藍原慎一郎
印刷・製本…シナノ印刷

新版 心理療法論考

河合隼雄著／河合俊雄編
3,360円

心理療法についての論文や講演録をまとめた旧著の新版。用語や文献の表記を統一し、索引を追加。いまなおインパクトとアイデアに富む珠玉の22篇。

神田橋條治 精神科講義

神田橋條治著
林道彦、かしまえりこ編　2,625円

26年間行われた精神科病院での講演録。臨床の中で常によりよい治療に向けての工夫を重ねてきた著者の、新しい技法発想の萌芽と展開を一望。

河合隼雄の スクールカウンセリング講演録

河合隼雄著／村山正治編／滝口俊子編著　2,415円

日本臨床心理士会の全国研修会で学校臨床心理士に向けて行った講演8回分を収めた貴重な記録集。

スクールカウンセリングモデル100例

読み取る。支える。現場の工夫。

かしまえりこ、神田橋條治著　3,360円

学校現場での事例を選り抜き、事例の概要と経過に神田橋が卓越したコメントを付した、全校必携の一冊。

新しい事例検討法 PCAGIP 入門

パーソン・センタード・アプローチの視点から
村山正治、中田行重編著　2,415円

幅広い対人援助職のための事例検討法の入門書。その体系化された方法や具体的なやり方を初めて紹介する。

現場で役立つ スクールカウンセリングの実際

村山正治、滝口俊子編　3,465円

最前線で活躍してきた専門家たちの実践知・経験知を結集。さまざまな問題に対処するための技を伝授。

子育て電話相談の実際

聴くことからはじめよう
一般社団法人東京臨床心理士会編　2,100円

実際の相談事例を豊富に掲載し、電話相談固有の特徴や進め方を詳しく解説。

職場のうつは、90％防げます。

内田雅美著　1,470円

増加する社員のうつに会社はどう対処すればいいのか。ベテラン企業カウンセラーが丁寧に講じる、社員を不幸にしない方法。

こころの未来選書 「ひきこもり」考

河合俊雄、内田由紀子編　2,730円

社会心理学と臨床心理学の二つの視点から多角的に考察したユニークな論考集。

虐待と非行臨床

橋本和明著　1,890円

家庭裁判所調査官が事例や昔話を引きつつ、虐待が非行に向かうメカニズムに迫る。子どもの問題に携わるすべての人たちへ。中井久夫氏序文。

がんとエイズの心理臨床

医療にいかすこころのケア

矢永由里子、小池眞規子編　3,675円

病む人の生のクオリティを支える心理的ケアの重要性と基本を説く、心理職・看護師・福祉士など「医療現場のこころのケア」専門家のための基本図書。

高齢者こころのケアの実践　上・下巻

（上）認知症ケアのための心理アセスメント
（下）認知症ケアのためのリハビリテーション

小海宏之、若松直樹編著　各2,100円

今後予想される高齢者の心の病の増加に備えて、現場で役立つ正確な神経心理・臨床心理的査定や効果的なアプローチを紹介。

〒541-0047　大阪市中央区淡路町 4-3-6
Tel.06-6231-9010 Fax.06-6233-3111

創元社
http://www.sogensha.co.jp/

〒162-0825　東京都新宿区神楽坂 4-3 煉瓦塔ビル
Tel.03-3269-1051　〈価格は税込〉

哲学的探究における自己変容の八段階
「主体的経験の現象学」による〈エゴイズム〉とその克服過程に関する考察
明治大学文学部教授 諸富祥彦[著]

自分自身の人生を〈哲学する〉とは、どういうことか?

著者独自の「主体的経験の現象学」によって、七年間にわたる内面的苦闘のプロセスを現象学的に分析。その成果を「〈エゴイズム〉の克服過程の五段階論」および「〈哲学〉的探究における自己変容の八段階論」として結実させた。著者の初期論考の集大成。著者の七年間にわたる「地獄の苦しみの日々」の独白や、キルケゴール、フランクルらの思想についての詳細な分析も掲載!

■〈哲学する〉という方法——主体的経験の現象学■人間の根源的自己中心性としての〈エゴイズム〉とその克服の過程■〈哲学〉的探究における自己変容の八段階論■〈哲学〉から〈宗教〉へ■私自身の体験——哲学神経症とその極点における真理への覚醒■カント、キルケゴール、フランクル——本書における理論構築の基礎 《定価2520円》

『夜と霧』ビクトール・フランクルの言葉
明治大学文学部教授 諸富祥彦[著]

どんな時も、人生には、意味がある

本書には、読者に熱く語りかけ、「魂」を鼓舞する、フランクルのメッセージを厳選し、以下の11のテーマ別に分類したものが収録されている。■強制収容所での体験■愛することについて■生きることの「むなしさ」について■人生の「苦しみ」について■生きる意味について■仕事について■幸福について■時間と老いについて■人間について■神について■生きるのがつらい人へ——心理療法的助言と苦しみへの対処法 〔3刷〕《定価1785円》

失意の時こそ勇気を〜心の雨の日の過ごし方〜
ヒューマン・ギルド代表 岩井俊憲[著]

無理せず、あせらず、そして勇気をもって失意の時(心の雨の日)を乗り切るための知恵

人生で逆風が吹いている時(陰の時)には、その「陰のメッセージ」を読み取ることが必要である。著者は、自らの人生を振り返りつつ、失意の時(心の雨の日)を過ごすための五つの知恵を提示している。■人生の晴れの日、雨の日■心の雨の日を過ごした人たち■二毛作の人生を生きる■心の雨の日を過ごす五つの知恵■真の楽観主義、そして勇気を 《定価1575円》

フランクル心理学入門
■明治大学教授諸富祥彦著 どんな時も人生には意味がある『夜と霧』『それでも人生にイエスと言う』の著者として世界的に有名なフランクルの心理学のエッセンスを、初めて体系的に、かつわかりやすく説いた画期的入門書。《定価2520円》

自己成長の心理学
■諸富祥彦・村里忠之・末武康弘編著 ■人間性/トランスパーソナル心理学入門、フランクル、ウィルバー、グロフ、マズロー、ロジャーズ、ジェンドリン、フランクル、ミンデル、キューブラ・ロス……人間性/トランスパーソナル心理学のエッセンスがこの一冊でわかる決定版! 《定価2520円》

ジェンドリン哲学入門
■諸富祥彦・村里忠之・末武康弘編著 ジェンドリンの哲学・思想について、その全容を解き明かためての入門書。《定価2730円》

パーソンセンタード・アプローチの最前線——PCA諸派のめざすもの■ピート・サンダースほか著/近田輝行ほか監訳/末武康弘ほか訳■パーソンセンタード・セラピーを本当に学びたい人のための最新テキスト。《定価2310円》

これが私の真実なんだ——麻薬に関わった人たちのエンカウンター・グループ■カール・ロジャーズ著/監修/加藤久子・東口千津子共訳《英和対訳》《定価1050円》

鋼鉄のシャッター——北アイルランド紛争とエンカウンター・グループ■パトリック・ライス著/畠瀬稔+東口千津子訳■ロジャーズの先駆的エンカウンターの記録《定価1680円》

学習する自由・第3版■カール・ロジャーズ+H・ジェローム・フライバーグ著/畠瀬稔+村田進訳■ロジャーズの教育論・実践の発展的継承《定価3570円》

ロジャーズのカウンセリング(個人セラピー)の実際■カール・ロジャーズ著/畠瀬稔監修/加藤久子+東口千津子共訳■進行中のセラピー(第17回目)の全実録《英和対訳》《定価630円》

人間中心の教育——パーソンセンタード・アプローチによる教育の再生をめざして■畠瀬稔・水野行範・塚本久夫編著■カール・ロジャーズ生誕一〇〇年を記念し、「競争主義」に向かう日本の教育に対して、ひとり一人の人間の存在を尊重し、人間としての全体的な成長を援助する「パーソンセンタード(人間中心の)教育」の理論と実践を紹介し、提案する。《定価2310円》

コスモス・ライブラリー

〒113-0033 東京都文京区本郷3-23-5 ハイシティー本郷204
Tel:03-3813-8726 Fax:03-5684-8705
■ E-mail:kosmos-aeon@tcn-catv.ne.jp ■ http://www.kosmos-lby.com

● http://kongoshuppan.co.jp/ ●

認知行動療法を活用した 子どもの教室マネジメント

社会性と自尊感情を高めるためのガイドブック

ウェブスター・ストラットン=著／佐藤正二，佐藤容子=監訳

本書は，子どものポジティブな行動に着目し，教師のやる気を引き出す現実的なマネジメント指導書である。認知行動療法やSSTの手法を用いて実際に使える関係スキルの技術がやさしく解説され，子どもの教育的ニーズに応える際に，教師と親が協力する方法を指し示すこと，また，子どもの社会性や情緒的能力を高めると同時に攻撃性を改善することを目的としている。子どもの自尊心を高め，やる気を引き出すテクニックが事例とともに紹介されており，現場の保育士や教師，臨床心理士やスクールカウンセラーなど，子どもと接する多くの援助職が，上手な対応の仕方を学ぶ際に必ずや役立つであろう。　　　　　定価＝3,045円

研修医・コメディカルのための 精神疾患の薬物療法講義

功刀 浩=編著

抗精神病薬，抗うつ薬，気分安定薬，抗不安薬，睡眠薬，中枢刺激薬，ノルアドレナリン再取り込み阻害薬，抗てんかん薬，漢方薬まで，精神科医療で使用される向精神薬について「基礎知識」「正しい使用法」「注意すべき副作用」を各領域のスペシャリストがやさしくレクチャーする講義形式ガイドブック。薬の解説部分では，その有効性と副作用だけでなく，類似する薬がいくつかあるなかでの実際の使い分け，適応外使用，精神療法や心理教育と薬物療法に組み合わせなど，実際の臨床現場にあわせて解説されている。また精神科でよくみられる症例を呈示して，治療開始から終結までをたどり，投薬開始のタイミングとその経過をつぶさに眺めることで，より実際の処方イメージが想像できるように工夫されている点も特徴といえる。　定価＝3,780円

学校におけるSST実践ガイド

佐藤正二，佐藤容子編　子どものSSTについての経験豊かなエキスパートによる，教師・スクールカウンセラーなど教育現場で働く人々のためのエビデンスに基づいたガイドブック。　　　　2,625円

子どもの対人スキルサポートガイド

小林正幸・宮前義和編　「あいさつ」「気持ちの伝え方」などの基本的な対人スキルから問題の解決方法まで，行動のスキルのみにとどまらず，感情・思考もふまえたサポート方法を詳述する。　2,625円

精神疾患の脳科学講義

功刀浩著　代表的な精神疾患である統合失調症と気分障害をとりあげ，その遺伝的要因，ストレスなどの環境的要因を脳科学的に解析する。医学・脳科学"非"専門家のための全12回脳科学講義。　3,150円

現場で役立つ 精神科薬物療法入門

上島国利編著　現在わが国の精神科臨床で使用される薬物を中心に向精神薬について解説し，処方する際の心理的側面についても詳述する。現場で必要な知識がコンパクトにまとめられた一冊。　2,940円

Ψ 金剛出版　〒112-0005　東京都文京区水道1-5-16　電話：03-3815-6661　FAX：03-3818-6848
URL：http://kongoshuppan.co.jp　e-mail：kongo@kongoshuppan.co.jp

（価格は税込（5％））

精神療法
JAPANESE JOURNAL OF PSYCHOTHERAPY

●隔月偶数月5日発売　●各号2,100円

● バックナンバーの詳細は営業部までお問い合わせください。
● 定期購読のお申し込みは，何巻何号よりとご指定ください。
● 全国書店・生協を通じても定期購読ができます（版元定期・書籍扱いと書店にお伝えください）。

第39巻第3号　特集　自閉症スペクトラム障害の人々への誤解と偏見

〈巻頭言〉今必要なグループワーク..増野 肇

〈特集〉
特集にあたって——自閉症スペクトラム障害の人々への誤解と偏見..山崎晃資
裁かれる自閉症スペクトラム障害の人々..高岡 健
自閉症スペクトラム障害の人々と裁判——法廷から..辻川圭乃
自閉症スペクトラム障害の人々と法律..西村武彦
自閉症スペクトラム障害とメディア..太田康夫
処遇施設における課題——自閉症スペクトラム障害と反社会的行動Ⅰ..小栗正幸
司法と精神科医療の連携から——自閉症スペクトラム障害と反社会的行動Ⅱ..松田文雄
「発達」の誤解!?..浜田寿美男
自閉症スペクトラム障害の支援技法の総括と今後..谷 晋二
発達障害児への家族支援..遠藤ゆうな・野村昂樹・秦 基子・渡邊 住・野村和代・杉山登志郎
「教育・学校」における誤解と偏見——特別支援教育の責務と共生社会の実現..柘植雅義
自閉症スペクトラム障害の人に合った職種のマッチングと企業サイドへの理解・啓発..梅永雄二
現代の社会学理論と自閉症スペクトラム障害..竹中 均

〈エッセイ〉
「刑法39条」に思う..山中康裕
「人」を見ること——ある事例から..中村 努
当事者の立場から..ウイ・クアン・ロン
当事者である親や本人は，この事件と判決から何を思ったか——アスペルガー症候群をもつ被告人による実姉刺殺事件..今井 忠
母親の立場から..福田啓子
きょうだいの立場から..宇佐亜希子
私を変えた『ちづる』..赤﨑正和

□既刊特集テーマ　(Vol.38 No.6まで各1,890円，Vol.39 No.1から各2,100円)

Vol.36 No.1	精神療法の治療作用——その今日的特性	Vol.37 No.5	DSM診断体系の功罪
Vol.36 No.2	ストレスケア病棟と精神療法	Vol.37 No.6	家族・夫婦面接をもつことの意義——日常臨床から
Vol.36 No.3	精神療法家・心理療法家の養成と訓練	Vol.38 No.1	喪失の精神療法——回復のプロセスを中心に
Vol.36 No.4	初回面接	Vol.38 No.2	現代思春期・青年期論2012
Vol.36 No.5	難治性うつ病	Vol.38 No.3	自己破壊的行動——多角的理解のために
Vol.36 No.6	精神病理学と精神療法	Vol.38 No.4	「あいまいな喪失」をめぐって
Vol.37 No.1	認知行動療法の最前線	Vol.38 No.5	スポーツ臨床の現在
Vol.37 No.2	自閉症スペクトラム障害の学生相談	Vol.38 No.6	セラピストの資格——その現状と必要条件
Vol.37 No.3	対人恐怖・社交恐怖の臨床1	Vol.39 No.1	精神療法の適応——話題の治療技法を中心に
Vol.37 No.4	対人恐怖・社交恐怖の臨床2	Vol.39 No.2	精神療法の発展と時代精神の変化

Ψ金剛出版
〒112-0005　東京都文京区水道1-5-16　電話：03-3815-6661　FAX：03-3818-6848
URL：http://kongoshuppan.co.jp　e-mail：kongo@kongoshuppan.co.jp

（価格は税込（5％））